我国长期护理保险制度增进民生福祉的作用机理及实现路径研究

赵娜 著

WOGUO CHANGQI HULI BAOXIAN ZHIDU
ZENGJIN MINSHENG FUZHI DE
ZUOYONG JILI JI SHIXIAN LUJING YANJIU

中国财经出版传媒集团
经济科学出版社
Economic Science Press
·北京·

图书在版编目（CIP）数据

我国长期护理保险制度增进民生福祉的作用机理及实
现路径研究／赵娜著 . -- 北京：经济科学出版社，
2025.1. -- （区域经济重点学科系列丛书）. -- ISBN
978 - 7 - 5218 - 6709 - 1

Ⅰ. F842.625

中国国家版本馆 CIP 数据核字第 2025R7B474 号

责任编辑：周胜婷
责任校对：孙　晨
责任印制：张佳裕

我国长期护理保险制度增进民生福祉的作用机理及实现路径研究

赵　娜　著

经济科学出版社出版、发行　新华书店经销

社址：北京市海淀区阜成路甲 28 号　邮编：100142

总编部电话：010 - 88191217　发行部电话：010 - 88191522

网址：www. esp. com. cn

电子邮箱：esp@ esp. com. cn

天猫网店：经济科学出版社旗舰店

网址：http：//jjkxcbs. tmall. com

北京季蜂印刷有限公司印装

710 × 1000　16 开　15.25 印张　240000 字

2025 年 1 月第 1 版　2025 年 1 月第 1 次印刷

ISBN 978 - 7 - 5218 - 6709 - 1　定价：92.00 元

前　言

随着全球人口老龄化进程的不断加速，失能、失智老年人口数量持续攀升，长期护理需求日益凸显，已成为世界各国面临的共同挑战。我国作为世界上老年人口最多的国家，老龄化形势尤为严峻。截至2023年底，我国60岁及以上老年人口约2.97亿人，占总人口的21.1%，其中65岁及以上人口近2.17亿人，占总人口的15.4%；我国失能失智老年人约4500万人。庞大的老年人口基数以及快速增长的长期护理需求，对社会保障体系、家庭照护能力以及社会经济发展都带来了巨大压力。为应对人口老龄化带来的长期护理挑战，我国积极探索建立长期护理保险制度。自2016年起，国家先后在全国多个城市开展长期护理保险试点工作，旨在为失能人员提供基本生活照料和与之密切相关的医疗护理服务，减轻家庭照护负担，提高失能人员生活质量。试点工作的开展，标志着我国长期护理保障体系建设迈出了重要一步。2020年，我国长期护理保险试点由15个地区扩展至49个地区，经过多年的试点探索，在制度建设、保障范围、服务提供等方面取得了显著成效。众多失能失智老人及其家庭从中受益，护理服务的专业化、规范化水平逐步提升。

党的二十大报告在完善分配制度、实施就业优先战略、健全社会保障体系等方面部署了一系列增进民生福祉的重大举措。建立长期护理保险制度成为健全多层次社会保障体系的重要内容，是增进民生福祉的关键力量。那么，长期护理保险制度增进民生福祉的作用机理是什么？增进效果如何？实现路径又该如何选择？因此，深入研究长期护理保险制度增进民生福祉的作用机理及实现路径，具有重要的理论意义和现实意义。

　　本研究将从理论和实践两个层面出发，系统分析长期护理保险制度对民生福祉的影响机制和作用效果，并结合国际经验，提出提升长期护理保险制度对民生福祉增进效应的政策建议，以期为构建更加公平、可持续的长期护理保险制度，增进民生福祉，促进社会和谐稳定提供参考和借鉴。

　　本书是 2024 年度辽宁省社会科学规划基金项目"统筹推进长期护理保险与医疗保险协同发展研究（项目编号：L24CSH004）"阶段性成果。在此感谢中共辽宁省委党校（辽宁行政学院、辽宁省社会主义学院）为哲学社会科学研究创造良好的科研环境、提供广阔的科研平台和配套充足的科研资金支持！在本书的写作过程中，从选题的确定、研究思路的梳理，到资料的收集与对策创新，每一个环节都离不开我的恩师——东北大学教授、博士生导师陈凯的悉心指导与帮助。在数据分析中，得到了数据分析专家祖佳宁的专业建议与耐心解答。在问卷发放与收集过程中，得到了王健和赵双的支持与协助。在此，笔者向陈凯、祖佳宁、王健和赵双致以最诚挚的感谢。同时，也希望本书的研究成果能为长期护理保险制度的发展与完善提供有益参考，为增进民生福祉贡献一份力量。

　　囿于研究水平和时间，书中可能存在不足之处，恳请各位专家、读者批评指正。笔者将虚心接受意见，并在后续工作中不断完善和改进。

赵　娜
2025 年 1 月

目录

第1章

绪　论

1.1　长期护理保险制度起源与早期发展

长期护理保险起源于 20 世纪 70 年代的美国，其初衷是为了应对日益增多的老年人口，以及由此产生的庞大的长期护理服务需求（Brown & Finkelstein，2011）。这一险种的出现，是为了弥补传统医疗保险在提供长期护理服务方面的不足，旨在通过保险机制，为需要长期护理的老年人提供经济支持。最初推行的长期护理保险主要面向高收入群体，产品设计较为复杂，保费较高。然而，随着社会老龄化趋势的加剧和人们对长期护理需求的增长，该险种逐渐受到更广泛的关注。美国在 20 世纪 80 年代，随着市场竞争的加剧，保险公司不断创新，推出更加灵活和个性化的保险产品，以满足不同人群的需求（Feder et al.，2000）。美国政府也出台了一系列政策措施，鼓励和支持长期护理保险市场的发展。通过不断的实践和完善，美国在保险产品设计、费率厘定、风险评估等方面积累了丰富的经验。

德国等欧洲国家紧随其后，也开始积极推广长期护理保险制度（何林广、陈滔，2006；岳福岚，2024）。这些国家通常采取社会保险与商业保险相结合的方式，通过政府补贴和强制参保等手段，扩大长期护理保险的覆盖面。在德国，长期护理保险是社会保险体系的重要组成部分，政府通过立法强制实施，要求所有符合条件的居民必须参加，并且政府还提供资金支持，减轻参保人的经济负担（余紫君等，2019；赵秀斋，2018）。欧洲其他国家也在不断探索和完善长期护理保险制度，以适应老龄化社会的挑战（Alders & Schut，2019；Chevreul & Brigham，2013；Yoon，2011；Stevens et al.，2011）。

亚洲国家在老龄化趋势的推动下，也开始关注并发展长期护理保险（周加艳、沈勤，2017；赵斌、陈曼莉，2017）。日本作为亚洲的先行者，早在20世纪90年代就开始探索长期护理保险制度，并逐步建立起覆盖全体国民的保障体系（余洋，2012；翟绍果等，2016）。其他亚洲国家如韩国、新加坡等也相继推出或完善长期护理保险制度（Kim et al.，2010；田香兰，2019；张昀，2016）。这些国家结合本国国情，采取不同的发展模式，但共同的目标都是为老年人提供更好的长期护理服务（杨翠迎、程煜，2019；Asiskovitch，2013）。

中国作为人口大国，老龄化问题日益严重。为了应对这一挑战，中国也开始探索长期护理保险制度。自2016年起，多个城市开始试点长期护理保险制度，通过政府补贴、商业保险参与等方式，为失能老年人提供护理服务。试点过程中，各地积极探索适合本地的长期护理保险发展模式，不断完善政策体系和服务体系。随着试点工作的深入推进，越来越多的城市开始加入到长期护理保险制度的探索中来。这些城市在总结前期经验的基础上，进一步完善政策措施，扩大覆盖范围，提高服务质量（姚虹，2020）。同时，政府也加大了对长期护理保险的支持力度，通过提供资金支持、税收优惠等方式，鼓励更多的保险机构和社会资本参与到长期护理保险市场中来（赵娜、陈凯，2023）。在试点城市取得成功经验的基础上，中国政府逐步推进长期护理保险制度的全面落地，包括完善法律法规、制定统一的标准和规范、加强监管和评估等方面的工作。同时，政府还积极推动跨部门协作和社会参与，形成合力共同推动长期护理保险事业的发展。此外，政府还加强了对相关人员的培训和教育，提高他们的专业素养和服务水平。

总之，长期护理保险作为应对人口老龄化社会挑战的重要工具，已经在全球范围内得到广泛关注和应用。中国作为人口大国和老龄化严重的国家之一，需要积极借鉴国际经验并结合本国国情，不断完善和发展长期护理保险制度，为老年人提供更好的保障和服务。

1.2 我国长期护理保险制度在增进民生福祉中扮演重要角色

1.2.1 失能老人基本生活服务的可靠供给者

1. 生活照料服务保障

长期护理保险能够为失能老人提供全面且细致的生活照料服务，涵盖饮食起居、个人卫生等多个方面。以青岛长期护理保险为例，其服务内容丰富多样，涵盖了 60 余项基础生活照料服务（邓大松、郭婷，2015；邵文娟，2018；安平平等，2017）。在饮食方面，护理人员会根据老人的身体状况和饮食偏好，精心准备营养均衡的餐食，并协助老人进食，确保老人摄入充足的营养。对于患有糖尿病的老人，护理人员会严格控制餐食中的糖分含量；对于牙齿不好的老人，会将食物制作得更加软烂，便于老人咀嚼和消化。在起居方面，护理人员会协助老人进行起床、穿衣、洗漱等日常活动，帮助老人保持良好的生活状态。在个人卫生护理上，青岛长期护理保险提供了定期的洗发、洗澡、理发、修剪指甲等服务，确保老人的身体清洁舒适，维护老人的尊严。护理人员还会定期为老人更换床单被罩，保持居住环境的整洁卫生，为老人创造一个温馨、舒适的生活空间（杨文杰，2018）。这些看似琐碎的生活照料服务，却极大地保障了失能老人的基本生活质量，让他们能够在熟悉的环境中安心生活。

2. 个性化需求满足

每位失能老人的身体状况、生活习惯和需求都不尽相同，长期护理保险充分关注到这一点，致力于为老人提供个性化的护理服务。以上海某失能老人的案例来说，这位老人因中风导致行动不便，且伴有一定的认知障碍，同时对音乐有着浓厚的兴趣。在长期护理保险的支持下，专业的护理团队为其制定了专属的护理服务方案。在日常的生活照料和医疗护理基础上，护理团队特别增加了音乐疗法。护理人员会定期为老人播放舒缓的音乐，陪伴老人一起聆听，并根据老人的反应和喜好，调整音乐的类型和播放时间。音乐不仅能够缓解老人的焦虑情绪，还在一定程度上刺激了老人的认知功能，使其精神状态得到了明显改善。护理团队还根据老人行动不便的特点，对其居住环境进行了适老化改造，在房间内安装了无障碍扶手，调整了家具的摆放位置，确保老人在行动过程中的安全。这种定制化的护理服务，充分体现了长期护理保险对失能老人个性化需求的尊重与满足，让老人能够享受到更贴合自身需求的优质护理服务，提升了老人的生活幸福感（黄匡时、陆杰华，2014）。

1.2.2 失能老人医疗护理需求的坚实保障者

1. 专业医疗护理支持

苏州长期护理保险为失能老人提供了全方位、专业化的医疗护理服务，有力地保障了老人的身体健康与生活质量。在康复护理方面，苏州长期护理保险充分发挥其保障作用。对于因中风导致偏瘫的失能老人，护理团队会根据老人的具体病情和身体恢复状况，制定个性化的康复护理方案。护理人员会定期协助老人进行肢体康复训练，包括关节活动度训练、肌力训练等，每次训练时间约为 30 分钟至 1 小时。护理人员还会运用物理治疗手段，如热敷、按摩等，促进老人的血液循环，缓解肌肉萎缩，帮助老人逐步恢复肢体功能。经过一段时间的康复护理，许多老人的肢体活动能力得到了明显改善，有的老人甚至能够在辅助器具的帮助下进行短距离行走。

在慢性病管理方面，苏州长期护理保险同样表现出色。以患有糖尿病的失能老人为例，护理人员会密切关注老人的血糖变化，定期为老人测量血糖，每天至少测量4次，并详细记录血糖数据。根据血糖监测结果，护理人员会协助老人调整饮食结构，严格控制糖分摄入，为老人制定科学合理的饮食计划，确保老人每餐的营养均衡。护理人员还会按时提醒老人服药，监督老人的用药情况，确保老人按时按量服用降糖药物。对于需要注射胰岛素的老人，护理人员会熟练地为老人进行胰岛素注射，保证注射剂量的准确性，同时向老人及其家属传授胰岛素注射的相关知识和注意事项。通过这些细致入微的慢性病管理措施，老人的血糖得到了有效控制，减少了糖尿病并发症的发生风险，提高了老人的生活质量。

2. 医疗资源合理调配

长期护理保险在促使医疗资源合理分配方面发挥了重要作用。在苏州，许多原本需要在医院接受长期护理的失能老人，在长期护理保险的支持下，得以将护理需求转移至社区或居家环境。这一转变有效地减轻了医院的护理压力，使得医院能够将更多的医疗资源集中用于救治急危重症患者。以某三甲医院为例，在长期护理保险实施前，医院的部分病房被长期护理需求的失能老人占用，导致急危重症患者的住院床位紧张。而在长期护理保险实施后，约30%的失能老人选择了社区或居家护理服务，使得医院能够及时为急危重症患者提供充足的床位，大大缩短了患者的等待住院时间，提高了医院的救治效率。

长期护理保险推动了社区护理服务的发展。社区卫生服务中心在长期护理保险的支持下，不断完善护理服务设施，加强护理人员培训，提高护理服务水平。社区护理人员能够为失能老人提供上门护理服务，包括伤口换药、导尿、鼻饲等，减少了失能老人前往医院的次数，降低了老人的就医成本和感染风险。社区护理服务的发展也为社区居民提供了更多的就业机会，促进了社区经济的发展。

1.2.3 家庭经济与照护负担的有效分担者

1. 减轻经济负担

长期护理保险通过费用报销和补贴机制，为失能老人家庭带来了实实在在的经济支持（Donni & Chiappori，2011）。以南通长期护理保险为例，其政策在减轻家庭经济压力方面成效显著。南通长期护理保险针对不同失能等级的老人制定了差异化的报销与补贴标准。对于评定为中度失能的老人，在定点机构接受护理服务时，符合规定的费用可报销75%。一位中度失能老人在护理机构每月的护理费用为3000元，按照报销比例，家庭只需承担750元，大大减轻了家庭的经济支出。对于重度失能的老人，报销比例更高，可达80%。若重度失能老人每月护理费用为4000元，家庭实际支付仅为800元。

南通长期护理保险还提供居家护理补贴。对于选择居家护理的失能老人，根据失能等级给予一定的补贴。重度失能老人每月可获得500元的居家护理补贴，这笔补贴可以用于聘请居家护理人员或购买护理用品，进一步缓解了家庭的经济压力。这些费用报销与补贴机制，让失能老人家庭能够以较低的成本获得高质量的护理服务，有效减轻了家庭的经济负担，使家庭在经济上能够更好地应对老人的长期护理需求。

长期护理保险对家庭经济可持续性的影响不容忽视。在没有长期护理保险的情况下，失能老人的长期护理费用往往会给家庭带来沉重的经济负担，甚至可能导致家庭经济陷入困境（赵郁馨等，2004）。而长期护理保险的出现，为家庭经济提供了有力的保障。通过长期护理保险的费用报销和补贴，家庭能够将更多的资金用于其他生活支出和投资，确保家庭经济的稳定运行（荆涛等，2016）。以某失能老人家庭为例，在老人未参保长期护理保险时,每年需要花费 6 万元用于老人的护理费用,这使得家庭的储蓄不断减少,甚至影响到了子女的教育投资和家庭的日常消费。而在老人参保长期护理保险后,每年家庭只需承担 2 万元的护理费用,节省下来的资金可以用于子女的课外辅导和家庭的旅游等支出,提升了家庭的生活质量。长期护理保险避免了因长期护理支出导致家庭经济陷入困境的风险,保障了家庭经济的可持续性发展,为家庭的未来奠定了坚实的经济基础。

2. 缓解照护压力

广州长期护理保险在缓解家庭照护压力方面发挥了重要作用,通过引入专业的照护服务,使家庭成员能够从繁重的照护任务中解脱出来。以一位 77 岁的失能老人为例,她因进行性运动迟缓,生活无法自理,2023 年患病后又出现吞咽和语言障碍,只能长期卧床,通过胃造瘘管进食。起初,老人的女儿雇了一位阿姨在家照顾,但在专业照护方面仍显不足。了解到长期护理保险后,家人为老人申请并成功获得职工医保长期护理保险3 级待遇。此后,专业的护理团队介入,为老人提供了全面且专业的照护服务。护理员不仅承担了日常的生活照料工作,如协助老人穿衣、洗漱、翻身等,还具备专业的医疗护理技能。在老人意外拔掉胃造瘘管后,护理员在照护管理员的指导下,为老人进行伤口清洗和换药,确保伤口得到妥善处理,避免了感染等并发症的发生。这些专业的照护服务,让老人得到了更精心的照料,也让她的家人能够将更多精力投入工作和自己的生活中,大大缓解了家庭的照护压力。

长期护理保险对促进家庭关系和谐有着积极的影响。以成都的一个家庭为例。一位老人多年前因病丧失生活自理能力,一直由家人照顾。随着时间的推移,家庭成员在照顾老人的过程中逐渐感到力不从心,不仅身体疲惫,而且由于长期的压力,家庭关系也变得有些紧张。2019 年,老人享受到成都市长期护理保险政策,专业的护理人员定期上门为老人提供护理服务,包括身体清洁、康复护理等。这使得家庭成员从繁重的照护任务中解放出来，有更多的时间和精力与老人进行情感交流。子女们可以在下班后更轻松地陪伴老人聊天、看电视，分享生活中的点滴。家庭氛围逐渐变得轻松愉悦，家庭成员之间的关系也得到了明显改善，家庭更加和谐融洽。长期护理保险通过提供专业的护理支持，减轻了家庭成员的负担，为家庭关系的和谐发展创造了良好的条件。

1.2.4　护理服务和养老产业发展的有力推动者

1. 促进护理服务专业化发展

长期护理保险对护理服务质量的提升作用显著，以宁波长期护理保险为例，其在对护理服务机构的质量监管方面成效斐然。宁波建立了一套严格且全面的护理服务机构准入机制，只有满足一系列条件的机构才有资格参与长期护理保险服务。在硬件设施方面，要求护理机构具备安全舒适的居住环境，包括适老化的居住空间、无障碍设施等，确保失能老人的居住安全与便利。在人员配备上，明确规定护理人员与失能老人的配比，保证每位老人都能得到足够的关注与照料。

宁波还构建了动态的服务质量监管体系，通过定期检查与不定期抽查相结合的方式，对护理服务机构进行全方位监督。定期检查包括对护理服务流程的规范性检查，如护理记录是否完整、准确，护理操作是否符合标准流程等。不定期抽查则侧重于对服务现场的突击检查，查看护理人员是否按时到岗、服务是否到位等。同时，引入第三方评估机构，从专业角度对护理服务机构的服务质量进行评估。第三方评估机构会根据一系列科学的评估指标，对护理服务机构的服务质量进行量化打分，评估结果作为护理服务机构能否继续参与长期护理保险服务的重要依据。通过这些严格的质量监管措施，宁波的护理服务机构不断优化服务流程，提高服务水平，为失能老人提供了更加专业、规范、优质的护理服务，有力地推动了护理服务的专业化、规范化发展。

苏州长期护理保险通过一系列政策支持，在鼓励护理人才培养、提高护理人员待遇和职业认同感方面发挥了积极作用。苏州出台了针对护理人才培养的专项政策，加大对护理教育的投入。在高等院校和职业院校中，加强护理专业的建设，增加护理专业的招生名额，优化课程设置，注重实践教学环节，培养出更多高素质的专业护理人才。苏州还对参加护理培训的人员给予一定的补贴，鼓励更多人投身护理行业。对于取得相关护理职业资格证书的人员，给予一次性的奖励，提高人们从事护理工作的积极性。

在提高护理人员待遇方面，苏州长期护理保险要求护理服务机构根据护理人员的技能水平和工作经验，合理确定薪酬待遇，确保护理人员的收入水平与工作付出相匹配。护理服务机构还为护理人员提供完善的福利待遇，如缴纳社会保险、提供带薪休假等。在职业发展方面，为护理人员提供晋升渠道和职业培训机会，鼓励护理人员不断提升自身专业技能。这些政策措施不仅吸引了更多人才投身护理行业，还提高了护理人员的职业认同感和归属感，稳定了护理人才队伍，为护理服务的专业化发展提供了坚实的人才保障。

2. 推动养老产业繁荣发展

长期护理保险对养老产业规模的扩大起到了显著的推动作用。以上海为例，随着长期护理保险的深入实施，社会资源和产业资本纷纷加大对长期护理保险和银发经济产业的投入。据上海医保局发布的消息，截至2024年，上海已有超1200家长期护理保险定点护理服务机构，数量众多的护理服务机构为失能老人提供了丰富的护理服务选择，满足了不同失能老人的个性化需求。这些机构不仅在数量上不断增加，在服务内容和质量上也在持续提升，涵盖了生活照料、医疗护理、康复保健等多个领域，形成了较为完善的护理服务体系。

长期护理保险还带动了医疗器械、康复辅具等相关产业的发展。随着失能老人对护理服务需求的不断增加，对各类医疗器械和康复辅具的需求也日益旺盛。为了满足这一市场需求，相关企业加大了在这一领域的研发和生产投入，市场上出现了更多功能先进、使用便捷的医疗器械和康复辅具产品。智能护理床能够根据老人的需求自动调整角度，方便老人起身、翻身；智能轮椅具备导航和避障功能，提高了老人出行的安全性和便利性。这些产品的出现，不仅提升了失能老人的生活质量，也为医疗器械和康复辅具产业带来了新的发展机遇，促进了产业规模的不断扩大。

长期护理保险促使养老产业不断创新服务模式，提升服务质量，推动产业升级。以北京某养老机构为例，在长期护理保险的支持下，该机构积极探索创新，引入了智慧养老服务模式，通过智能化设备和信息技术的应用，实现了对老人的全方位实时监测。该机构在老人的房间内安装了智能传感器，能够实时监测老人的生命体征，如心率、血压、体温等，一旦发现异常情况，系统会立即发出警报，通知护理人员及时处理；为老人配备了智能手环，老人可以通过手环一键呼叫护理人员，方便老人在遇到紧急情况时能够及时得到帮助。

该养老机构还结合长期护理保险的服务项目和标准，优化了服务流程，提高了服务效率。在护理服务过程中，引入了标准化的护理操作流程，确保护理人员能够按照规范的流程为老人提供高质量的护理服务。同时，加强对护理人员的培训和管理，提高了护理人员的专业素质和服务水平。通过这些创新举措，该养老机构的服务质量得到了显著提升，受到了老人及其家属的高度认可，也为养老产业的创新发展提供了有益的借鉴。

1.2.5　社会养老保障体系优化的关键驱动者

1. 完善保障体系架构

长期护理保险与医疗保险、养老保险等保障制度的有效衔接，能够为失能老人提供更加全面、连贯的保障，进一步完善社会养老保障体系。以南通为例，在长期护理保险与医疗保险的衔接方面，南通构建了清晰的界限与协同机制。对于失能老人因疾病治疗产生的费用，如住院治疗、药品费用等，主要由医疗保险承担，确保老人能够得到及时有效的医疗救治。

而在疾病治疗后的康复护理阶段，长期护理保险则发挥主导作用，为老人提供康复护理服务费用的保障，包括康复训练、护理设备使用等费用。这种分工明确又相互协作的模式，避免了保障制度之间的重复与空白，使老人在疾病治疗与康复护理的全过程中都能得到有力的经济支持，提高了医疗资源的利用效率。

在长期护理保险与养老保险的衔接上，南通也进行了积极探索。当失能老人达到领取养老金的年龄时，其养老金收入与长期护理保险待遇能够相互补充。养老金为老人提供基本的生活资金，保障其日常的衣食住行等生活开销（王宇熹等，2012）。而长期护理保险待遇则专注于满足老人因失能而产生的额外护理需求，如聘请专业护理人员、购买护理用品等。这种协同作用，使得失能老人在经济上能够得到更充分的保障，确保他们在晚年生活中不仅能够维持基本生活水平，还能享受到必要的护理服务，提升生活质量。

长期护理保险在增强社会养老保障体系可持续性方面具有不可忽视的重要意义（赵娜、陈凯，2016）。通过合理分担保障责任，长期护理保险减轻了其他保障制度的压力，使整个保障体系能够更加稳定、可持续地运行。以我国当前的养老保障体系为例，随着人口老龄化程度的不断加深，养老保险和医疗保险的支付压力日益增大（Lu et al.，2017；Lin & Zhang，2020）。在没有长期护理保险的情况下，失能老人的护理费用往往需要通过医疗保险或家庭自行承担，这无疑加重了医疗保险基金的支出负担，同时也给家庭带来了沉重的经济压力（Sun，2020；Gallagher et al.，2019）。而长期护理保险的出现，为失能老人的护理费用提供了专门的资金来源，将原本由医疗保险和家庭承担的部分责任转移到长期护理保险制度中，实现了保障责任在不同制度和主体之间的合理分担。

长期护理保险促进了社会养老保障体系的多元化发展。它作为一种新型的社会保险制度，丰富了养老保障体系的层次和内容，与原有的养老保险、医疗保险、社会救助等制度相互补充、相互支撑，形成了一个更加完善、稳定的保障网络。这种多元化的保障体系能够更好地应对人口老龄化带来的各种挑战，提高保障体系的抗风险能力，确保在任何情况下都能为老年人提供必要的保障，从而增强了社会养老保障体系的可持续性。

2. 促进社会公平与稳定

长期护理保险在保障失能老人权益方面充分体现了公平性，广州长期护理保险便是一个典型的例子。广州长期护理保险的覆盖范围不断扩大，从最初的职工医保人群，逐步将 18 周岁及以上的城乡居民医保参保人员也纳入其中，实现了更广泛的覆盖。这一举措使得不同职业、不同收入水平的失能老人都能享受到长期护理保险的保障，无论他们是企业职工、退休人员，还是城乡居民，都有平等的机会获得护理服务和经济支持。

在待遇标准上，广州长期护理保险根据失能老人的失能等级进行差异化设定，以此确保保障的公平性。对于重度失能的老人，给予更高的待遇水平，以满足他们更为迫切和复杂的护理需求。对于因疾病或意外导致重度失能的老人，每月可获得较高额度的护理补贴，用于支付专业护理人员的费用或购买护理用品，保障老人能够得到充分的照料。而对于中度失能的老人，待遇标准则相对适中，既能够满足他们的基本护理需求，又合理分配了保险资源。这种根据失能程度进行精准保障的方式，充分体现了长期护理保险制度的公平性原则，让每一位失能老人都能在制度中找到适合自己的保障。

长期护理保险在减轻社会养老负担、促进社会和谐稳定方面发挥着至关重要的作用（Cremer & Pestieau，2014）。随着人口老龄化的加剧，失能老人数量不断增加，社会养老负担日益沉重。长期护理保险通过社会化风险分散机制，将个人、家庭与政府的养老责任有机结合，既缓解了老龄化对家庭和财政的冲击，又能够增强失能者的尊严，维护代际公平，增强社会凝聚力，为构建"老有所护"和谐社会奠定了重要基础（赵斌、陈曼莉，2017）。

长期护理保险促进了社会的和谐稳定。当失能老人能够得到妥善的照料和关怀时，他们的生活质量得到提升，心理状态也更加稳定（杨团，

2016)。这有助于减少因失能老人照料问题引发的家庭矛盾和社会纠纷，营造更加和谐的社会氛围（尹海燕，2020）。在一些社区，长期护理保险支持下的社区护理服务，让失能老人能够在家门口接受护理服务，不仅方便了老人，也增进了社区居民之间的互助与关爱，促进了社区的和谐发展。长期护理保险在维护社会稳定、促进社会和谐方面发挥着不可替代的重要作用，为构建和谐美好的社会奠定了坚实基础（文太林，2018）。

1.3 我国增进民生福祉进程中长期护理保险制度的建设方向

1.3.1 优化长期护理保险筹资结构

1. 明确各方责任

在长期护理保险制度的筹资体系中，清晰界定政府、单位与个人的责任，是实现制度可持续发展与公平性的基石。政府作为制度的主导者与推动者，肩负着不可替代的重要责任。在财政投入方面，政府应根据各地经济发展水平与老龄化程度，制定差异化的财政支持策略（陈凯等，2021；陈璐，2013）。对于经济欠发达且老龄化问题严峻的地区，如中西部部分省份，中央财政应加大转移支付力度，确保这些地区有足够的资金推动长期护理保险制度的实施。地方政府则应合理规划财政预算，将长期护理保险资金纳入重点保障范畴，逐年提高财政投入比例。如一些地区可将财政收入的一定比例，如3%～5%，专项用于长期护理保险，为制度的运行提供坚实的资金后盾。

政府还应承担起制度建设与监管的责任。制定完善的法律法规与政策体系，明确长期护理保险的参保范围、筹资标准、待遇给付等关键要素，确保制度运行有法可依、有章可循。加强对保险基金的监管，建立健全多部门协同的监管机制，防止基金被挪用、滥用，保障基金的安全与合理使用。

单位作为职工的雇主，在长期护理保险筹资中也扮演着重要角色。应明确规定单位按照职工工资总额的一定比例缴纳保费，这一比例可根据行业特点与企业规模进行适当调整。对于劳动密集型企业，考虑到其人力成本较高，可适当降低缴费比例；而对于高利润、高附加值的行业，可适度提高缴费比例，以体现公平性与合理性。如制造业企业可按职工工资总额的 0.5% 缴纳，金融行业企业则可按 1% 缴纳。单位缴费不仅是对职工权益的保障，也有助于增强企业的凝聚力与员工的归属感。

个人作为长期护理保险的直接受益者，应树立正确的参保意识，积极履行缴费义务。个人缴费比例可根据收入水平进行分层设定，实行累进式缴费制度。高收入群体因其经济实力较强，可承担相对较高的缴费比例，如按收入的 1%~1.5% 缴纳；低收入群体则在政府财政补贴的基础上，按较低比例缴纳，如 0.3%~0.5%。这种方式既能确保个人缴费的公平性，又能减轻低收入群体的经济负担，提高其参保积极性。

2. 拓展筹资渠道

为增强长期护理保险制度的资金保障能力，拓展多元化的筹资渠道势在必行。社会资本的引入，为制度发展注入了新的活力。政府可通过政策引导，鼓励慈善组织、爱心企业等社会力量参与长期护理保险事业。设立长期护理保险慈善基金，吸引社会各界捐赠资金，用于补贴困难群体的参保费用或提升护理服务质量。一些大型企业可通过冠名赞助等方式，为基金注入资金，不仅履行了企业社会责任，还能提升企业形象。

还可探索与商业保险公司合作的模式，共同开发长期护理保险相关产品。商业保险公司具有丰富的保险产品设计与运营经验，能够根据市场需求，推出多样化的长期护理保险补充产品，满足不同人群的个性化需求（周海珍、杨馥忆，2014）。政府可通过购买服务的方式，委托商业保险公司承担部分长期护理保险业务的经办工作，提高服务效率与质量。

税收优惠政策是激发社会各方参与长期护理保险积极性的有效手段（陈凯等，2021）。对于企业来说，为职工缴纳的长期护理保险费用，在一定范围内允许在企业所得税前扣除，这能有效减轻企业负担，提高企业参保的主动性。对于个人，缴纳的长期护理保险保费可在个人所得税应纳税所得额中扣除，如每月最高可扣除一定金额，如500元，从而降低个人的纳税负担，激励个人积极参保。

随着资本市场的不断发展，探索长期护理保险基金的投资运营渠道具有重要意义。在确保基金安全的前提下，可将部分基金投资于国债、银行定期存款等低风险、收益相对稳定的产品，以保障基金的基本收益。随着金融市场的发展和监管政策的完善，逐步探索将基金投资于一些风险适中、具有长期增长潜力的领域，如优质企业债券、长期股权投资等，但要严格控制投资比例，避免过度投资带来的风险。通过科学合理的投资运营，实现基金的保值增值，为长期护理保险制度的可持续发展提供坚实的资金保障。

1.3.2 完善养老护理服务供给体系

1. 加强护理人才培养

加强护理人才培养是完善长期护理保险服务体系的关键一环，直接关系到护理服务的质量与水平。在专业教育层面，应着力优化护理专业课程设置，紧密结合长期护理保险的实际需求，增加老年护理、康复护理、心理护理等相关课程的比重。引入案例教学、情景模拟等多元化教学方法，提升学生的实践操作能力与应对实际问题的能力。上海健康医学院在护理专业课程设置中，专门开设了针对长期护理保险服务的实践课程，通过模拟真实的护理场景，让学生在实践中掌握护理技能，提高了学生毕业后的岗位适应性。

建立院校与护理机构的深度合作机制至关重要。院校为护理机构提供专业人才支持，护理机构则为学生提供实习与就业机会，形成互利共赢的局面。学校与护理机构共同制定人才培养方案，根据行业需求调整教学内容，确保培养出的护理人才能够精准满足市场需求。

在培训方面，针对在职护理人员，应开展定期的专业培训，提升其业务水平。培训内容涵盖护理技能提升、服务理念更新等方面。利用线上线下相结合的方式，为护理人员提供便捷的学习渠道。线上通过网络课程平台，让护理人员可以随时随地进行学习；线下则组织集中培训、专家讲座等活动，增强培训的互动性与实效性。

激励机制的建设同样不可或缺。提高护理人员的薪酬待遇，根据其工作经验、技能水平和工作绩效，合理确定薪酬标准，体现多劳多得、优绩优酬的原则。设立护理人员职业发展通道，为其提供晋升机会，如从初级护理员晋升为中级、高级护理员，甚至可以晋升为护理主管、护理专家等。对表现优秀的护理人员给予表彰和奖励，如颁发荣誉证书、给予奖金激励等，增强其职业认同感与归属感。

2. 强化服务质量监管

构建科学合理的服务质量监管体系与评价标准，是保障长期护理保险服务质量的核心举措。在监管体系建设方面，应建立多部门协同监管机制，医疗保障部门、民政部门、卫生健康部门等应明确各自职责，形成监管合力。医疗保障部门负责对护理服务费用的结算、基金使用情况进行监管；民政部门对护理机构的资质、服务设施等进行审核与监督；卫生健康部门则对护理人员的专业资质、服务质量进行把控。

制定全面细致的服务质量评价标准，涵盖护理服务的各个环节与方面。在护理服务过程中，对护理人员的服务态度、操作规范、服务时长等进行量化评价。规定护理人员为失能老人提供服务时，每天的服务时长不得少于一定时间，服务过程中要保持耐心、细心，严格按照护理操作规范进行操作。对护理服务效果的评价，可通过失能人员的身体状况改善情况、生活质量提升情况等指标来衡量。定期对护理机构进行满意度调查，了解失能人员及其家属对护理服务的满意度，将满意度调查结果作为评价护理机构服务质量的重要依据。

建立信息公开与投诉处理机制，是提升服务质量监管效果的重要手段。将护理机构的服务质量评价结果、收费标准等信息向社会公开，接受公众监督。这不仅可以增强护理机构的服务意识，促使其提高服务质量，还能为参保人员提供更多的信息参考，帮助他们选择合适的护理机构。设立专门的投诉渠道，如投诉电话、电子邮箱等，方便失能人员及其家属对护理服务中的问题进行投诉。相关部门在接到投诉后，应及时进行调查处理，并将处理结果反馈给投诉人。通过有效的投诉处理机制，及时解决问题，维护失能人员的合法权益。

1.3.3 推进区域协同与均衡发展

在长期护理保险制度的建设进程中，推进区域协同与均衡发展至关重要，这不仅有助于缩小地区间的保障差距，实现制度的公平性，还能促进全国范围内长期护理保险制度的整体优化与协同共进（Yang et al.，2018）。

为实现这一目标，建立区域协同机制势在必行。通过这一机制，不同地区能够在长期护理保险制度的建设过程中，打破地域壁垒，实现资源的共享与互补。在护理人才资源方面，经济发达地区护理人才相对充裕，可通过人才交流、培训合作等方式，向人才短缺的地区输送专业护理人员，并为当地护理人员提供培训机会，提升其专业技能。东部沿海地区的一些城市，护理院校众多，培养出大量高素质护理人才。这些城市可与中西部地区的城市建立合作关系，定期选派优秀护理人员到中西部地区进行技术指导和经验分享，同时接收中西部地区的护理人员进行实习和进修，促进区域间护理人才的均衡发展。

在资金方面，可通过财政转移支付等手段，调节不同地区的资金配置。中央财政应加大对经济欠发达地区的资金支持力度，确保这些地区有足够的资金投入长期护理保险制度的建设中。可设立专项基金，用于支持经济欠发达地区的长期护理保险试点工作，提高其参保补贴标准，降低居民参保门槛，从而扩大参保覆盖面。

缩小地区差异，实现均衡发展，还需从多个方面着手。在政策制定上，国家应加强顶层设计，制定统一的长期护理保险制度框架和指导原则，明确参保范围、筹资机制、待遇标准等关键要素的基本要求，确保制度在全国范围内的公平性与一致性（Yang et al.，2016）。各地在遵循国家统一框架的基础上，可结合自身实际情况，制定具体的实施细则，以适应不同地区的经济发展水平和人口结构特点。

在经济欠发达地区，应充分考虑当地居民的经济承受能力和护理服务需求，合理调整筹资标准和待遇水平。可适当降低个人缴费比例，提高财政补贴力度，同时优化护理服务供给，提高服务质量，确保有限的资金能够发挥最大的保障效益。通过加强基础设施建设，改善护理服务机构的硬件条件，培养和引进专业护理人才，提升当地的护理服务能力，逐步缩小与经济发达地区的差距。

在经济发达地区，应进一步优化长期护理保险制度，提高保障水平和服务质量。鼓励探索创新，开展多元化的护理服务模式，满足不同人群的个性化护理需求。加强对护理服务市场的监管，规范市场秩序，促进护理服务行业的健康发展（张文娟、梅真，2024）。

通过建立区域协同机制，缩小地区差异，能够有效推进长期护理保险制度在不同地区的均衡发展，为全体国民提供更加公平、可及的长期护理保障，助力共同富裕目标的实现。

1.3.4 加强与其他社会保障制度有效衔接

长期护理保险制度的有效实施，离不开与其他社会保障政策的紧密衔接以及相关配套措施的完善。在政策衔接方面，长期护理保险与医疗保险的关系尤为关键（胡宏伟、刘雨佳，2024）。两者虽都涉及医疗护理服务，但侧重点有所不同。医疗保险主要针对疾病治疗过程中的医疗费用进行支付（Page，2011），而长期护理保险则聚焦于失能人员的长期护理需求，包括生活照料、康复护理等。在实际操作中，应明确划分两者的保障范围，避免出现重复保障或保障空白的情况（杨贞贞，2014）。

对于一些患有慢性疾病且需要长期护理的失能人员，其疾病治疗费用可由医疗保险承担，而日常的护理服务费用则由长期护理保险负责。要建立两者之间的信息共享与协同机制，实现数据的互联互通，以便更好地为参保人员提供服务。在结算环节，可探索一站式结算模式，让参保人员在接受护理服务时，无须分别向医保部门和长期护理保险部门进行报销，提高结算效率，减轻参保人员的负担。

长期护理保险与养老保险也存在着密切的联系（戴卫东，2016；王宇熹等，2012；Jin & Liu，2020）。随着人口老龄化的加剧，养老问题日益凸显（Chen，2020），长期护理保险作为养老保险的重要补充，能够为老年人提供更全面的保障。在政策衔接上，可考虑将长期护理保险与养老保险的待遇调整相结合。对于享受长期护理保险待遇的失能老人，在养老金待遇调整时，给予适当的倾斜，以体现对他们的关怀和照顾。鼓励养老保险基金参与长期护理保险的筹资，通过资金的整合与协同，提高社会保障资源的利用效率。

在配套措施方面，税收政策的支持至关重要。通过税收优惠政策，能够鼓励企业和个人积极参与长期护理保险。对企业而言，为职工缴纳的长期护理保险费用，在企业所得税税前扣除的基础上，可进一步提高扣除比例，如从目前的一定比例提高到更高比例，以降低企业成本，增强企业为职工参保的积极性。

法律保障是长期护理保险制度稳定运行的基石。目前，我国长期护理保险制度尚处于试点和完善阶段，相关法律法规还不够健全。应加快推进长期护理保险立法工作，明确制度的性质、参保范围、筹资机制、待遇标准、管理监督等方面的内容，使制度的运行有法可依。通过法律明确各方的权利和义务，规范保险基金的管理和使用，保障参保人员的合法权益，为长期护理保险制度的可持续发展提供坚实的法律保障。

信息化建设也是提升长期护理保险服务质量和管理水平的重要手段。利用大数据、云计算等信息技术，建立全国统一的长期护理保险信息平台，实现参保登记、资格审核、待遇支付、服务监管等业务的信息化管理。通过该平台，能够实时掌握参保人员的信息和需求，对护理服务机构的服务质量进行动态监测和评估，提高管理效率和决策的科学性。利用信息化技术，还可以为参保人员提供便捷的线上服务，如在线查询参保信息、预约护理服务、进行费用结算等，提升参保人员的体验感和满意度。

1.4 国内外研究现状及述评

1.4.1 长期护理保险相关研究

1. 长期护理保险制度试点研究

随着我国人口老龄化的加剧，长期护理保险作为一种新型的社会保障制度，已经得到了政府与学术界的高度重视（贾清显，2010）。长期护理保险制度试点相关研究主要集中在试点效果评估、制度设计优化以及国内外模式比较分析上（陈凯等，2022）。研究发现，在实施长期护理保险试点过程中存在的问题多种多样（胡苏云，2017）。尽管长期护理保险的设立初衷是为了缓解人口老龄化带来的社会压力，但在实际操作中，老年残疾人享受到的护理补贴比例偏低（宋相鑫，2014）。这主要体现在服务需求与保险提供之间存在着一定的脱节，医疗护理和家政服务虽然是老年残疾人最为迫切的服务项目，然而实际的服务供给并不能完全满足这一需求（彭荣，2017）。此外，服务项目的供需情况也存在区域差异，精神慰藉类的服务在某些地区并不被视作优先考虑的项目。显然，服务的种类与供应量，乃至服务质量的不均衡发展，是影响该保险制度绩效的关键因素（盛政等，2020）。

　　除去基础服务的供给以外，制度的融资机制也受到了诸多研究的关注。在对长期护理保险制度机制进行深入研究时，不难发现制度运行还面临着融资来源单一与保障水平不高的双重挑战（郑秉文，2017；钟仁耀、宋雪程，2017）。这意味着，虽然社会保险能够为老年人提供基础的服务保障，但这种相对较低的服务水平并不能满足高收入老年人的护理需求。这也就要求商业护理保险在提供高质量服务的同时，填补社会保险在服务层次上的不足（荆涛，2010）。同时，现行的长期护理保险制度试点和逐步推广过程中覆盖面的局限性，也促使那些尚未被制度覆盖的人群考虑通过购买商业护理保险来获得满足自身需求的护理服务（赵娜、陈凯，2023）。

　　回顾现有文献，我们可以看到关于长期护理保险制度在国外的先行经验尤为丰富。德国长期护理保险制度在融资、受益条件、成本控制和质量保证等多个环节设计了相当精细而周全的机制（戴卫东等，2022；何林广、陈滔，2006；戴卫东，2016）。德国经验为我国长期护理保险的顶层设计提供了重要借鉴意义，特别是在保障策略的可行性评估与财政负担的合理分配方面（戴卫东，2011；和红，2016）。

　　针对现有制度运行的问题与挑战，研究者们普遍认为需要在制度的推广与优化过程中注重政策的宣传与落实，保障老年残疾人真正享受到制度带来的福利（杨明旭，2016；刘二鹏、张奇林，2018；何文炯、杨一心，2020）。相关研究也强调了建立起"居家护理"与"社区护理"结合的护理模式对制度的重要影响，以此满足老年残疾人的护理需求，并最终实现制度的可持续发展（丁华、严洁，2018；丁一，2014；周硕，2018）。

　　总体而言，长期护理保险制度试点的研究已经取得了诸多进展，但仍存在很多亟待解决的问题（Wu et al.，2017）。未来的研究需要在现有试点的基础上，更加深入地探讨服务供给与需求之间的匹配关系，优化融资机制，以及改进保障水平，确保制度运行的公平性与有效性（曹信邦，2018；李晓鹤，2015）。同时，借鉴国外成功的长期护理保险经验，逐步构建符合我国国情的长期护理保险体系，为应对人口老龄化挑战提供坚实的制度保证（刘昌平、毛婷，2016）。

2. 长期护理保险制度优化相关研究

长期护理保险制度作为社会保障的重要组成部分，其优化研究主要集中在如何提高制度效率、优化保障范围、创新筹资机制以及完善服务供给体系等方面（海龙等，2018；何文炯，2015）。当前，随着人口老龄化趋势加剧以及社会保障环境的复杂性增加，长期护理保险制度面临许多挑战，需要不断进行结构性改革和创新以提高其可持续性和覆盖效果（安平平等，2017；卢成会，2017）。

在长期护理保险制度优化研究中，筹资机制的创新是一个核心议题。研究表明，现有的融资渠道单一、资金池规模有限，且分摊机制不够公平合理，制约了长期护理保险制度的可持续发展（邓大松、郭婷，2015；邓晶、邓文燕，2017）。为此，有学者提出，应通过引入多元化融资、建立公私合营机构等方式来拓宽筹资渠道，增强资金保障能力（李长远、钱雁星，2023）。此外，对于制度的经济补偿机制，探索合理的保费比例、风险分摊方法与激励措施，对提高参保率、保障基金运行效率具有积极作用（孙洁、蒋悦竹，2018）。

参保范围的逐步扩大也是长期护理保险制度优化的关键方向。研究发现，目前的长期护理保险多针对失能老年人群体，而半失能及慢性病患者等其他潜在受益群体尚未充分覆盖，存在明显的服务不足与边缘化现象。据此，一些学者建议，通过制定包容性政策，对特殊群体施以差异化保障措施，以实现制度的全面性与公平性（韩振燕、梁誉，2012）。

服务供给的丰富性与多样性同样受到广泛关注。由于长期护理需求的个性化和区域性特征显著，单一的服务模式难以满足广泛需求。因此，建议按需设计个性化服务方案，并结合区域经济社会特征动态调整服务内容（陈凯、赵娜，2019）。同时，完善社会服务机构与专业人员的能力建设也被视为提高服务质量的关键。不仅如此，学者们还提倡利用信息技术建立健全的服务监管体系，以保障服务提供的规范化与透明度。

关于长期护理保险制度共性的研究不断深入，针对基本服务项目、待遇标准、政策覆盖与扩展能力等方面，提出了诸多合理化建议（关博、朱小玉，2019）。例如，对基本服务项目的逐步完善，确保其更符合老年人失能群体的实际需求（苏忠鑫、王颖，2025）。对待遇标准的差异化设置，以更好地反映区域经济条件与受益人群特点。增强政策覆盖能力，尽可能地减少制度实施中出现的盲区和裂缝。

总体来说，长期护理保险制度优化相关研究，旨在通过对制度设计的深刻剖析与实证分析，探寻促进该制度效率提高与服务范围拓宽的有效途径。未来研究需继续挖掘不同群体的精细化需求，探索更加灵活有效的制度实施方式，确保长期护理保险制度能在复杂多变的社会环境中持续发挥其应有的作用。

3. 长期护理保险制度实施效果

长期护理保险制度的运行效率不仅体现在失能老年人的服务供给质量和范围上，更关乎制度能否在资源配置上达到最优化，实现经济与社会效益的双重目标（邵文娟，2018）。

在界定长期护理保险运行效率时，我们需要回归到长期护理保险的核心目标，即为无法自理的老年人提供持续、稳定的护理服务，以改善其生活质量，同时也分担家庭护理压力。运行效率不可偏离制度设计的初衷，应与服务的可及性、质量控制、成本效益等因素紧密相连。跨国比较研究表明，德国和日本等国家通过建立社会保险模式的长期护理保险制度来提升运行效率（刘芳，2018；格茨等，2015）。中国的长期护理保险试点城市也正在探索适应本国国情的效率优化之路。

在衡量长期护理保险运行效率方面，首先要关注的是服务覆盖率。覆盖率不仅反映了保险制度的普及程度，也是评价其普惠性的重要指标。这一指标涉及参保人群的广度，以及保险服务能够触及的地域范围。其次，成本控制是评估效率的另一关键维度。理想的长期护理保险制度应通过合理的费率设计和风险管理达成收支平衡，避免浪费，保证长期的财务可持续性（孙敬华，2019）。服务标准化和专业化也是确保制度高效运行的因素之一。通过专业人才的培养和规范服务流程，提升护理服务的质量，从而降低因护理不当造成的重复或额外成本，确保整个护理服务体系有序且高效运转。

然而，制度运行效率的评价并非仅限于上述单一指标。由于长期护理的特殊性，其效率评价同时也应该融合服务对象的满意度、服务人员的稳定性和职业发展，以及服务质量的监控等多重因素。针对当前长期护理保险市场中护理人员流动性大、专业知识缺乏的问题，既需要政策层面的完善，又需要在管理实践中提升专业培训和服务标准化，这样才能从根本上提升运行效率。

我国传统的对老年人的长期护理主要依靠家庭自理，因而长期护理保险的设立，不仅是对传统养老方式的补充，也是对现代化养老服务体系的重要推动。由于长期护理服务具有准公共产品的特性，其外部性和非排他性决定了市场独立运作时存在的效率问题，因此，需要政府的适度介入和制度的顶层设计（卢成会，2017；吕国营、韩丽，2014）。长期护理保险运行效率的提升是一个系统性工程，涉及多方面因素的综合考虑。从筹资渠道到服务提供，从参保人群到风险控制，均需要在政策指导下，建立一套科学合理的评价体系。不断深化对长期护理保险运行效率的理解，妥善应对人口老龄化，为老年人提供有尊严的晚年生活，已是当下社会经济发展的必然要求（陈飞、刘冲，2024）。

1.4.2 民生福祉相关研究

1. 民生福祉内涵

民生福祉内涵的研究不断深入，并形成了一系列理论框架和实证研究方法（葛伟，2019）。研究者们逐步建立起涵盖经济、社会、文化等多维度因素的综合性评价体系，为深化理解民生福祉现状及其时空演变规律提供了坚实的理论基础和方法工具（汤素娥、柳礼泉，2022）。这些研究成果不仅拓宽了我们对民生福祉内涵的理解，也增强了我们在实践中推动民生福祉持续进步的能力（杨灿明、万欣，2024）。学者们对民生福祉的概念界定进行了深入探讨，大家一致认为，民生福祉既包括个体的生活质量和生活水平，还包括公共服务的可获得性、社会保障的充分性以及环境质量的保证，收入分配、教育资源、医疗卫生服务以及社会参与等都会对民生福祉水平产生影响（徐文文，2023；安秋玲，2022）。

随着社会政策的转型与发展，学者们对民生福祉进行了更加细致和科学的分类，努力构建出一个互相协调且包容性强的福祉理论体系（关信平等，2024）。亚洲诸多研究显示了地缘文化在民生福祉概念内涵上的独特影响和区域内实践路径的差异化。在国际视野下，研究者们广泛关注并借鉴了北欧福利国家模式、美国自由市场福利模式以及最近兴起的社会投资模式，这些模式让我们对如何塑造具有中国特色的民生福祉政策提供了有益的启示。

研究者们探讨了民生福祉与社会公正、社会包容以及社会发展等多维度概念的交互作用，旨在从宏观层面揭示社会政策对民众福祉感受的影响，以及如何在政治、经济和文化等多元复杂的社会系统中实现福祉的最大化（丁元竹，2021）。越来越多的跨学科理论和方法被运用来分析和解读民生福祉的内涵和实践路径，如利用系统动力学方法研究民生福祉政策的长期影响，以及应用计算机仿真模型分析不同社会政策对公民福利感受的影响。

国内外研究动态还显示，民生福祉研究正在日渐重视定量化与经验性分析。采用经济学、社会学和统计学等多种方法对民生福祉进行量化评价，已经成为这一领域的普遍做法（陈莹，2020）。如通过构建指标体系来衡量不同国家和地区的民生福祉水平，发现并分析民生福祉的空间分布特征和影响因素。这些方法不仅有助于我们客观评价民生福祉的现状，更为提出改善策略和政策建议提供了科学依据。

2. 民生福祉水平测算方法

在探讨民生福祉水平的测算方法研究动态时，我们不得不关注评价体系的构建和测度方法的创新。随着人民生活水平的不断提高，对民生福祉水平的测度要求也日趋复杂与精细化（韩喜平、刘永梅，2018）。民生福祉水平测算的科学性直接影响到政策制定的准确性和有效性，因此，多维度、多角度的评价指标体系建设成为学术界研究的重点之一（王兆峰、张先甜，2023）。从20世纪末期开始，随着多项福利指标的开发和应用，关于民生福祉水平测算方法的研究已经逐步深入。人类发展指数（HDI）等一系列综合性指标被广泛用于反映民生福祉的整体情况，但如何更细致地量化民众的多方面需求，并将其融入测算框架当中，仍是当代研究的重点难点。

近年来，民生福祉水平测算的研究趋向更为关注数据的综合性和方法的先进性，可以利用层次分析法（AHP）来确定不同维度福祉指标权重，通过熵值法（entropy weight method）对客观数据进行综合评价和排序，并考虑福祉测算在不同区域的适用性和差异化等因素（范如国、张宏娟，2012）。此外，随着GIS技术的发展，该领域研究开始尝试采用空间分析方法，通过空间自相关指数等工具，对民生福祉水平进行时空格局分析，探索福祉水平的空间分布特征及其决定因素（马睿，2021）。

数据的多维性和测算的细致化也成为了研究的重要方向。结合经济、社会、环境等多领域数据，构建更为全面的民生福祉评价指标体系，不仅能够综合反映民生福祉的整体状况，还能揭示其变化趋势和潜在问题（原源，2024）。同时，随着大数据时代的到来，对民生数据进行实时监控和动态分析，已经成为可能和必要。因此，构建基于大数据平台的民生福祉实时监控和评价系统成为新的研究热点，以期对政策制定提供更为及时和精准的决策支持（郐迎翔，2018）。

进一步地，研究者开始关注民生福祉测算的人文关怀与政策导向。以民众的实际体验与感受为依托，引入满意度、幸福感等主观评价指标，与传统的经济发展指标相结合，形成更为立体和全面的民生评价指标体系。这种方法有助于揭示影响民生福祉的深层次社会因素，为政府提供精准扶贫、均衡发展等政策的落地提供参考依据。

值得注意的是，不同国家和地区的文化、传统和发展水平存在差异，使得民生福祉水平的测算不能简单模仿或者照搬，需要结合本地实际情况进行本土化设计与调整。而中国特色社会主义理论体系对于构建具有中国特色的社会福祉评价模型提供了理论指导和方法论支撑。这一模型不仅能体现中国社会治理的理念，还能与国际通行的评价体系进行对话和融合，为我国民生福祉的研究与实践提供有力支撑。

民生福祉水平测算方法研究正朝向更加科学化、精细化、本土化和人性化的方向发展。在后续研究中，应更加注重方法与理论的融合，突破传统的数据与测算局限，不断创新与完善评价体系，形成与我国社会发展阶段相匹配的民生福祉水平测算体系，为实现全体人民共享发展成果提供坚实的理论和技术支撑。

3. 民生福祉空间非均衡演变

在全球经济一体化和区域发展战略深化的背景下，对我国各区域民生福祉的空间非均衡问题进行研究，成为近年来国内外学者关注的重点。空间非均衡演变研究涉及经济、社会、地理等多学科交叉领域，在区域发展理论中扮演着重要的角色（汪可汗，2022）。民生福祉的提高不仅直接关系到人民生活水平的改善，而且是推动经济持续健康发展的必然要求（王圣云、张新芝，2016）。因此，掌握我国民生福祉空间非均衡演变的规律，是制定相关政策、促进区域均衡发展的关键。

研究表明，我国民生福祉的空间非均衡主要表现在东中西部发展的差距、城乡差异、区域内部发展不均以及人口流动对区域民生的影响等方面。东部地区由于经济基础雄厚、市场化程度高、对外开放程度大，民生福祉水平普遍较高。而西部和中部地区由于历史条件、自然环境和政策扶持力度不同，民生福祉水平存在明显差异。城乡差异则体现在城市化进程不断推进的同时，农村地区的发展相对滞后，基本公共服务设施不足等问题依然突出。此外，大规模人口流动促进了区域人力资源的重新分配，但也加剧了流入地与输出地在民生福祉方面的分化。

在空间非均衡演变规律研究中，区域创新系统理论提供了新的视角。研究指出，创新在区域经济发展中具有关键作用，而民生福祉的提升亦需依靠科技创新和产业升级。在一些地区，信息技术和高新技术产业的发展带动了民生相关行业的快速增长，从而改善了当地居民的生活水平和生活质量。

民生福祉空间非均衡演变研究不断深化与创新，不仅丰富了区域发展的理论内涵，也为政府调控提供了实证基础和决策工具。未来，随着数据获取手段的日趋完善和分析技术的不断进步，这一领域的研究将更加细致和系统，有望为实现我国民生福祉的均衡可持续发展提供更加有力的理论支撑和实践指导。

1.4.3 长期护理保险对民生福祉的影响研究

众多研究表明，长期护理保险能够有效减轻家庭的经济负担（谢冰清，2019）。通过对试点城市的调研发现，参保家庭在长期护理保险实施后，用于护理服务的自付费用显著降低。由于保险的补偿机制，家庭无须完全承担高昂的护理费用，使得家庭经济压力得到缓解，进而能够将更多资源投入其他生活方面，提升整体生活质量（Coe et al.，2015）。然而，也有部分学者指出，长期护理保险在减轻经济负担方面存在一定局限性。保险的保障范围和报销比例有限，对于一些高额的护理需求，家庭仍需承担相当一部分费用。而且，不同地区的经济发展水平和保险政策差异，导致长期护理保险减轻经济负担的效果参差不齐。

在护理服务质量方面，长期护理保险起到了积极的推动作用。长期护理保险制度促使护理服务市场不断规范和发展。保险机构为了控制成本、提高效益，会对护理服务机构进行严格监管，要求其提升服务质量。这使得护理服务的专业性、规范性得到提升，失能人员能够享受到更优质的护理服务。但也有研究指出，目前长期护理保险在提升护理服务质量过程中存在一些问题。部分地区护理人员短缺，且专业素质参差不齐，即使有长期护理保险的推动，也难以完全满足高质量护理服务的需求。此外，护理服务的标准化程度在一些地区仍有待提高。

长期护理保险对家庭照护者的影响也是研究的热点之一。通过对多个家庭的跟踪调查发现，长期护理保险的实施，使得家庭照护者有更多时间和精力投入自身的工作和生活中（Geyer & Korfhage，2015）。由于部分护理工作由专业机构承担，家庭照护者的身心压力得到缓解，其生活质量和职业发展都得到了一定程度的改善。不过，也有学者表示，长期护理保险虽然减轻了家庭照护者的负担，但在实际操作中，部分家庭照护者可能因为传统观念等因素，难以完全放心将护理工作交给外部机构，仍然会花费大量时间参与护理，从而影响自身生活质量。

1.4.4　研究述评

1. 长期护理保险

在众多学者对我国长期护理保险制度进行深入研究的基础上，可以发现现有研究存在一定的差距和不足，尤其是在试点政策的综合评价与优化建议方面（陈凯、赵娜，2018）。在研究长期护理保险的实施效果时，多数学者侧重于定性描述和个案分析，而对制度设计的深度剖析和实证数据的系统性评估较为缺乏。例如，在长期护理保险的需求与供给分析中，尽管已有文献识别出了不同地区间的政策差异和制度覆盖率的不均衡现象，但相对较少的研究涉及保险政策供给现状与服务机构能力的深度对比。更为重要的是，现有文献对于制度实施后的成效评估大多停留在宏观层面的分析，未能充分结合微观数据揭示制度运行过程中的非均衡性和多元利益主体间的动态交互（江崇光等，2018）。

尽管经过初步试点和不断扩展，长期护理保险制度已在一些地区得到实施，但受益人群的覆盖面仍有限，且在护理服务质量和满足多样化需求方面存在不足（卢婷，2019）。在政策设计层面，以往的研究往往从宏观角度讨论制度优势，将长期护理保险嵌入现有社会保险体系之中，而较少考虑制度运行的微观实践和地方实施差异所造成的影响。此外，对于长期护理保险制度的可持续性探讨，虽有学者提出基于政府购买服务视角的研究，但有关如何在保障范围、服务供给、经济补偿和配套制度等方面进行优化以提高系统性问题解决能力的深度分析不足。

此外，对于长期护理保险制度的创新性研究同样显得不足。虽然社会和经济背景在不断变化，对长期护理保险提出新的需求和挑战（罗梅璇子，2019），但如何在制度框架内进行灵活调整，实现制度的自适应和创新升级，目前在学术界尚未形成共识。这些研究的不足，限制了长期护理保险制度设计及其运行绩效研究的深度和广度，也难以为政策制定提供完备的理论依据。

针对上述文献分析中所揭示的研究差距，未来的研究应着重考虑以下几个方面。首先，应加强对长期护理保险试点政策实施效果的定量化评价，利用深度数据分析揭示不同地区实施差异和影响因素，从而为制度的优化提供更为准确的实证依据。其次，需要关注长期护理保险制度设计中意识形态和文化因素的影响，以及如何在尊重民众价值取向和生活习惯的同时，推进与国际先进经验的接轨。再其次，对于长期护理保险的持续性与风险管理问题，应结合财政、社会和个人三重视角，全面考量多种筹资机制和保障模式，探索更具可持续性和适应性的保险制度设计。最后，对于制度实施中的非均衡问题，应进一步分析非均衡现象的内在机制和外部条件，针对制度运行中的问题进行动态监管，以期促进政策效应的全面提升。通过上述研究方向的深入探讨，可以为我国长期护理保险制度的优化与发展提供更为全面和深入的理论支撑和政策建议。

2. 民生福祉

在综合评述国内外关于民生福祉现状及其时空演变规律的研究动态中，可以看到，尽管近年来该领域的关注度不断提高，研究成果也日渐丰富，但总体上仍存在理论研究与实践应用的差距，以及多学科交叉整合的不足。回顾现有研究，大多集中在对民生福祉内涵的探讨和指标体系的构建上，较少深入剖析时空演变的内在机理和影响因素。同时，在国内外研究成果的比较中，国际研究往往更注重理论框架的构建和跨国比较分析，而国内研究则更侧重于具体问题的实证分析和政策建议的提出。

研究在时空演变规律的揭示上仍显薄弱，多数研究停留在静态的分析和描述，关于民生福祉在不同区域、不同时间段的动态变化和演进规律的深入研究较为稀缺。尽管有学者尝试运用空间统计学和 GIS 技术来探究民生福祉的空间差异和分布规律，但这样的研究大多数集中于宏观层面的描述，缺乏微观实证数据的支持。此外，影响民生福祉时空演变的因素众多，不同地域的社会经济结构、政策环境、文化传统等因素的作用和机制还未被系统揭示和深入分析。

国内研究在构建民生福祉指标体系和评价模型方面取得了一定成果，如通过构建更为细致的生存水平、发展水平、享受水平、参与水平和保障水平指标，为政府和社会提供了较为全面的评价视角。然而，这些评价模型往往缺乏对区域发展特征和居民生活实际需求的深入理解，未能真正体现出民生福祉的多维度和动态特性。相对而言，国际研究在福利地理学和人类发展指数等理论的引入和应用上较为成熟，注重福祉的普遍性和平等性探究，具有一定的启示意义。

因此，未来的研究应当在现有基础上，进一步强化跨学科的理论与方法整合，尤其是在经济学、社会学和人口地理学等领域的深度融合。理论上要深化对民生福祉概念及其内涵的理解，特别是在不同文化背景和社会发展阶段下对其多样性和普遍性的认识。方法论上要探索结合定量与定性研究的混合方法，运用多种统计学方法和 GIS 技术来分析民生福祉的时空演变规律，特别是要注重微观层面的动态追踪研究，完善对影响因素及其作用机制的理解。

在研究框架的构建过程中，应当把民生福祉放在国家宏观政策和区域发展战略中去审视，将其与经济增长、社会稳定、文化传承等重要议题相联系，探讨各类因素对民生福祉时空演变的影响，从而为政策制定和社会管理提供更为精准的数据支持和理论指导。同时，也需要根据中国具体国情，考虑如何将国际先进理论和实践经验与我国实际相结合，建立符合我国特点的民生福祉提升机制和评价标准。

1.5　本书章节安排

本书共分 8 章，具体安排如下：

第 1 章绪论：介绍长期护理保险制度起源与早期发展、我国增进民生福祉进程中长期护理保险制度的建设方向以及国内外研究现状及述评。在此基础上确定具体的研究内容、研究思路与研究方法，并给出本书的结构。

第 2 章基本概念和理论基础：界定本书研究所涉及的长期护理、长期护理保险和民生福祉等相关概念。阐述本研究的理论基础，包括社会支持理论、福利混合经济理论、准公共产品理论、人类发展理论和马斯洛需求层次理论。

第 3 章我国民生福祉现状及时空演变规律。从改革攻坚期和矛盾凸显期的现实需要、全面建设小康社会的必然要求和顺应人民过上更好生活的新期待三个方面系统阐述增进民生福祉的现实背景，梳理我国增进民生福祉的历程及成就，测度我国民生福祉水平，并探讨影响我国民生福祉水平的因素，最后给出我国增进民生福祉水平的策略与建议。

第 4 章我国长期护理保险试点典型模式介绍：依次介绍青岛、上海、广州和南通四个试点城市的长期护理保险运行模式，并对四种模式进行比较分析。

第 5 章我国长期护理保险试点效果评价：介绍我国探索长期护理保险试点的契机和我国长期护理保险试点工作的演进，总结我国长期护理保险试点现状并剖析我国长期护理保险试点存在的问题，最后对我国长期护理保险试点效果进行实证分析与评价。

第6章长期护理保险制度增进民生福祉的作用机理与效应：搭建长期护理保险制度增进民生福祉的理论框架，并从理论角度分析长期护理保险制度增进民生福祉的作用机制。借鉴陈飞和王若同（2024）的思路，构建模型实证检验长期护理保险制度对民生福祉的影响程度，并对长期护理保险制度增进民生福祉的效应进行异质性分析。最后，从城乡间收入差距、群体间收入差距和地区间收入差距三个层面进一步探讨长期护理保险的分配效应。

第7章以长期护理保险筹资机制优化增进民生福祉：对我国试点城市长期护理保险制度筹资机制进行比较分析，并剖析筹资机制的不足之处；对发达国家长期护理保险制度筹资机制进行比较分析并总结其成功经验；最后提出构建我国长期护理保险可持续筹资机制的对策建议。

第8章推进长期护理保险与医疗保险协同发展：分析推进长期护理保险与医疗保险协同发展的必要性和可行性，挖掘推进长期护理保险与医疗保险协同发展面临的挑战；在总结长期护理保险与医疗保险协同发展国际经验基础上，提出推进长期护理保险与医疗保险协同发展的思路与对策。

第 2 章

基本概念和理论基础

2.1　长期护理保险基本概念

2.1.1　长期护理

　　长期护理是指为因年老、疾病或其他原因在日常生活中出现各种程度自理困难的人群，提供较长时期的支持性服务。长期护理以高龄老人、严重残疾人士和慢性疾病患者为主要护理对象，目的在于恢复或维持患者的生理机能，改善患者的生活质量，确保其在日常生活中享受足够的尊严，最终减轻患者家庭成员的照护负担。

　　长期护理主要包括三种类型：一是具有医疗资质的机构和专业医生提供的专业护理服务；二是由非专业医疗机构和个人提供的日常家庭护理服务；三是介于专业护理和日常家庭护理之间的中级家庭护理服务，这种模式适用于不完全需要专业医生全日制看护，但又需要提供日常医疗保健和个人护理的服务群体。

2.1.2　长期护理保险

美国健康保险协会（HIAA）将长期护理保险定义为"为消费者在较长一段时期内（通常为 6 个月甚至更长时间）接受各种个人护理服务而发生的费用进行补偿的健康保险"。美国人寿管理协会（LOMA）将长期护理保险定义为"在被保险人因年老体衰而不能从事特定的日常起居活动而需要帮助照顾时，提供经济保障的保险"。荆涛（2005）将长期护理保险定义为"对被保险人因为年老、严重或慢性疾病、意外伤残等导致身体上的某些功能全部或部分丧失，生活无法自理，需要入住安养院接受长期的康复和支持护理或在家中接受他人护理时支付的各种费用给予补偿的一种健康保险"。孙敬华（2021）将长期护理保险定义为"通过风险共担机制对长期处于不能完全自理状态的群体（主要是老年人），提供服务供给或经济补偿的一种社会保险制度"。根据目前国内长期护理保险制度试点的现状，本书将长期护理保险定义为：为因年老、疾病、伤残等导致丧失生活自理能力的完全失能和重度失智的参保人提供基本生活照料及与基本生活密切相关的医疗护理服务或者资金保障；为半失能、轻中度失智和高危参保人，以项目的形式提供身体功能维护等训练和指导，延缓失能失智的一项保障制度。

2.2　民生福祉基本概念与特点

2.2.1　民生福祉的概念辨析

熊友华和沈钰晶（2021）对马克思的著作文本中与"民生"相关的组合词进行了辩证分析，认为马克思主义视域下的"民生"相关概念是现代民生之义的理论之源。广义上的"民生"是指从原始社会到共产主义社会的五种社会形态下人的生存、生活、生产和自由全面发展等。狭义上的"民生"是指资本主义社会下无产阶级和弱势群体的生存和发展问题。秦永超（2015）通过对福祉、福利与社会福利的概念内涵及关系辨析，将福祉定义为"人们的一种良好的、健康的、满意的、幸福的生活状态"。

民生福祉描述的是老百姓在物质、精神、文化、健康等方面所达到的一种状态，体现的是老百姓生活幸福和利益的总和（陆杰华，2022）。民生福祉关乎与人民生活相关的教育、医疗和养老等多个方面，涉及人民基本生活需求的满足、社会福利的享有、生活质量的提升等诸多内容，是衡量一个国家或地区社会进步和文明程度的重要标尺。民生福祉常被概括为"人民群众生活的幸福指数"，反映了政府在社会政策制定与实施过程中对民众生活水平的关切与承诺。

尽管民生福祉的具体内涵在不同国家和地区有所差异，但通常都融合反映了居民的基本生活需求和社会活动参与度。实际上，民生福祉的概念并不仅仅局限于经济和物质层面，它更多的是一个与社会公正、平等权利和人的全面发展紧密相连的概念。它强调人的发展是社会发展的核心，而不仅仅是经济发展的手段或目的。

在对民生福祉的概念进行界定时，一个不可忽视的方面是其动态变化特征，这一特征表明民生福祉不应被视为一个静态或一成不变的状态。从动态角度出发，民生福祉应被认为是一个随着时间推移，在政策、经济和社会因素作用下不断发展变化的过程。它与国家宏观政策、地区发展战略、全球化趋势等宏观经济社会动态紧密相关，反映了社会发展多维度的非线性进程。

由于民生福祉的界定及度量标准通常受到社会文化背景和价值体系的影响，因而在不同的社会政治经济背景下，民生福祉的概念解释也会出现差异。在中国情境下，民生福祉不仅体现在对国民经济成果的均等享受和分配上，也反映在实现人与自然和谐共生的生态文明建设上。这种独特的双重目标标志着中国特色社会主义民生福祉观的深刻内涵。因此，本研究在构建民生福祉概念框架时，着重考虑了它的普适性和特殊性，将社会公正、基本权益保障及人的全面发展作为核心维度，将民生福祉定义为在政策引导和市场调节作用下，通过增强居民生活的物质基础和提高社会参与度，以实现人的全面发展和社会整体的和谐进步。

2.2.2 民生福祉的特点

为民造福是立党为公、执政为民的本质要求，以促进社会公平正义、增进人民福祉为出发点和落脚点，不断满足人民对美好生活的向往。民生福祉在我国社会发展策略中占有举足轻重的地位，是中国式现代化对"现代化之问"的根本解答，其对经济和社会各层面的影响深远。民生福祉具有基础性、广泛性、公平性、系统性和动态性等特征。

1. 民生福祉具有基础性特征

民生福祉贯穿于个体与社会发展的方方面面，是构建和谐、稳定、繁荣社会的核心根基。饮食方面，要确保粮食的稳定供应与食品安全的有效监管，让人们能够每日获取充足且健康的食物来源。住房方面，无论是城市中的高楼大厦还是乡村的质朴民居，稳定且适宜居住的住所给予人们遮风挡雨的港湾，提供安全私密的生活空间，使人们在忙碌一天后能有休息之所，免受外界恶劣环境的侵扰。医疗方面，从基本的医疗卫生设施在社区、乡村的普及，到常见疾病的预防接种、基础诊疗服务的可及性，再到重大疾病的应急救治体系构建，都在时刻守护着人们的生命健康。民生福祉在社会发展方面的基础性作用同样显著。要让每一个孩子不论出身贫富、地域差异，都能接受最基本的读、写、算等知识技能教育，为他们打开认识世界的窗口，培养基本的思维能力与社会认知。就业方面，其基础性体现在为社会成员提供融入社会、实现自我价值的途径。稳定的就业环境意味着人们有稳定的收入来源，从而能够进行消费，带动整个社会的经济循环。社会保障方面，养老保险保障了老年人的晚年生活，使他们在退出劳动岗位后依然能够维持基本的生活水准，减轻了家庭与社会的养老负担，也体现了社会对老年人曾经贡献的尊重与回馈。医疗保险的存在缓解了人们因疾病带来的经济压力，避免因病致贫、因病返贫现象的大规模发生，让人们在面对疾病时有更多的底气与信心，从而能够全身心地投入工作与生活中，促进社会的健康有序发展（Qian et al.，2019）。失业保险在经济波动或个人职业转换期间为失业者提供一定时期的经济支持，帮助他们渡过难关，重新寻找合适的就业机会，维持社会劳动力市场的弹性与活力（Korn & Wrede，2012）。生育保险则关注到生育家庭的特殊需求，从生育津贴到医疗费用报销等福利措施，保障了家庭在新生命诞生过程中的平稳过渡，有利于人口的繁衍与家庭的和谐稳定，从侧面推动了社会的持续发展。

2. 民生福祉具有广泛性特征

民生福祉涵盖的人群和领域广泛，涵盖不同年龄、性别、职业、地域的各个社会阶层群体。民生福祉囊括了社会生活的每一个领域，医疗领域中，它包含着从日常的疾病预防保健知识普及，到基础医疗设施的建设与完善，从专业医生的悉心诊疗服务，到各类药品的研发与供应保障，全力守护着人们的身体健康，为生命的延续与质量保驾护航。在教育领域，民生福祉关乎学前教育、小学、中学基础教育的夯实，以及高等教育乃至职业教育、成人教育的多元拓展，致力于为每一个人提供知识与技能提升的机会与平台，开启智慧之门，点亮人生希望之光。就业方面，它不仅聚焦于创造丰富多样的就业岗位，满足不同技能、不同学历、不同年龄段人群的求职需求，还注重职业培训与技能提升项目的开展，促进就业者在职业生涯中的稳定发展与晋升。住房领域里，既有针对低收入群体的保障性住房建设，让居者有其屋的梦想得以实现，也有对房地产市场的规范与调控，确保住房市场的健康平稳发展，满足人们不同层次的居住需求。社会保障体系更是全面覆盖，养老保险为老年生活提供经济依靠（Qi et al.，2012），医疗保险减轻疾病带来的经济负担，失业保险在失业困境时给予过渡支持，工伤保险保障劳动者在工作中的权益与安全，生育保险则为生育家庭提供必要的福利与保障。各个领域相互交织，共同构成了民生福祉的大框架。

3. 民生福祉具有公平性特征

在社会发展过程中，在不同群体、不同地区之间要公平地提供机会和分配资源，确保所有公民享有基本福祉的权利与机会。民生福祉的公平性特征是构建和谐社会、实现人民幸福的重要基石，它贯穿于社会生活的方方面面，时刻守护着每一个人的权益与尊严。

在教育领域，公平性是开启知识大门的平等钥匙。学校的招生制度应遵循公平原则，不以家庭财富、社会地位等因素作为入学的门槛，而是以学生的学业成绩、综合素质和个人潜力为考量标准。教育资源的分配也需体现公平，无论是师资力量的配备、教学设施的建设，还是课程体系的设置，都应尽可能地在不同地区、不同学校之间实现均衡。

就业范畴内，公平性是踏入职场舞台的公正通道。就业市场应向所有具备相应能力和资质的人敞开大门，杜绝任何形式的歧视与不合理限制。企业在招聘过程中，应秉持公正透明的原则，通过科学合理的招聘流程和考核机制，筛选出最适合岗位的人才，让每一位求职者的努力和能力都能得到公正的评价，使他们能够在适合自己的岗位上发光发热，为社会经济的发展贡献力量，同时也实现个人的职业理想与经济独立，进而提升自我的社会地位和生活品质。

住房方面，公平性是遮风挡雨港湾的平等享有。无论是低收入群体、中等收入阶层还是高收入人群，都应有合理的途径获得适宜居住的住房。政府在住房政策上应体现公平导向，加大保障性住房的建设力度并确保其分配的公正合理。保障性住房的申请标准应明确且透明，以家庭收入、住房困难程度等客观因素为依据，让真正有住房需求的低收入家庭能够优先获得住房保障，避免住房资源被不合理占用或投机炒作。对于商品房市场，也应通过有效的宏观调控政策，防止房价的过度波动和房地产市场的垄断行为，保障不同收入群体在住房消费上的公平权益。让每一个家庭都能在自己的经济能力范围内拥有一个温馨的家，感受到社会的关怀与公平，从而增强人们对生活的归属感和安全感，促进社会的和谐稳定发展。

社会保障体系之中，公平性是应对生活风险的平等护盾。养老保险制度应确保每一位劳动者，无论其从事何种职业、在何种企业工作，在年老退休后都能获得基本的生活保障。养老金的计算和发放应基于公平合理的规则，综合考虑个人的缴费年限、缴费基数以及社会平均工资水平等因素，避免养老金待遇的巨大差距导致社会矛盾。医疗保险的公平性体现在让全体社会成员都能平等地享受到基本医疗服务和费用报销政策。患者在就医过程中都应按照统一的医保政策享受相应的报销待遇，不因疾病种类、治疗费用高低而受到歧视或区别对待。失业保险则要为所有因非自愿失业而暂时失去收入来源的劳动者提供及时有效的救助和再就业支持，使他们在失业期间能够维持基本生活，并通过职业培训、就业信息服务等方式帮助他们尽快重新融入就业市场，重新获得经济来源和社会角色认同。生育保险也要保障生育妇女及其家庭在生育期间的合法权益，让每一个新生命的诞生都伴随着社会公平的呵护与关爱，使家庭不因生育而陷入经济困境，促进人口的健康繁衍和家庭的幸福美满，进而维护整个社会的稳定与繁荣。

4. 民生福祉具有动态性特征

民生福祉的内涵和重点随着社会经济的发展和老百姓生活水平的提高不断变化，政府的相关政策也会随之进行调整。与过去老百姓主要关注温饱问题不同，现如今人们对教育质量、医疗服务水平、居住环境等方面的要求越来越高。政府的相关政策也需要根据民生需求的变化而动态调整。在教育领域，这种动态性体现得尤为显著。过去，教育资源多集中于传统的书本知识传授，教学方式较为单一，主要依赖教师的课堂讲授与黑板板书。现在，学生们可以借助互联网，随时随地学习世界各地的优质课程，与不同地区的同学开展互动交流，参与全球范围的学术探讨。教育内容也与时俱进，以满足现代社会对复合型创新人才的需求。从教育评价体系来看，也从单纯的考试成绩逐渐向综合素养评价转变，更加注重学生的创新思维、实践能力、社会责任感等多维度的发展。就业方面同样展现出鲜明的动态性。过去，传统制造业和农业占据就业的较大比重，人们大多从事体力劳动或简单的手工操作。但随着科技的革新，工业自动化、智能化进程加速，大量重复性劳动岗位被智能机器取代，新兴的高端制造业、数字经济产业、创意文化产业等如雨后春笋般崛起，带来了全新的就业形态。同时，就业模式也从传统的固定雇佣关系向灵活就业、共享用工等多元化模式转变，人们可以根据自身的兴趣、特长和生活节奏，选择多种就业方式，这一系列就业结构、模式和职业类型的动态变迁，都是民生福祉动态性特征在就业领域的生动写照。住房需求与保障也在时间的长河中发生着深刻的动态变化。曾经，人们对于住房的诉求主要集中在遮风挡雨的基本功能上，住房面积相对较小，设施较为简陋。但随着生活水平的提高，人们对住房品质的要求日益提升，不仅追求宽敞舒适的居住空间，还注重周边配套设施的完善。房地产市场也在不断调整与发展，从单纯的住宅开发向多元化的商业地产、养老地产、文旅地产等领域拓展，以满足不同群体在不同人生阶段和生活场景下的住房需求。同时，政府的住房保障政策也在动态优化，从早期的保障性住房建设逐步向住房租赁市场培育、共有产权住房探索等方向推进，旨在建立更加公平、高效、可持续的住房保障体系。在社会保障领域，动态性同样贯穿始终。随着人口老龄化程度的不断加深，传统的家庭养老模式面临巨大挑战，社会养老逐渐成为主流趋势。养老服务的形式从单一的养老院集中供养向居家养老服务、社区日间照料、医养结合等多元化模式转变，服务内容也更加丰富多样，涵盖生活照料、医疗护理、康复保健等多个方面。医疗保险制度的报销范围随着医疗技术的进步和新药的研发而逐步扩大，报销比例根据经济发展水平和医保基金收支状况适时调整，异地就医结算等便民措施也在逐步推广落实，以适应人口流动加快和民众医疗需求提升的新形势。失业保险也从单纯的失业救济向就业促进转变，通过开展职业培训、提供创业扶持等手段，帮助失业人员尽快重新融入就业市场。总之，民生福祉的动态性特征使其能够紧密贴合社会发展的脉搏，始终围绕民众需求的变化而不断自我革新与完善，为人们创造更加美好、适应时代需求的生活画卷。

5. 民生福祉具有系统性特征

民生福祉的各个组成部分相互关联、相互影响，构成一个有机的系统，还与社会的经济、政治、文化等其他系统紧密相连，共同推动着社会的良性运转与人民生活品质的持续提升。

在教育与就业的联动体系中，教育是民生福祉系统的人才培育引擎。从学前教育的启蒙，到中小学基础教育的知识技能夯实，再到高等教育、职业教育的专业深化与定向培养，教育的各个环节层层递进且环环相扣。优质的教育能够为就业市场源源不断地输送高素质、高技能的人才资源。教育体系根据社会经济发展需求，精准地调整学科专业设置与教学内容，使毕业生更好地契合就业市场对创新型人才的需求。而就业状况又反过来影响教育的发展方向。这种教育与就业之间的相互依存、相互促进关系，充分彰显了民生福祉系统性特征中各子系统之间的协同性与互动性。

医疗与社会保障领域同样构成了一个紧密交织的子系统网络。医疗保障作为社会保障体系的关键分支，直接影响人们获取医疗服务的可及性与质量。一方面，合理的医保报销政策能够减轻患者的就医经济负担，使更多人敢于及时就医、积极治疗，从而提升整个社会的健康水平。另一方面，医疗服务的供给能力与水平又对医保制度的可持续性提出要求。同时，社会保障体系中的其他部分，也与医疗保障相互关联。健康的老年生活离不开医疗保障的支持，而失业人员在面临经济困境时，医疗保障的存在能够避免其因疾病而陷入更深的生活危机，体现了民生福祉在不同保障领域之间的系统性整合与互补。

住房与公共服务设施配套也是民生福祉系统性的重要体现。住房并非孤立的建筑实体，而是与周边的公共服务设施共同构成人们的居住生活环境。一个完善的社区，不仅要有舒适安全的住房，还应配备便捷的交通设施、教育资源、医疗卫生设施和商业服务设施等。这些住房与公共服务设施之间相互配合、协同发展，共同营造出适宜居住、充满活力的生活空间，体现了民生福祉系统内部各要素之间在空间布局与功能实现上的高度整合性与协调性。

从宏观层面看，民生福祉的系统性还体现在与社会经济、政治等外部环境的紧密联系与相互影响上。经济的持续健康发展是民生福祉提升的物质基础与动力源泉。繁荣的经济能够创造更多的就业机会，增加居民收入，从而为教育、医疗、住房等民生领域的投入提供坚实的财政保障。稳定的政治环境为民生福祉的规划与实施提供了制度框架与政策导向。政府通过制定科学合理的法律法规、民生政策，协调各方利益关系，引导社会资源向民生领域倾斜，保障民生福祉系统的有序运行。而民生福祉的改善又会反作用于社会经济与政治。良好的民生状况能够提高居民的生活满意度与社会凝聚力，激发人们的劳动积极性与创造力，进一步促进经济的发展与社会的稳定和谐，形成民生福祉与社会整体环境之间相互促进、良性循环的系统性发展格局。民生福祉的系统性特征贯穿于社会生活的各个层面与各个环节，各个组成部分之间相互关联、相互影响，共同构成了一个复杂而有序的有机整体，持续推动着社会的进步与人民幸福指数的提升。

2.3　理论基础

2.3.1　社会支持理论

社会支持理论为长期护理保险的构建提供了深刻的理论依据与广泛的实践指导意义。该理论认为，社会关系网络对于个体健康与福祉具有重要的影响力，它通过各种形式的社会交互活动对个体的生活质量产生积极作用。在长期护理保险领域，社会支持体系通过建构起一个涉及个人、家庭、社区及政府的多层次、多元化的保障网络，使得失能或部分失能个体得到妥善的照护和支持，从而提升整体社会福祉水平。

社会支持理论从社会资本的角度强调了信任、互惠及社会规范的功能性,在长期护理保险的环境中,社会资本构成了推动社会参与与互助的基础。个体与社会之间的互动增强了社会结构内部的凝聚力,从而在社会福利体系中为老年人提供了稳固的可靠支援。此外,长期护理保险还促进了家庭和邻里间的自助和互助活动,进一步巩固了社会共同体意识。

互惠互助理论等一系列社会支持机制的构成,凸显了个人之间的相互支持与关照,并认识到社会关系的保健功能及其在长期护理保险体系中的价值。长期护理保险中的家庭护理服务,正是利用社会支持理论中关于家庭和社区为主要支持网络的论点,通过激励家庭成员和周边社区为失能成员提供必要的护理,进而构成长期护理保险的主要照护力量之一。家庭成员之间的相互帮扶,以及社区资源的整合利用,强化了长期护理保险人际关系网的支持效用。

社会支持理论不仅提供了一个全面解释个体与社会交互对健康产生影响的理论框架,而且指导了长期护理保险制度建设的具体实践路径。这一理论基础的应用,能够有效地提升长期护理保险的普及率和覆盖深度,为失能和部分失能人群提供更加全面和可持续的社会化护理服务。通过家庭内部和社区层面的互动,可以显著增强长期护理保险系统的有效运行。

社会支持理论的深度应用和拓展,为构建中国特色长期护理保险制度提供了重要的理论支持。充分发挥社会支持网络在长期护理保险体系中的作用,能够帮助中国更好地应对人口老龄化带来的挑战,提升社会养老服务体系的整体效率和效果。

2.3.2 福利混合经济理论

福利混合经济理论提供了理解和构建长期护理保险体系的重要视角。该理论主张在公共福利与私人福利之间寻求平衡,强调市场与政府在提供长期护理服务中的互补作用。福利混合经济理论认为,单一的公共福利系统或完全依赖市场机制的私人福利方式,均无法充分满足社会成员在长期护理方面的多样化需求。

福利混合经济理论认为，长期护理保险应构建于公私合作的基础之上，既需要政府主导设立基本框架和最低保障，又需激励私人部门参与，提供差异化和个性化的护理服务。政府的角色在于确保所有失能人群能够得到基础的长期护理支持，而商业保险通常针对特定群体提供额外的保障选项，满足不同人群的细分需求。

福利混合经济理论进一步提出，政府、保险公司、护理服务供给者以及服务享受者等利益相关者的合作与沟通，决定了福利决策的效果，进而影响了长期护理保险筹资渠道、服务方式和管理模式等潜在的创新可能性。一方面，政府可以制定税收优惠、财政补贴等政策，吸引和鼓励民营机构和非营利组织参与长期护理服务的提供。另一方面，保险公司凭借专业优势进行产品创新，满足具有不同偏好的消费者的选择性需求。

长期护理保险政策的制定，要充分考虑制度内部的协调和效率问题，合理划分政府与市场的责任边界，建立科学合理的激励机制，完善透明的监管机制，充分确保筹资机制公平和服务提供可及。同时，也要充分考虑不同地区的社会经济发展水平和人口结构特点，制定符合当地实际的长期护理保险政策，并在政策运行过程中不断优化完善，从而推进长期护理保险政策的效率提升和社会福利的最大化。

2.3.3　准公共产品理论

准公共产品理论为长期护理保险提供了重要的解释框架，它关注于长期护理服务的外部性、非排他性以及保险制度如何针对这些特性进行设计以提高效率。长期护理服务特别是面向失能老年人和慢性病患者的照护服务，具有显著的社会外部性。因此，长期护理保险制度的设计需考虑如何把握市场力量和政府干预的平衡，为老年人提供所需的护理服务，同时保证服务的质量和可持续性。

长期护理保险通过风险共担的保险机制，为个体提供一种有效途径来管理其因健康状况恶化所带来的长期护理风险。由此需要考虑保险产品在保额设定、费率测算以及风险控制等方面的设计，以及对长期护理需求的深入理解和测度。根据准公共产品理论，"非排他性"的特质对长期护理保险产品设计尤为关键，这意味着其应尽可能满足所有潜在需求者的需求，而不是仅服务于一部分人群。这与我国目前试行的长期护理保险的覆盖率、适应病种和服务设施等方面相关，目前尚存在一定的服务范围限制和待遇水平差异问题。

准公共产品理论强调长期护理服务的需求弹性，即服务的需求随价格变化的敏感性。在长期护理保险筹资机制中，政策设计者需充分考虑费率与保险需求之间的关系，并审慎设定保费水平。日本等国家在长期护理保险制度实践中，已将准公共产品理论应用于具体制度设计中，确保收费合理，并逐步扩大了保险的覆盖范围，使其更好地服务于老年和慢性病人群（Rhee et al.，2015）。

因此，从准公共产品理论的角度出发，长期护理保险的政策制定和体系构建应因地制宜，结合区域经济发展水平、人口结构以及慢性病的发病率等因素，制定合理的筹资机制和服务标准。同时，集中力量和资金，增加对长期护理基础设施的投入，不断提高服务的整体质量和效率，形成一个全面、有效、可持续的长期护理保障网络，为广大老年人及失能人群提供一个更加完善、高效的长期护理保险服务体系。在不断完善和发展长期护理保险制度基础上，增强护理服务的普及性和质量保障，从而有效解决长期护理服务的供给短缺问题，提高养老服务体系的整体能力和水平。

2.3.4 人类发展理论

人类发展理论为研究民生福祉提供了一个评估社会进步的多维度视角，它不仅涉及经济增长的量化指标，还包括教育、健康和生活质量等综合性指标。在20世纪90年代，联合国开发计划署（UNDP）提出了人类发展指数（HDI），将寿命、受教育程度和生活标准整合为评估不同国家发展水平的指标。此理论强调，人是发展的中心，不应仅将国家的经济增长作为衡量进步的唯一标准，而应关注人类福祉与个体发展的全面性和平衡性。

在分析民生福祉现状及其时空演变规律时，人类发展理论为构建相应的理论框架提供了坚实基础。人类的全面发展，包括物质生活的提高和心灵精神的丰富，成为了衡量民生福祉的重要标准。其中，可持续人类发展的概念进一步将环境保护和资源的合理利用纳入人类福祉考量之中，这与当前全球面临的环境问题和可持续发展挑战高度契合。

由于地区间存在差异，在制定相关福祉政策时，需要对人类发展理论进行本土化的创新性应用。一方面，要考虑到区域发展不均衡性这一现实情况，通过改进现有的人类发展指数（HDI），增加地区性指标，更好地表征福祉水平在地区间的分布和差异。另一方面，人类发展理论中的生活质量提升与福祉提高需要与城镇化发展相融合，寻找城镇与农村之间平衡发展的新路径。

人类发展理论为理解和评估民生福祉现状及其演变提供了宽广而深刻的理论视野。未来的研究将在此理论基础上，结合我国的实际情况，探索富有中国特色的人类福祉发展理论，研究如何在经济持续健康发展的同时，通过科学有效的社会政策，提升人民群众的福祉水平，实现人的全面发展与社会的和谐进步。

2.3.5 马斯洛需求层次理论

马斯洛需求层次理论是心理学领域的经典理论，对于解释和理解民生福祉现状及其时空演变规律具有重要指导意义。该理论将个体需求从低到高划分为生理需求、安全需求、社交需求、尊重需求和自我实现需求五个层次，并认为个体行为的动力来源于未满足的需求。在分析我国民生福祉的时空演变规律时，马斯洛需求层次理论为我们提供了一个理解个体和群体行为的心理动机框架，有助于解释不同社会群体在面临经济、社会变迁时所表现出的不同福祉需求和行为。

自社会主义市场经济体制建立以来，我国城乡居民的生活水平不断提高，但民生福祉的提升并非均等和均衡。通过将马斯洛需求层次理论运用至福祉研究中，可以发现，民生发展与福祉提升的进程中存在明显的需求层次失衡。地域差异性和城乡差异性在民生福祉的提升过程中表现得尤为明显，阻碍了福祉普遍性和均等性的实现。

在进行福祉水平评估时，基于马斯洛需求层次理论的视角，需要从多维度构建评价指标。对于经济较为发达、民众高级需求较为突出的地区，可以考虑增加文化、教育、环境质量等指标。而对于相对欠发达地区，生存水平、就业保障、基础设施建设等更倾向于满足基本需求的指标则显得更为重要。在此基础上，通过对不同区域民生福祉水平进行差异分析，可以揭示福祉提升与经济发展水平、社会保障体系、地理环境等因素之间的关联性。

马斯洛需求层次理论也强调了个体需求满足过程中的动态性，这为分析我国民生福祉的动态演进提供了理论支持。随着经济社会的发展，人们的需求层次将发生变化，从而推动民生福祉向更高层次发展。因此，在研究我国民生福祉的时空演变规律时，需要关注需求层次的动态变化，特别是在政策干预、经济转型和社会发展等外部条件影响下，民生福祉的需求梯队如何调整，进而影响福祉提升路径和福祉分配格局。

基于马斯洛需求层次理论，本书认为实现民生福祉提升的关键在于平衡和协调各个需求层次之间的关系，从而保证低层次需求得到满足的同时，逐步实现高层次需求。这对于完善社会保障体系、推进区域协调发展、构建和谐社会等具有重要的政策意义。在此视角下，推动民生福祉的全面提升，不仅需要关注物质保障和经济发展，还需要强化社会服务、文化教育、生态环境等方面的建设，以满足人民在不同发展阶段的多元化、层次化需求。

未来研究应深入探讨需求层次理论在不同社会经济背景下的适用性和局限性，为推动我国民生福祉全面发展和均衡提升提供更加科学的理论支撑。

第3章

我国民生福祉现状及时空演变规律

3.1 增进民生福祉的现实背景

3.1.1 改革攻坚期和矛盾凸显期的现实需要

在中国特色社会主义建设步伐加快的背景下，我国民生福祉问题的提出，根深蒂固于改革开放以来经济社会发展的各个阶段，尤其是改革攻坚期和矛盾凸显期的现实需求（贺汉魂，2024）。经济高速发展阶段所积累的社会结构失衡、城乡差异扩大及收入分配不均等问题，越发成为制约社会和谐与可持续发展的突出问题。虽然我国农村居民收入实现连年增长，但增速仍落后于城市居民，国家统计局公布的数据显示，2023年城乡居民可支配收入比为2.39∶1。城乡居民人均可支配收入的显著差距影响了农村地区公共服务及社会福利的供给能力与水平。同时，就业市场压力不断增大，特别是青年就业困难问题十分突出，教育部的数据显示，2024年我国高校毕业生达到1179万人，创历史新高，但就业率却比前几年出现下降，对社会稳定构成了潜在风险。

改革攻坚期指的是自 20 世纪 90 年代至 21 世纪初这一阶段，是我国深化经济体制改革、推行市场经济的关键时期，也是社会面临诸多改革攻坚任务的时期。矛盾凸显期则源于改革攻坚期经济高速增长带来的负面效应，如劳动者权益保障不足、环境污染严重以及贫富差距拉大等社会矛盾逐渐凸显。

此外，面对全球化的经济环境，以生产率低下和产业结构低端为标志的国内经济问题不容忽视。这些结构性问题已逐渐成为阻碍社会和经济发展的瓶颈，社会福祉体系的完善和优化亟须提上日程，以确保经济改革成果更加均衡地惠及社会各界，特别是处于不利地位的边缘群体。

随着社会主义市场经济体制不断完善和国民经济稳步增长，我国进入了全面建设小康社会的新阶段。政府在这个阶段开展了一系列旨在改善民生、增强社会福利和推动社会公平正义的政策措施。比如，实施九年义务教育、推行新型城镇化战略、发展普惠金融等政策，都在一定程度上改善了民生状况，增强了人民的获得感、幸福感和安全感。然而，深化改革开放所带来的经济高速增长依然无法完全覆盖社会结构转型期间的福祉缺口，使得一部分社会成员的基本生活需求未能得到充分满足，这在某种程度上削弱了改革开放的社会基础。

3.1.2　全面建设小康社会的必然要求

全面建设小康社会是中国特色社会主义现代化建设的重大战略目标，这一目标的实现必须解决好人民福祉问题，体现了党和国家对于民生问题的深刻认识与高度重视（李湘黔、董晓辉，2019）。在经历了改革开放四十多年的经济快速发展后，中国正面临全面建成小康社会的收官阶段，这也是一个全面提升国民福祉的关键期（王若磊，2021）。国务院新闻办2025 年 1 月公布的数据显示，中国城镇化率已达到 67%，城镇常住居民人均可支配收入逐年稳定增长，乡村扶贫和基础设施建设成效显著，民众的生活条件与质量得到显著改善。但是，随着经济社会的迅速变化，人民群众对于福祉的需求日趋多元化和个性化，民生问题的复杂性和多样性也日趋增加。此外，城乡、区域、群体间的发展和生活质量不平衡问题仍然存在，民生领域的短板不容忽视。

全面建设小康社会，不仅仅是物质层面的富足，更涉及教育、医疗、养老、住房等多个方面（魏芬，2024）。教育资源的分配公平性是影响社会稳定和持续发展的重要因素，近年来，政府加大教育投入，推动了义务教育均衡发展，加强了高中阶段教育和职业教育，而且全力推进高等教育公平，助力人才梯队建设。医疗保障体系的建设也取得了新进展，基本医疗保险覆盖率持续扩大，全国医保信息平台建设加快，实现了门诊费用的直接结算，提高了人民群众的医疗服务满意度和获得感（刘石柱等，2011）。

顺应人民过上更好生活的新期待，政府不断加大民生投入，实行更加积极的就业政策，不断完善社会保障体系，推进住房制度改革与发展，提升公共服务水平。持续推进保障性住房建设、开展城乡建设用地增减挂钩政策、促进房地产市场平稳健康发展等都是政府提升民生福祉水平的重要举措。此外，打好污染防治攻坚战、加强生态文明建设，提高人民群众的环境满意度，都是全面建设小康社会的重要内容。

全面建设小康社会对福祉提出了更高的要求，不仅要做到有得住，还要住得好；不仅要能看得起病，还要能治得好病；不仅要有学上，还要学得好。这就需要在保障基本生活的同时，不断提升公共服务的质量，促进公共服务均等化，确实实现民众的福祉提升。要实现这一目标，政府需要继续精耕细作，举全社会之力，要加快补齐民生短板，确保经济社会持续健康发展和全体人民共享发展成果。

3.1.3　顺应人民过上更好生活的新期待

随着我国经济社会的快速发展，人民群众对美好生活的向往不断提升，而如何在新时代的背景下更好地满足人民群众的新期待，成为当前和今后一个时期我国社会发展必须关切和解决的问题。进入 21 世纪以来，中国社会经历了前所未有的变革，改革开放以来积累的发展动能逐步转化为推动社会进步的强大力量，特别是进入新时代，中国特色社会主义进入了新的发展阶段，人民对美好生活的向往成为全党工作的奋斗目标。国家的宏观政策也逐步由单纯的经济增长目标转向更加注重人民福祉和社会发展的平衡，力求实现经济发展与民生改善的双赢局面（Yoon，2013）。

我国对于民生问题的关注不仅展现在政策文件和规划中，更以实实在在的改革措施得到体现。在住房问题上，国家积极推动保障性住房建设，通过提供廉租房、经济适用房等着力解决不同收入层次人群的住房困难问题。在教育层面，国家着眼于教育公平，努力缩小城乡之间、区域之间的教育差距，通过提高教育资源的均衡配置和教育质量，使每一个孩子都能享有公平而有质量的教育服务。在医疗保障方面，新型农村合作医疗和城镇居民医疗保险制度的实施，显著提升了基本医疗服务的覆盖范围和水平，逐渐构建起覆盖全民的医疗保障体系（凌木子，2016）。这些社会政策的实施不仅增加了人民群众的获得感、幸福感和安全感，也是逐步实现全面建设小康社会的关键步骤。

在满足人民日益增长的物质和文化生活需要的同时，我们必须认识到，不同群体、不同地区之间的民生福祉差异仍旧存在，甚至有扩大的趋势。面对这一现实，政府和社会各界必须更加精准地识别和调动各种资源，更好地解决"最后一公里"问题，不断改善民生，提高人民群众的生活质量。

3.2 我国增进民生福祉的历程及成就

3.2.1 民生福祉增进历程回顾

新中国成立以来，我国民生福祉经历了从温饱不足到总体小康，再到全面小康的历史性跨越。在新中国成立初期，百废待兴，政府致力于恢复生产、稳定物价、解决就业等基本民生问题，通过土地改革、公私合营等一系列政策举措，为民生发展奠定了初步基础。随着计划经济体制的逐步建立，我国在教育、医疗、社会保障等方面开始了有计划的建设，如普及基础教育、建立公费医疗和劳保医疗制度、推行城镇职工退休制度等，在一定程度上保障了人民的基本生活需求。

改革开放后，我国经济体制逐步向社会主义市场经济转型，民生福祉也迎来了快速发展的新时期。在教育领域，大力推进九年义务教育普及，加大对高等教育的投入与改革，逐步形成了多层次、多形式的教育体系。在医疗领域，逐步探索医疗体制改革，引入市场机制，扩大医疗服务供给，提高医疗技术水平。在就业领域，确立了劳动者自主就业、市场调节就业、政府促进就业的方针，就业渠道不断拓宽，就业结构逐步优化。社会保障体系也开始从单位保障向社会化保障转变，建立了养老保险、医疗保险、失业保险等基本社会保险制度（You & Niño-Zarazúa，2019）。

进入21世纪，特别是党的十八大以来，我国将保障和改善民生作为一切工作的出发点和落脚点，不断加大民生领域的投入与改革力度，在民生福祉的各个方面都取得了显著成就。在脱贫攻坚方面，实施精准扶贫战略，经过多年努力，数以亿计的贫困人口脱贫，历史性地解决了绝对贫困问题，为全球减贫事业作出了巨大贡献。在教育方面，全面推进教育公平，加大对农村和贫困地区教育支持，教育质量和普及程度进一步提高。在医疗卫生方面，深化医药卫生体制改革，推进公立医院综合改革，完善医疗保障体系，基本医疗服务可及性和公平性显著提升。社会保障体系更加完善，覆盖范围不断扩大，保障水平持续提高，养老、医疗、失业、工伤等保险制度日益健全（Zhang et al.，2019；Zeng et al.，2019）。在住房保障方面，加大保障性住房建设力度，推进棚户区改造和公租房建设，改善了中低收入群体的住房条件。在生态环境方面，高度重视生态文明建设，大力推进节能减排、污染防治、生态修复等工作，环境质量得到明显改善。

3.2.2 我国增进民生福祉取得的显著成就

1. 教育普及程度显著提高

到 2000 年，我国在全国范围内如期实现了基本普及九年义务教育的目标，"普九"人口覆盖率达到85%，青壮年人口文盲率下降到5%以下，全国有 11 个省市通过"两基"达标验收。① 教育部发展规划司发布的《2023 年全国教育事业发展基本情况》数据显示，2023 年全国共有幼儿园 27.44 万所，学前教育毛入园率91.1%，九年义务教育巩固率为 95.7%，高中阶段教育毛入学率为 91.8%，高等教育毛入学率达到 60.2%，实现了从大众化向普及化的历史性跨越。职业教育也得到快速发展，2023 年，全国中等职业教育（不含人社部门管理的技工学校）共有学校 7085 所，招生 454.04 万人，在校生 1298.46 万人。为经济社会发展培养了大量技术技能人才，教育公平不断推进，国家通过实施贫困地区教育扶持计划、营养改善计划、助学贷款等政策，有力促进了农村和贫困地区教育事业发展，缩小了城乡、区域教育差距。

2. 医疗卫生体系不断完善

《2023 年我国卫生健康事业发展统计公报》显示，2023 年末，全国医疗卫生机构总数达 1070785 家，比上年增加 37867 家。其中：医院 38355 家，基层医疗卫生机构 1016238 家，专业公共卫生机构 12121 家。可见，我国已经基本形成了覆盖城乡的医疗卫生服务网络。2023 年，我国每千人口执业（助理）医师数和每千人口医疗卫生机构床位数不断增加，分别达到 3.4 人和 7.23 张。医疗卫生技术水平大幅提升，在重大疾病防治、医疗技术创新等方面取得了显著成效，如心脑血管疾病、癌症等重大疾病

---

① 方光伟. 中国特色的依法普及九年义务教育之路 [EB/OL]. （2009 – 02 – 13）［2024 – 12 – 30］. http://www.npc.gov.cn/zgrdw/npc/xinwen/rdlt/fzjs/2009 – 02/13/content_1470214.htm.

的救治能力明显提高，远程医疗、精准医疗等新技术广泛应用。医疗保障制度基本实现全覆盖，基本医疗保险参保率稳定在95%以上，报销比例逐步提高，大病保险、医疗救助等制度不断完善，有效减轻了居民医疗负担。人均预期寿命从新中国成立初期的35岁左右提高到2023年的78.6岁，婴儿死亡率和孕产妇死亡率大幅下降，居民健康水平显著提升。

3. 就业规模持续扩大，就业结构逐步优化

国家统计局公布的数据显示，全国就业人员总量从新中国成立初期的1.8亿人左右增加到2023年的7.4亿人左右，其中城镇就业人员从0.15亿人左右增长到4.7亿人左右。在就业结构方面，第一产业就业人员比重持续下降，第二、第三产业就业人员比重不断上升，第三产业成为吸纳就业的主要力量，占比达到48.1%。新兴产业、新业态不断涌现，如数字经济、平台经济等领域创造了大量新的就业岗位，就业形式日益多样化，灵活就业、自主创业等成为就业增长的新动力。政府通过实施积极的就业政策，加强职业技能培训、就业服务平台建设等，有效促进了就业创业，城镇调查失业率保持在合理区间，就业局势总体稳定。

4. 社会保障体系覆盖范围日益广泛

《2023年度国家老龄事业发展公报》显示，截至2023年末，我国基本养老保险参保人数为106643万人，其中城镇职工基本养老保险参保人数达52121万人，企业职工基本养老保险参保人数为46044万人。《2023年医疗保障事业发展统计快报》显示，截至2023年底，我国基本医疗保险参保人数达133386.9万人，参保覆盖面稳定在95%以上，其中参加职工基本医疗保险人数37093.88万人，参加城乡居民基本医疗保险人数96293.02万人。失业保险、工伤保险等其他社会保险制度不断完善，参保人数稳步增加，社会保障待遇水平稳步提高。人力资源和社会保障部2024年6月份数据显示，2023年，全国企业退休人员月平均基本养老金比2012年增加一倍，月平均失业保险金水平从2012年的707元提高到2023

年的 1814 元，月平均工伤保险伤残津贴由 1864 元提高到 4000 元。社会保障制度不断创新与完善，如推进养老保险全国统筹、建立长期护理保险制度试点等，多层次社会保障体系逐步健全，为应对人口老龄化、促进社会公平正义提供了有力支撑。

5. 住房条件显著改善

人均住房建筑面积从新中国成立初期的 5.5 平方米[①]提高到 2023 年的 40 平方米以上[②]，住房质量和配套设施不断提升。城镇保障性住房建设力度不断加大，通过实施棚户区改造、公租房建设等项目，累计解决了数以千万计中低收入家庭的住房困难问题。住房公积金制度不断完善，覆盖范围逐步扩大，为职工购房提供了有力支持。房地产市场平稳健康发展，住房供应体系不断完善，满足了不同收入群体的住房需求。

6. 生态环境治理成效显著

空气质量优良天数比例不断提高，生态环境部 2024 年 1 月 25 日公布的蓝天、碧水"成绩单"显示，2023 年全国优良天数比例为 85.5%，部分地区蓝天白云天数明显增多。人均公园绿地面积稳步增加，城市建成区绿化覆盖率不断提高，居民的生态休闲空间不断扩大。节能减排取得重要进展，单位国内生产总值能源消耗和二氧化碳排放持续下降，能源利用效率大幅提高。水污染防治、土壤污染治理等工作也扎实推进，重点流域、区域的环境质量得到有效改善，生态系统保护与修复力度加大，森林覆盖率持续上升，自然保护区、国家公园等建设取得积极成效，生物多样性得到有效保护。

---

① 侯淅珉，应红，张亚平. 为有广厦千万间——中国城镇住房制度的重大突破 [M]. 桂林：广西师范大学出版社，1999.

② 【推动高质量发展系列主题新闻发布会】住房城乡建设高质量发展取得新成就 [EB/OL]. (2024 - 08 - 25) [2024 - 12 - 30]. https://www.mohurd.gov.cn/xinwen/gzdt/art/2024/art_304_779725.html.

3.3　我国民生福祉水平测度

3.3.1　测算方法

1. 层次分析法

层次分析法由美国运筹学家匹兹堡大学教授萨蒂于 20 世纪 70 年代初提出的，用于处理多目标综合评价问题。本书借鉴汪可汗（2022）的研究思路，采用层次分析法（analytic hierarchy process，AHP）对我国的民生福祉水平进行测算，具体步骤如下。

第一步，构建层次结构模型。通过文献综述与专家访谈，将民生福祉评价总体目标按照内部相互关系划分为不同层次，构建评价民生福祉的指标体系，顶层为民生福祉总目标，中间层为各评价准则（包括收入、消费、医疗等 8 个方面），底层为对应的具体评价指标（包括 21 项具体指标）。

第二步，构建成对比较矩阵。评价指标体系构建完成后，采用一致矩阵法对指标进行两两比较分析方法，对各个层次内的指标进行赋权，以提高权重的准确度。每个指标对涉及的成对比较转化为量化数值，形成判断矩阵。随后，应用数学方法计算得到各指标的权重，使用数字 1～9 及其倒数表示各评价指标在民生福祉评价体系中的相对重要性（见表 3.1）。

表 3.1　　　　　　　　　　　　AHP 相对重要性标度

标度	标度含义
1	元素 i 与元素 j 重要程度一样
3	元素 i 比元素 j 轻微重要
5	元素 i 比元素 j 较为重要
7	元素 i 比元素 j 非常重要

标度	标度含义
9	元素 i 比元素 j 极端重要
2、4、6、8	两相邻判断的中值
倒数	两元素相比较，$X_{ij} = 1/X_{ji}$

资料来源：汪可汗. 中国民生福祉水平的空间非均衡性及动态演进［D］. 南昌：江西财经大学，2022.

设定决策共涉及 n 个元素，构建判断矩阵 A：

$$A = \begin{bmatrix} X_{11} & \cdots & X_{1n} \\ \vdots & & \vdots \\ X_{n1} & \cdots & X_{nn} \end{bmatrix} \quad (3.1)$$

s. t. $X_{ij} > 0$；$X_{ij} = 1/X_{ji}(i,j = 1,2,\cdots,n)$；当 $i = j$ 时，$X_{ij} = 1$

第三步，对成对比较矩阵进行一致性检验以及层次单排序。在计算权重过程中，本研究采用了一致性比率 CR 来验证判断矩阵的一致性。CR 的计算公式为 $CR = CI/RI$，其中 CI 为一致性指标，RI 是平均随机一致性指标。当 $CR < 0.1$ 时，认为判断矩阵的一致性是可接受的。平均随机一致性 RI 指标值如表 3.2 所示。

表 3.2　　　　　　　　　　平均随机一致性指标 RI 值

阶数	1	2	3	4	5	6	7	8	9
RI	0	0	0.52	0.89	1.12	1.26	1.36	1.41	1.46

资料来源：汪可汗. 中国民生福祉水平的空间非均衡性及动态演进［D］. 南昌：江西财经大学，2022.

2. 指标权重确定

熵权法是一种基于信息熵原理的客观赋权方法。信息熵反映了数据所包含的信息量大小，在指标体系中，某项指标的信息熵越小，说明该指标的变异程度越大，所提供的信息量越多，在综合评价中应赋予更大的权重。对于民生福祉指标体系中的各个指标，先收集不同地区的指标数据，计算每个指标的信息熵，然后根据信息熵确定各指标的权重。

将层次分析法确定的主观权重与熵权法确定的客观权重相结合，能够充分发挥两种方法的优势，既考虑专家经验和社会认知等主观因素，又兼顾数据本身所包含的客观信息，使指标权重的确定更加科学合理，从而更准确地反映各指标在民生福祉评价中的相对重要性。

根据熵值赋权法流程图的步骤，先分别计算每个指标的信息熵 E_j 以及差异系数。具体来说，每个指标的信息熵 E_j 由式（3.2）算得：

$$E_j = -\frac{1}{\ln(n)} \sum_{i=1}^{n} p_{ij}\ln(p_{ij}) \tag{3.2}$$

其中，p_{ij} 是第 j 个指标、第 i 个评价对象的指标值占该指标所有评价对象指标值之和的比例，n 是评价对象的个数。

通过信息熵值计算可以得出单项指标的权重。权重越低表示该指标变异程度越大，区分度越好，反之则权重越高。实现了在量化指标体系时不赋予主观权重，而是通过数据本身的分散程度来确定各指标在评价体系中的重要性。之后，计算综合评价值，评价对象的民生福祉水平据此得出。

熵值赋权法在评价指标体系构建中的应用，既考虑了指标的客观权重，又体现了指标间的相对重要性，最终形成具有较强分辨能力的评价模型。通过对熵值赋权法的细致分析及对综合评价结果的解读，可以为政策制定提供依据，进而为提升我国民生福祉水平提供决策支持，促进社会经济的均衡发展。

3.3.2 指标体系构建

1. 指标体系构建的基本原则与依据

（1）系统性原则。民生福祉涵盖了人民生活的多个方面，包括物质生活、精神文化、社会环境和自然环境等。因此，指标体系应尽可能全面地涵盖这些领域，从收入与消费、就业与创业、教育与培训、医疗与健康、社会保障与福利、住房与居住环境、文化娱乐与精神追求、社会公平与正义、公共服务与基础设施以及生态环境与可持续发展等多个维度选取指标，避免片面性，以全面反映民生福祉的整体状况。例如，在物质生活方面，不仅要考虑居民的收入水平，还要关注消费结构和消费质量。在社会环境方面，既要考察社会公平正义的实现程度，如基尼系数等指标，也要注重公共服务的均等化水平，如教育、医疗资源的分布均衡性等。

（2）可比性原则。在满足可比性原则的要求下，评价指标体系必须保证在不同时间节点、不同区域间的比较具有公允性与一致性。本研究选取的指标具备广泛的数据可获得性，数据来自国家统计年鉴、地方政府公开报告及社会调研与问卷数据，以数字化、标准化的形式呈现，避免了因主观判断差异而导致的结果偏颇。通过这些具备普适性和针对性的指标，能够有效地评估和比较各地区民生福祉水平的差异和变化。

（3）动态性原则。为应对民生福祉领域内不断变化与快速发展的动态性原则，评价体系须包括能够适应社会发展与时代变迁的指标。本研究采用了包括收入水平、就业质量、教育资源、医疗卫生和社会保障等基础性与发展性指标，能够及时响应经济发展、社会变革、政策调整等对民生福祉的潜在影响。同时，对各指标的时效性要求严格，确保数据的更新与跟踪研究能够及时反映出民生的最新变化情况。

（4）操作性原则。在操作性原则上，考虑到评价体系的应用性与用户友好度，本研究不仅关注指标的理论意义，还侧重实操过程中的简便易行。研究对数据的搜集、整理、分析与处理过程进行了严格的规范化设计，以统计学方法和信息技术为支撑，保证评价工作可以在各级政府和研究机构中有效执行。此外，评价指标体系在构建过程中积极吸纳和参考了各地政策制定者、社会学家、经济学家的建议，通过德尔菲法等专家咨询方法，一方面提高了指标设置的精准度和权威性，另一方面也增强了各利益相关方对评价结果的认可度和接受度。在实际操作中，应优先选择政府部门、专业机构等已经统计或易于统计的指标，避免使用难以获取数据或难以量化的指标。

2. 指标设置

基于民生福祉的内涵与指标体系构建原则，本研究构建了一个包含 23 个指标的多维度的民生福祉评价指标体系。该体系涵盖教育、医疗、就业与收入、社会保障、住房保障、生态环境等主要维度，每个维度均由若干具体指标构成，以全面、客观地衡量民生福祉水平（见表 3.3）。

表 3.3 　　　　　　　　　　　民生福祉评价指标体系

目标层	准则层	指标层	符号
我国民生福祉水平	教育	教育投入占 GDP 比重	$X1$
		人均教育经费	$X2$
		各级教育入学率	$X3$
		劳动年龄人口平均受教育年限	$X4$
	医疗	每千人口执业（助理）医师数	$X5$
		每千人口医疗卫生机构床位数	$X6$
		人均医疗卫生支出	$X7$
		居民健康素养水平	$X8$
	就业与收入	城镇调查失业率	$X9$
		劳动力参与率	$X10$
		居民人均可支配收入	$X11$
		城乡居民收入比	$X12$
	社会保障	基本养老保险参保率	$X13$
		基本医疗保险参保率	$X14$
		失业保险覆盖率	$X15$
		社会保障支出占财政支出比重	$X16$
	住房保障	人均住房建筑面积	$X17$
		城镇保障性住房覆盖率	$X18$
		住房公积金覆盖率	$X19$
	生态环境	空气质量优良天数比例	$X20$
		人均公园绿地面积	$X21$
		城市污水集中处理率	$X22$
		生活垃圾无害化处理率	$X23$

在教育维度，参考大多数学者的做法，选取教育投入占 GDP 比重、人均教育经费、各级教育入学率、劳动年龄人口平均受教育年限等 4 项指标。其中，教育投入占 GDP 比重和人均教育经费两项指标能够直接反映政府和社会对教育资源的投入力度，是教育发展的物质基础保障。各级教育入学率反映了教育普及程度。用劳动年龄人口平均受教育年限这一指标衡量劳动力整体素质，劳动年龄人口平均受教育年限高意味着劳动力具备更强的学习能力和创新能力，在产业升级和技术创新中更具适应力。

在医疗维度，选取每千人口执业（助理）医师数、每千人口医疗卫生机构床位数、人均医疗卫生支出、居民健康素养水平等 4 项指标。用每千人口执业（助理）医师数和每千人口医疗卫生机构床位数 2 项指标衡量医疗资源供给情况，以此体现地区医疗服务的可及性和承载能力。用人均医疗卫生支出这一指标衡量当地政府对医疗保健的投入程度，投入越高，当地居民享受到的医疗服务越优质和全面。居民健康素养水平则强调了居民自身的健康意识和健康管理能力，健康素养高的居民能够更好地预防疾病、合理利用医疗资源，对整体健康水平的提升具有积极作用。

就业与收入维度涵盖城镇调查失业率、劳动力参与率、居民人均可支配收入、城乡居民收入比等 4 项指标。城镇调查失业率和劳动力参与率是反映就业市场状况的重要指标，城镇调查失业率越低、劳动力参与率越高，说明就业形势越好，居民有更多机会获得收入。居民人均可支配收入直接体现了居民的经济收入水平，是衡量生活质量的重要依据。城乡居民收入比则反映了城乡收入差距，比值越小，说明城乡收入分配越均衡，有利于社会的和谐稳定发展。

在社会保障维度，选取基本养老保险参保率、基本医疗保险参保率、失业保险覆盖率、社会保障支出占财政支出比重等 4 项指标。用基本养老保险参保率和基本医疗保险参保率 2 项指标反映社会保障制度的覆盖范围，参保率越高，则当地居民在养老和医疗方面得到的制度性保障越多。失业保险覆盖率体现了对失业人群的保障程度，为失业人员在寻找新工作期间提供基本生活保障。用社会保障支出占财政支出比重这一指标衡量政府对社会保障的重视程度和支持力度。

在住房保障维度，选取人均住房建筑面积、城镇保障性住房覆盖率、住房公积金覆盖率等 3 项指标。用人均住房建筑面积衡量居民的居住空间状况，充足的住房面积能够为居民提供舒适的居住环境，满足居民日常生活和家庭发展的需求，对居民的生活质量和幸福感有着重要影响。用城镇保障性住房覆盖率衡量当地政府对中低收入群体住房需求的保障程度，覆盖率越高，越能满足弱势群体的住房需求，减少住房不平等现象。用住房公积金覆盖率衡量住房金融支持体系的覆盖范围，有助于居民通过住房公积金实现住房梦，提高居民的居住稳定性和生活满意度。

在生态环境维度，选取空气质量优良天数比例、人均公园绿地面积、城市污水集中处理率、生活垃圾无害化处理率等 4 项指标。用空气质量优良天数比例和人均公园绿地面积 2 项指标衡量居民的生活环境质量，优质的空气和充足的绿地空间有助于居民身心健康。用城市污水集中处理率和生活垃圾无害化处理率 2 项指标衡量城市环境基础设施的完善程度和生态环境保护的成效，污水和垃圾处理效率的高低，直接对居民的生活品质产生影响。

3.3.3 数据来源与处理

1. 数据来源

在构建我国民生福祉评价指标体系的核心环节中，数据来源的可靠性和全面性直接决定了评价结果的科学性和公正性。因此，在确定指标体系的数据源时，我们不仅需要综合考虑多方面的信息，而且要确保所选数据的时效性和真实性，从而保障评价的客观性和可行性。

经济类指标数据主要来源于国家统计局官网发布的《中国统计年鉴》以及各地方统计局公布的统计公报。社会类指标数据多来源于民政部、教育部、人力资源和社会保障部等政府部门发布的各类年度报告与统计公报。这些数据涵盖了社会保障覆盖情况、教育资源分布、医疗服务质量等关键指标，有利于评价和反映民生福祉水平。同时，这些数据的长期积累可为趋势分析和模式识别提供丰富的历史信息。环境类指标数据来源主要包括环保部门公布的环境质量报告，以及国际组织如世界银行发布的环境与气候数据集。这部分数据帮助我们分析居民生活环境的适宜性、资源的可持续性以及环境风险因素，这些都是影响福祉水平的关键因素。

除了官方统计数据之外，社会调查与问卷数据也是构建民生福祉评价体系不可或缺的部分。通过对不同地区、不同人群的调查问卷收集，我们能够获得关于居民生活满意度、幸福感知、个人期望等微观层面的第一手信息。这些信息将补充官方数据无法涵盖的方面，使指标体系更为全面和真实，为精准施策提供决策依据。

2. 数据处理

在数据处理方面，采用统计匹配及数据清洗技术，确保各类指标之间的比较在时间和空间尺度上具有一致性。对缺失数据进行插补处理。采用了多种插补方法，如均值插补法、回归插补法等。对于一些数据缺失较少的指标，使用均值插补法，即根据该指标在其他地区或其他年份的平均值来填补缺失值。对于与其他指标存在较强相关性的缺失数据，则运用回归插补法，通过建立回归模型，利用相关指标的值来预测缺失数据。例如，在处理某地区某年份的教育指标缺失值时，若该指标与地区经济发展水平、人口结构等指标存在显著相关性，则建立以这些相关指标为自变量、教育指标为因变量的回归模型，根据模型预测出缺失的教育指标值。

同时，对异常数据进行了仔细的修正或剔除。通过设定合理的数据阈值范围，将明显偏离正常范围的数据识别为异常数据。对于一些因统计错误或特殊情况导致的异常数据，在核实后进行修正。对于无法修正且对整体分析结果可能产生较大干扰的数据，则予以剔除。例如，在分析居民收入数据时，若个别地区出现收入数据远高于其他地区且与该地区经济发展水平和就业状况严重不符的情况，通过进一步调查核实，若确认为数据错误，则进行修正。若无法确定错误原因，则考虑剔除该异常值，以保证数据的准确性和可靠性，使后续的分析结果能够真实反映我国民生福祉的实际情况。

3.3.4 结果分析

1. 全国民生福祉水平的动态演进变化

表 3.4 展示了 2010～2022 年我国民生福祉水平综合得分。从全国范围来看，中国民生福祉水平综合得分呈现明显升高态势，其绝对值由 2010 年的 0.411 升高到 2022 年的 0.634，升高比率达 54.26%，年均升高 4.17%。

表 3.4   **2010～2022 年全国民生福祉水平**

年份	综合得分	年份	综合得分
2010	0.411	2017	0.532
2011	0.424	2018	0.556
2012	0.437	2019	0.579
2013	0.452	2020	0.600
2014	0.472	2021	0.615
2015	0.491	2022	0.634
2016	0.510		

在综合得分构成中，2010～2015 年，贡献度排名为教育福祉 > 就业与收入福祉 > 医疗福祉 > 社会保障福祉 > 住房保障福祉 > 生态环境福祉。2015～2018 年，就业与收入福祉得分占比增大，贡献度排名变为就业与收入福祉 > 教育福祉 > 医疗福祉 > 社会保障福祉 > 住房保障福祉 > 生态环境福祉。2018 年以后，医疗福祉持续提升，且提升速度较快，2021 年后，其对民生福祉综合得分的贡献度排名第一。2019 年后，就业与收入福祉的贡献度逐渐降低，到 2022 年，其对民生福祉综合得分的贡献度降低至第五（见图 3.1）。可见，就全国民生福祉综合水平来说，在保持教育、医疗、社会保障、住房保障和生态环境提升的基础上，要逐步提升就业与收入能力，尤其是要逐渐重视就业对民生福祉的影响，将是未来我国提升民生福祉水平的一个关键的切入点。

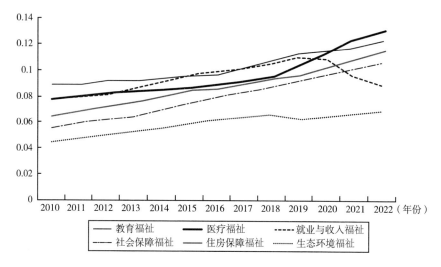

图例：
教育福祉　　医疗福祉　　就业与收入福祉
社会保障福祉　　住房保障福祉　　生态环境福祉

图 3.1　各层面对民生福祉综合得分的贡献度及发展趋势

2. 区域民生福祉水平的时空格局变化

按照国家统计局的标准将我国 31 个省份（不包括港澳台地区）划分为东、中和西部三大区域。图 3.2 描述了三大区域民生福祉水平得分及演进趋势。分区域来看，在观测期间内，各大区域和全国综合得分由高到低排名分别为东部、全国、中部，最后是西部。东部区域民生福祉水平综合得分始终高于其他区域，且差距较大，所有年度平均得分为 0.659，超过全国平均得分 0.516 约 27.71%，超过西部平均得分 0.397 约 65.99%，说明不同区域间民生福祉存在较大的空间非均衡性。

整体来看，各大区域动态演进趋势基本相同，2014～2017 年，中部地区的民生福祉水平与全国水平持平，2017 年以后，中部地区的民生福祉水平降至全国平均水平以下。观测期间东部区域增长幅度为 61.24%，中部增长 33.19%，西部增长 79.93%，可见三大区域之间原有的非均衡性呈现逐年减小的趋势，且居民民生福祉水平整体持续上升，长期向好，而西部区域增长速度相对较高的原因可能在于我国西部大开发战略的实施。

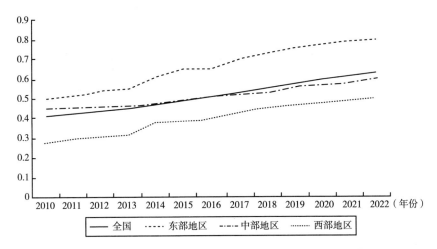

图 3.2　我国三大区域民生福祉水平综合得分及演进趋势

3. 省域民生福祉水平的时空格局变化

根据 31 个省份在观测期内的平均得分情况进行排名,排名结果见表 3.5。分省份看,在观测期内,我国 31 个省级地区民生福祉水平得分呈现出明显的非均衡性,经过排序后的最高得分达到 0.679,但最低得分仅为 0.258,尚不足最高得分的一半,绝对值相差 0.421。

表 3.5　　我国 31 省份 2010~2022 年民生福祉水平得分及其排名

省份	平均	排名	省份	平均	排名	省份	平均	排名
北京	0.679	1	湖北	0.579	12	江西	0.432	23
上海	0.672	2	吉林	0.571	13	河南	0.399	24
浙江	0.662	3	山西	0.568	14	广西	0.379	25
江苏	0.659	4	陕西	0.552	15	四川	0.375	26
天津	0.639	5	新疆	0.5415	16	青海	0.363	27
广东	0.629	6	湖南	0.539	17	甘肃	0.361	28
山东	0.605	7	黑龙江	0.525	18	云南	0.354	29
福建	0.599	8	安徽	0.519	19	贵州	0.289	30
辽宁	0.597	9	重庆	0.497	20	西藏	0.258	31
河北	0.592	10	宁夏	0.485	21			
内蒙古	0.588	11	海南	0.479	22			

注:本研究未包括我国港澳台地区。

3.4 影响我国民生福祉水平的因素探析

3.4.1 经济发展水平

经济发展与民生福祉之间存在着紧密而复杂的联系，经济增长对民生福祉的提升具有显著的促进作用。随着经济的不断发展，会创造出更多的就业机会。在工业领域，新兴产业的崛起和传统产业的升级改造都需要大量的劳动力，从高新技术产业中的电子信息、生物医药等行业，到传统制造业中的智能制造、绿色制造等转型方向，都吸纳了不同技能层次的劳动者，为人们提供了稳定的收入来源。服务业的蓬勃发展能够带来更多就业机会，直接提高了居民的收入水平，改善了老百姓的经济状况。

经济增长能够增加政府的财政收入，进而增强其对民生领域的投入能力。例如，政府可以增加教育经费投入完善学校的基础设施，也可以通过提高教师待遇，加强教育科研等提升教育质量，促进教育公平。充足的财政投入可以为医疗机构建设、先进医疗设备购置、医疗人才培养和引进等提供充足的经费支持，提高医疗服务水平和可及性，保障人民的健康。经济发展使得政府有能力不断扩大社会保障的覆盖范围，提高待遇标准，如提高养老金水平、增加失业救济金、完善医疗救助制度等，为居民提供更可靠的安全网。可见，经济发展水平越高的地区，在教育、收入和社会保障等方面的表现也更为出色，这充分证明了经济发展对民生福祉具有积极的提升作用。

近年来，我国积极推动经济发展从传统的高投入、高污染、低效率的模式向创新驱动、绿色发展、高质量发展模式转变，催生了一系列新兴产业和新的就业岗位，对民生福祉产生了深远的影响。在数字经济领域，出现了大量数据分析师、算法工程师、人工智能训练师等新兴职业，这些岗位薪酬待遇较高，发展前景良好，受到了大量高端人才的青睐。新兴职业的从业者的收入水平较高，职业成就感较强，推动了民生福祉水平的提高。创新也推动了传统产业的升级，提高了产品和服务的质量与附加值，使得相关企业的盈利能力增强，进而有更多的资源用于改善员工的福利和工作环境。

绿色发展模式注重生态环境保护与经济发展的协调共进。在这一过程中，一方面加大了对环保产业的投入，如可再生能源开发、资源回收利用、环境治理等行业得到了快速发展，创造了大量就业机会；另一方面，通过减少污染排放、改善生态环境质量，提升了人们的生活环境福祉。例如，一些地区大力发展太阳能、风能等清洁能源产业，不仅减少了对传统化石能源的依赖，降低了环境污染，还带动了当地经济发展，增加了居民收入，同时改善了当地的空气质量和生态景观，为居民提供了更健康、更舒适的生活环境。高质量发展模式强调以人民为中心，更加注重经济发展的内涵和质量，追求经济、社会、环境的协调可持续发展。在这种模式下，不仅关注经济增长的数量，更重视增长的质量和效益如何更好地转化为民生福祉的提升。政府在制定政策时，更加注重民生需求的导向，加大对教育、医疗、文化等公共服务领域的投入，致力于解决发展不平衡不充分的问题，促进城乡、区域之间的协调发展，努力缩小贫富差距，使全体人民能够共享经济发展的成果，从而实现民生福祉的全面提升。

3.4.2　政策导向与制度安排

政策在民生福祉的提升中起着至关重要的引领与保障作用。教育政策方面，我国长期坚持教育优先发展战略，通过一系列政策举措促进教育公平。例如，实施义务教育均衡发展工程，中央和地方政府加大对教育资源薄弱地区的投入，改善学校办学条件，缩小了城乡、区域教育差距。在师资队伍建设上，特岗教师计划、城乡教师交流等政策有效提升了农村和偏远地区教师的整体素质与教学水平，为教育公平的实现提供了有力支撑。

社会保障制度是保障弱势群体基本生活的重要安全网。我国逐步建立并完善了涵盖养老、医疗、失业、工伤等多方面的社会保障制度体系。在养老保险方面，推进全国统筹，解决地区之间养老保险基金收支不平衡问题，确保养老金按时足额发放，保障了广大老年人的基本生活。失业保险制度在经济波动时期为失业人员提供基本生活保障，帮助他们渡过暂时的困难时期，同时通过职业培训等配套政策，促进失业人员再就业，实现了社会保障与就业促进的良性互动。

不容忽视的是在政策制定与实施过程中仍存在问题。在制定政策时未能充分考虑地区差异，导致政策实施效果出现了较大的区域差异。经济发达地区凭借其较强的财政实力，在落实民生政策时能够提供更丰富的资源和更高的保障水平。而经济欠发达地区因其面临资金短缺困难难以完全达到政策预期目标。民生福祉政策的落实需要教育、医疗、社会保障等多个部门的配合完成，在政策执行过程中，各个部门间协调不畅、信息不共享、职能界限模糊，导致政策执行效率低下，政策落实不到位的情况时有发生。

为改进这些问题，应加强政策制定的科学性与精准性。在制定民生政策时，充分开展调研，深入了解不同地区、不同群体的实际需求和发展现状，确保政策具有针对性和可操作性。建立健全部门协调机制，加强各部门之间的信息共享与沟通协作，明确各部门职责，形成政策实施的合力。还应加强对政策实施效果的评估与监督，及时发现政策实施过程中存在的问题，并进行调整与优化，确保政策能够真正惠及广大人民群众，有效提升民生福祉水平。

3.4.3 社会结构变迁

社会结构的变迁对民生福祉产生了深远且多维度的影响。城市化进程作为社会结构变迁的重要方面，在带来诸多发展机遇的同时，也引发了一系列连锁反应。随着大量人口从农村涌入城市，城市的就业需求急剧增加，就业市场面临着巨大的压力与挑战。在一些新兴城市或城市的新兴区域，基础设施建设相对滞后，住房供应难以满足快速增长的人口需求，导致住房紧张、房价高企等问题凸显，给居民的居住权益保障和生活质量提升带来了严峻考验。

人口老龄化是社会结构变迁的另一显著特征。这一变化对民生福祉的影响广泛而深刻，尤其在养老和医疗领域表现得尤为突出。随着老年人口比例的不断上升，社会对养老服务的需求呈爆发式增长，不仅需要大量的养老院、老年护理中心等养老设施，还需要充足且专业的护理人员提供日常照料与医疗护理服务（周云、封婷，2015）。在医疗方面，老年人的健康问题更为复杂多样，慢性疾病的发病率较高，对医疗资源的占用时间长、需求大，这就要求医疗体系在资源配置、服务模式等方面进行相应的调整与优化，以应对人口老龄化带来的医疗服务压力。

面对社会结构变迁带来的这些挑战，我们需采取一系列具有针对性的策略加以应对。在城市化进程中，应加强城市规划的科学性与前瞻性，合理布局产业与居住区域，提前规划并加大基础设施建设投入，增加住房供给的多样性与保障性，以缓解就业与住房压力。为应对人口老龄化，应积极构建多元化的养老服务体系，鼓励社会力量参与养老服务产业，推动养老服务的专业化、个性化发展（浙江省老年人长期照护保障制度研究课题组，2013）。在医疗领域，加大对老年医学、慢性病防治等方面的研究与资源投入，优化医疗服务流程，提高医疗服务效率，探索建立长期护理保险制度，为老年人提供更全面、更可持续的医疗保障。

3.4.4　科技创新驱动

科技创新在当今时代对民生福祉的提升作用愈发显著，已成为推动社会进步与改善人民生活的核心动力之一。在教育领域，互联网技术的蓬勃发展催生了在线教育模式，打破了时间与空间的限制，使优质教育资源得以广泛传播。例如，一些知名在线教育平台汇聚了顶尖教师的课程，无论是身处偏远山区还是繁华都市的学生，只要有网络接入，就能同步学习到高质量的课程内容，极大地促进了教育公平的实现。人工智能技术也被广泛应用于教育辅助工具中，如智能学习系统能够根据学生的学习进度和特点，个性化地推送学习资料与习题，实现精准教学，提高学习效率。

在医疗方面，智能医疗设备的出现为疾病诊断和治疗带来了革命性变化。例如，医学影像中的人工智能辅助诊断系统，能够快速准确地分析 X 光、CT 等影像数据，帮助医生更精准地发现病变，减少误诊漏诊的发生。远程医疗技术通过网络连接，让患者在基层医疗机构就能享受到大城市专家的会诊服务，有效解决了医疗资源分布不均的问题（Zhao & Chen，2023）。

科技创新在生态环境监测与保护中具有重要作用。利用卫星遥感技术，能够实时监测大气污染、水体污染、森林覆盖变化，为环境治理提供精准的数据支持。例如，对大气污染物进行监测，可以及时发现污染源，为制定减排措施提供可靠依据。利用智能传感器网络，可以对城市环境进行监测，实时收集空气质量、噪声等数据，为改善城市环境质量政策制定提供帮助。在交通出行方面，新能源汽车技术的发展加速了电动汽车的普及，大大减少了传统燃油汽车的碳排放量，降低了空气污染，改善了城市居民的呼吸健康。

随着科技的不断进步与创新，未来科技创新在民生领域的应用前景十分广阔。政府应加大对科技创新的投入与支持力度，鼓励企业和科研机构开展民生相关的科研项目，加强科技基础设施建设，提高科技创新的普及程度，以充分发挥科技创新在提升民生福祉中的巨大潜力，让科技创新成果更多更公平地惠及全体人民，助力我国民生事业迈向更高质量的发展阶段。

3.4.5 文化观念因素

文化观念对民生福祉有着深远且潜移默化的影响。中国传统文化中蕴含着丰富的民生思想，如儒家倡导的"仁政"理念，强调统治者应关爱百姓，重视民生需求，"使民以时""博施于民而能济众"等思想，体现了对百姓生计的关怀与重视，这种思想在一定程度上影响着政府的政策导向与治理理念，促使政府在制定政策时更多地考虑民生福祉的保障与提升。传统的家庭观念也在民生福祉中扮演着重要角色，家庭被视为社会的基本单元，承担着养老育幼等重要功能。在养老方面，"养儿防老"的观念深入人心，家庭成员之间相互照顾、相互扶持，形成了一种基于家庭伦理的养老模式，在一定程度上减轻了社会养老的压力（Zhao et al.，2016）。在育幼过程中，家庭注重培养子女的品德与能力，为子女提供情感支持与物质保障，促进了下一代的健康成长与全面发展。

现代文化观念的转变也对民生福祉产生了新的影响。随着社会的发展进步，人们的环保意识逐渐增强，"绿水青山就是金山银山"的理念得到广泛认同。这种生态文化观念促使政府与社会加大对生态环境保护的投入，推动绿色发展模式的转型，致力于打造宜居的生态环境，从而提升了人们的生态环境福祉。在城市规划中，更加注重公园、绿地等生态空间的建设。在产业发展中，积极鼓励绿色产业、循环经济的发展，减少对环境的污染与破坏。现代社会对个体权利与自由的重视，也促使民生保障更加注重个性化与多元化。人们不再满足于基本的物质生活保障，而是追求更高质量的生活体验，包括文化艺术的享受、个人兴趣爱好的发展、精神世界的丰富等。这就要求民生福祉的供给在教育、文化、娱乐等领域更加注重满足个体的差异化需求，提供多样化的选择与机会。

文化观念与民生政策之间存在着相互作用的关系。一方面，文化观念影响着民生政策的制定与实施。传统与现代文化观念中的积极因素能够为民生政策提供价值导向与理念支撑，使政策更贴合民众的心理预期与实际需求。另一方面，民生政策也在一定程度上塑造与引导着文化观念的变迁。政府通过宣传推广某些民生政策理念，如教育公平、社会保障的重要性等，能够逐渐改变人们的思想观念与行为方式，促进社会文化的进步与发展。在教育政策的推动下，人们更加重视教育的价值，形成了全社会尊师重教、追求知识的良好氛围。社会保障政策的实施，也增强了人们的安全感与社会认同感，培育了互助共济的社会文化。

3.5 增进民生福祉水平的策略与建议

3.5.1 优化政策体系，促进均衡发展

完善民生政策的制定与实施机制，确保政策的公平性、有效性与可持续性。在制定政策过程中，充分考虑地区发展差异、城乡差距以及不同群体的需求特点，避免"一刀切"的政策模式。例如，在教育政策方面，对于教育资源薄弱的地区，应加大财政转移支付力度，设立专项教育扶持资金，用于改善学校基础设施、提高教师待遇、开展教育扶贫项目等，以缩小区域教育差距。建立健全政策实施的监督与评估机制，定期对政策执行效果进行跟踪评估，及时发现问题并进行调整优化。针对社会保障政策，应加强对社保基金收支情况的监管，确保养老金、医疗保险金等社保待遇按时足额发放，同时根据经济社会发展水平和物价变动情况，适时调整社保待遇标准，使社会保障制度能够真正发挥兜底保障作用，让人民群众共享发展成果。

加强区域协调发展政策的制定与实施，促进民生福祉的均衡提升。通过加强基础设施建设、产业转移与区域合作等方式，推动中西部地区和东北地区的经济发展，缩小与东部地区的发展差距。在基础设施建设方面，加大对中西部地区交通、能源、通信等领域的投资力度，改善区域发展的硬件条件。例如，加快西部地区铁路、公路建设，打通断头路，构建现代化综合交通运输体系，促进区域间的互联互通，为经济发展和民生改善创造有利条件。在产业转移方面，鼓励东部地区的劳动密集型产业和资源加工型产业向中西部地区转移，同时引导中西部地区承接产业转移与本地资源优势、劳动力优势相结合，培育特色产业集群，创造更多就业机会，提高居民收入水平。还应加强区域间的科技合作与人才交流，促进创新资源的共享与优化配置，提升中西部地区的科技创新能力和人才支撑水平，为民生福祉的可持续提升提供动力源泉。例如，建立东中西部地区科技合作

平台，推动科研成果在区域间的转化应用，开展人才交流培训项目，提升中西部地区人才队伍素质。

3.5.2 加强资源投入，补齐短板弱项

加大对教育、医疗、社会保障等民生领域的资源投入力度，是提升民生福祉水平的关键举措。在教育方面，增加财政资金对教育的支持，确保教育经费的稳定增长。例如，近年来我国持续加大对中西部地区教育资源的投入，通过实施"中西部高等教育振兴计划"等项目，改善了这些地区的办学条件，提高了教育质量。吸引社会资本进入教育领域，鼓励企业和社会组织投资办学、设立教育基金等，以丰富教育资源供给。如一些民办高校的兴起，为学生提供了更多的教育选择，也在一定程度上缓解了公共教育资源的压力。

在医疗领域，加强医疗卫生基础设施建设，特别是基层医疗卫生机构的建设。加大对农村和偏远地区医疗机构的投入，配备先进的医疗设备，提高基层医疗服务能力，使居民能够就近享受到优质的医疗服务。培养和引进高层次医疗人才，通过提高待遇、提供良好的职业发展环境等方式，吸引优秀医学人才扎根基层，同时加强对现有医疗人员的培训，提升其专业水平，以满足人民群众日益增长的医疗需求。

在社会保障方面，扩大社会保障覆盖范围，将更多的人群纳入社会保障体系。加强对农民工、灵活就业人员等群体的社会保障工作，确保他们在养老、医疗、失业等方面得到应有的保障。提高社会保障待遇水平，根据经济发展和物价变动情况，适时调整养老金、医疗保险报销比例等，使社会保障能够更好地保障人民群众的基本生活。

3.5.3 推动科技创新，提升服务效能

大力倡导并积极推动民生领域的科技创新，充分发挥科技在提升民生

福祉方面的巨大潜力与引领作用。在教育领域，积极发展智慧教育，利用人工智能、大数据、云计算等先进技术，构建智能化教育平台。智能学习系统能够根据学生的个性化学习情况，如学习进度、知识掌握程度、学习习惯等，精准推送适合每个学生的学习内容与练习题目，实现真正意义上的因材施教。远程教学技术的广泛应用，打破了地域限制，使优质教育资源能够覆盖到更偏远的地区，让更多学生受益于高水平的教学。例如，一些贫困山区的学生可以通过网络直播课程，同步学习城市名校的课程，共享优质教育资源，从而缩小城乡教育质量差距，促进教育公平的实现。

在医疗方面，深入推进远程医疗和智能医疗技术的应用与发展。远程医疗借助高速网络，实现专家与基层医生、患者之间的远程会诊，让患者在基层医疗机构就能获得大城市专家的精准诊断与治疗建议，有效解决了医疗资源分布不均的问题，避免患者长途奔波就医，降低了就医成本。智能医疗设备如智能手环、智能血压计等可实时监测患者的健康数据，并及时上传至医疗平台，医生能够根据这些数据对患者进行远程健康管理，提前预警疾病风险，为患者提供更加便捷、高效的医疗服务，显著提升医疗服务的可及性与质量。

科技创新还应广泛应用于民生服务的其他领域。在交通出行中，推广智能交通系统，通过实时监测交通流量，智能调控信号灯，减少交通拥堵，提高出行效率。在社区管理方面，利用物联网技术打造智慧社区，实现社区设施的智能化管理与维护，提升社区居民的生活便利性与安全性。在环境保护领域，运用先进的环境监测技术与污染治理技术，如卫星遥感监测、生物修复技术等，更加精准地监测环境污染状况，及时采取有效的治理措施，改善生态环境质量，为人民创造更加健康、舒适的生活环境。政府应加大对民生领域科技创新的投入与支持力度，鼓励企业和科研机构积极开展相关科研项目，加强科技人才培养与引进，建立健全科技创新成果转化机制，加速科技成果在民生领域的推广应用，以科技创新为驱动，不断提升民生服务的效率与质量，为广大民众提供更加便捷、高效、优质的服务体验，推动民生福祉水平的全面提升。

第4章

我国长期护理保险试点典型模式介绍

4.1 青岛模式——社商协作模式共同发展

4.1.1 制度框架与政策设计

青岛市长期护理保险制度依据相关政策文件构建，具有明确的参保范围、资金筹集方式及保障范围与待遇标准。在参保范围方面，社会医疗保险参保人同步参加职工或居民长期护理保险，实现了广泛覆盖。资金筹集遵循"以收定支、收支平衡、略有结余"原则，建立多渠道筹资和动态调整机制，以单位和个人缴费为主，财政给予适当补贴，并实行市级统筹，职工和居民护理保险资金收支两条线，纳入财政专户管理（陈恩修，2019）。其中，职工护理保险资金通过从职工基本医疗保险统筹基金、应划入基本医疗保险个人账户的资金以及财政补贴等渠道筹集。居民护理保险资金则从居民社会医疗保险个人缴费资金和财政补贴资金中划转。

在保障范围与待遇标准上，为因年老、疾病、伤残等导致生活不能自理的重度失能失智人员提供基本生活照料和与基本生活密切相关的医疗护理等基本照护服务保障或资金保障。为轻中度失能失智人员及高危人群提供功能维护等训练和指导保障，预防和延缓失能失智。例如，照护需求等级评估为三级、四级、五级的成年参保人，可申请居家照护、机构照护和日间照护等多种形式的护理服务，不同护理形式对应不同的待遇内容与支付标准，且照护服务支付项目中还增加了辅具租赁服务等。青岛市长期护理保险旨在全面满足不同程度失能人员的护理需求，提高其生活质量和健康水平。

4.1.2 运作机制与服务提供

社保与商保在青岛市长期护理保险经办管理中分工协作。通过公开招标选定商业保险机构，商保公司承担具体的经办服务工作，如参保人员的资格审核、费用结算、服务质量监督等。同时，建立了严格的服务质量监督考核机制，对商保公司的经办服务进行定期评估和考核，确保其服务质量和效率。例如，规定商保公司需按照一定的标准和流程对参保人的申请进行审核，在规定时间内完成费用结算，并及时向医保部门反馈经办过程中出现的问题等。

在对护理服务机构的管理方面，加强了布局规划，推动定点护理机构布局合理、配置均衡、服务可及。完善定点护理机构协议管理，健全"能进能出"的动态管理机制，强化对定点护理机构的费用支付管理，探索建立分层次支付机制。这些措施规范了护理服务机构的服务行为，提高了服务质量和管理水平。例如，制定了定点护理机构的准入标准和服务规范，对不符合要求的机构及时予以清退。根据护理服务机构的服务质量、服务效果等因素，实行差异化的费用支付，激励机构提升服务水平。在服务流程上，参保人申请护理保险待遇时，需由本人或家属向定点护理机构、评估机构提出照护需求等级评估申请，经定点护理机构初筛、评估机构评估后，确定评估等级和可享受的照护服务形式，定点护理机构再根据评估结果为参保人提供相应的护理服务，整个流程清晰明确，各环节紧密衔接，确保了参保人能够及时、便捷地获得护理服务。

4.1.3 实施效果与经验总结

商业保险机构的参与引入了市场竞争机制，激发了经办活力，促使服务流程不断优化。商保公司利用其专业的管理经验和信息技术手段，提高了资格审核、费用结算等环节的效率，缩短了参保人等待服务的时间。部分商保公司通过建立智能化的信息系统，实现了线上申请、审核和结算，大大提高了经办效率。在成本控制上，"社保＋商保"模式通过优化资源配置、规范服务行为等方式，有效降低了长期护理保险运营成本。商保公司在经办过程中，对护理服务机构的费用支出进行严格审核和监控，避免了不合理费用的支出。同时，通过与护理服务机构的谈判协商，降低了服务价格，提高了资金使用效率。

在保障失能人员权益方面，青岛市长期护理保险为众多失能人员提供了必要的护理服务和资金支持，改善了他们的生活质量，减轻了家庭经济负担。通过提供多样化的护理服务形式，如居家照护、机构照护和日间照护等，满足了失能人员不同的护理需求，使他们能够在熟悉的环境中接受护理服务，同时也为家庭提供了喘息机会，维护了失能人员的尊严和家庭的和谐稳定。

"社保＋商保"合作模式的可借鉴经验在于充分发挥了社保与商保的优势互补。社保具有强制性和广覆盖的特点，能够为长期护理保险提供稳定的资金来源和政策支持。商保则具有专业的风险管理经验、灵活的服务机制和较强的市场开拓能力，能够在经办服务、成本控制等方面发挥积极作用。两者的密切合作实现了资源共享、风险共担，提高了长期护理保险制度的运行效率和服务质量。然而，该模式也存在一些需要改进之处。商保公司在追求利润最大化的过程中，可能会出现与社保政策目标不一致的情况，需要加强监管和协调。此外，社保与商保之间的数据共享和信息沟通还存在一定障碍，影响了经办服务的协同性和精准性，需要进一步完善信息平台建设，加强数据安全管理，促进双方信息的互联互通。

4.2 上海模式——社区居家照护主导型

4.2.1 政策支持与制度安排

上海市长期护理保险制度以社区居家照护为核心导向，在政策支持与制度安排方面形成了一套较为完善的体系。上海市政府高度重视长期护理保险制度建设，出台了一系列相关政策文件，如《上海市长期护理保险试点办法》等，为制度的实施提供了坚实的政策依据。在参保人员的申请条件方面，规定参保对象主要为上海市职工基本医疗保险和城乡居民基本医疗保险的参保人员，覆盖范围广泛。在申请流程上，参保人需先提出申请，经老年照护统一需求评估达到相应等级后，方可享受长期护理保险待遇。评估流程严谨科学，由专业的评估机构依据统一的评估标准对参保人的身体状况、生活自理能力等进行全面评估，确保评估结果的公正性和准确性（潘文，2012）。

上海市长期护理保险资金主要来源于医保基金划转、个人缴费和财政补贴等渠道（艾贺玲、黄萍，2017）。其中，医保基金划转占比较大，为制度的启动和运行提供了主要资金支持。个人缴费部分根据参保人员的不同身份和经济状况设定了合理的缴费标准，体现了一定的公平性。财政补贴则起到了补充和兜底的作用，保障了制度的可持续性。对于困难群体，财政给予适当的倾斜，减免其个人缴费部分，确保他们也能享受到长期护理保险的保障。这种多渠道的资金筹集方式，为上海市长期护理保险制度的稳定运行提供了有力的资金保障（刘易斯，2017）。

4.2.2 社区服务网络与资源整合

上海市构建了较为完善的社区居家照护服务网络，整合了社区卫生服务中心、护理站、养老机构等多元主体资源,形成了协同合作的良好模式。社区卫生服务中心在其中发挥着重要的枢纽作用,不仅为失能人员提供基本的医疗护理服务,如上门打针、换药、健康监测等,还承担着对其他护理服务机构的业务指导和培训工作。护理站则专注于提供专业的护理服务,包括生活照料、康复护理等,其护理人员具备专业的护理技能和资质,能够根据老人的不同需求提供个性化的护理服务。养老机构在满足自身住养老人护理需求的同时,也积极向社区延伸服务,为周边居家老人提供日间照料、临时托养等服务。

在服务内容方面,上海模式涵盖了生活照料、医疗护理、康复护理、精神慰藉等多个维度,全面满足了失能老人的多样化需求。生活照料包括协助老人进食、穿衣、洗漱、如厕等基本生活活动。医疗护理则包括基础医疗护理操作、慢性病管理、用药指导等。康复护理针对失能老人的身体功能障碍,提供康复训练、物理治疗等服务,帮助老人恢复身体机能。精神慰藉注重关注老人的心理健康,通过陪伴、聊天、心理咨询等方式,缓解老人的孤独感和心理压力。为了确保服务质量,上海市制定了严格的服务标准和规范,对服务人员的资质、服务流程、服务内容等都作出了详细规定。要求护理人员必须经过专业培训并取得相应资质证书,服务过程中要严格遵守操作规范,定期对服务质量进行评估和考核,对不符合要求的服务机构和人员进行整改或淘汰,从而有效保障了社区居家照护服务的质量和水平。

4.2.3 模式特色与成效分析

上海市的社区居家照护主导模式具有鲜明的特色与显著成效。该模式充分体现了"居家为基础、社区为依托"的养老理念,契合了大多数失能老人希望在熟悉的家庭环境中接受护理服务的心理需求,有利于老人的身心健康。通过整合社区内的各类资源,实现了养老服务的集约化和高效化,避免了资源的重复浪费,提高了服务的可及性和便利性。

在提升失能老人生活质量方面，该模式成效显著。专业的护理服务能够帮助老人维持良好的身体状况和生活自理能力，延缓身体机能的衰退。个性化的护理服务计划能够满足老人的特殊需求，提高他们的生活舒适度和满意度。在减轻家庭照护负担上，社区居家照护服务为家庭提供了有力的支持，使家庭成员能够从繁重的照护工作中解脱出来，有更多的时间和精力投入工作和生活。同时，长期护理保险制度还为家庭照护者提供了培训和指导，提高了家庭照护的质量和水平。从可持续性来看，上海模式通过合理的政策设计和资源整合，在一定程度上实现了制度的自我平衡和持续发展。多渠道的资金筹集方式、严格的服务质量监管以及不断优化的服务流程，都为模式的可持续性奠定了基础（刘田静，2019）。从推广价值而言，上海市的社区居家照护主导模式为其他地区提供了有益的借鉴。其在资源整合、服务网络构建、政策支持等方面的经验，可以根据不同地区的实际情况进行调整和应用，有助于推动全国长期护理保险制度的完善和发展。

4.3 广州模式——长期护理保险与医养结合型

4.3.1 政策创新与融合发展

广州市在长期护理保险与医养结合方面进行了积极的政策创新与融合发展。广州市医保部门出台了一系列政策，明确了医保基金对医养结合机构的支付政策，规定符合条件的医养结合服务项目可纳入长期护理保险支付范围，如生活照料、医疗护理、康复护理等服务费用，医保基金按照相应的标准进行支付，有效减轻了失能老人的经济负担。为规范医养结合服务，广州市制定了详细的医养结合服务规范与标准，包括服务内容、服务流程、服务质量要求等方面（程蕾、邝远芳，2024）。明确了不同护理等级的服务项目和操作规范，如对于重度失能老人，规定了每日的护理服务时长、护理操作流程等，确保服务的专业性和规范性。制定了医养结合机构的设施设备标准，要求机构配备必要的医疗设备、康复器材和生活设施，为老人提供舒适、安全的居住环境（王泽嘉毓等，2023）。这些政策创新举措为长期护理保险与医养结合的深入发展提供了有力的政策支持。

4.3.2　医养结合服务模式实践

广州市积极探索多种医养结合服务模式，鼓励养老机构与周边医疗机构建立合作关系，通过签订合作协议，实现资源共享、优势互补。一些养老机构与社区卫生服务中心合作，社区卫生服务中心定期为养老机构的老人提供上门医疗服务，包括健康检查、基本医疗诊断和治疗等。养老机构则为社区卫生服务中心提供康复护理服务场所，接收社区内需要康复护理的老人。建立双向转诊机制，当养老机构中的老人病情加重时，可及时转诊至合作医疗机构进行治疗。病情稳定后，再转回养老机构进行康复护理。这种双向转诊机制确保了老人在病情变化时能够得到及时、有效的医疗救治，提高了医疗资源的利用效率。

为提升医养结合服务质量，广州市注重医护人员的培养与配备。一方面，加强对现有医护人员的培训，定期组织专业培训课程，提高他们的医养结合服务技能和知识水平。培训内容包括老年护理、康复护理、心理护理等方面的知识和技能，使医护人员能够更好地满足失能老人的多样化需求。另一方面，积极引进专业人才，通过提高待遇、提供良好的职业发展空间等方式，吸引更多的医护人员从事医养结合服务工作。鼓励高校相关专业毕业生投身医养结合领域，为行业发展注入新鲜血液。

广州市还将失能老人的健康管理与护理服务进行整合。为每位失能老人建立健康档案，记录其基本健康信息、疾病史、护理需求等，以便医护人员能够根据老人的具体情况制定个性化的健康管理和护理服务方案。定期对老人进行健康评估，根据评估结果调整护理服务计划，提供针对性的医疗护理、康复训练、营养指导等服务。对于患有糖尿病的失能老人，医护人员会定期监测其血糖水平，调整饮食和药物治疗方案，并提供与糖尿病相关的康复训练和健康教育，有效控制老人的病情发展，提高其生活质量。

4.3.3 实施成效与面临挑战

该模式在提升失能老人医疗与护理服务连续性方面取得了显著成效。通过医养结合服务模式的实践，老人能够在养老机构和医疗机构之间实现无缝对接，避免了因转院或转诊而导致的服务中断，使老人能够得到持续、全面的医疗与护理服务，有效改善了失能老人的健康状况，提高了他们的生活自理能力和生活质量。

然而，长期护理保险与医养结合过程中也面临一些挑战。医保基金压力较大是其中之一，随着失能老人数量的增加和医养结合服务需求的增长，医保基金的支付压力日益增大。为应对这一挑战，广州市积极探索多元化的筹资渠道，鼓励社会捐赠、吸引企业投资等，同时加强医保基金的管理和监督，优化支付方式，提高基金的使用效率。服务协同性方面也存在一些问题，医养结合涉及多个部门和机构，如医保部门、民政部门、卫生健康部门、养老机构、医疗机构等，各部门之间的沟通协调和服务协同存在一定难度，容易出现信息不畅、服务重复或衔接不畅等问题。为解决这一问题，广州市建立了多部门协同工作机制，加强部门之间的沟通与协作，明确各部门的职责和分工，通过信息化手段实现信息共享和服务协同，提高医养结合服务的整体效率和质量。

4.4 南通模式——多元化筹资共担发展模式

4.4.1 参保对象的界定与覆盖范围拓展

南通长期护理保险的参保对象为南通市职工基本医疗保险和城乡居民

基本医疗保险的参保人员，实现了制度全覆盖。这种将两大基本医疗保险参保人群纳入长期护理保险参保范围的做法，具有一定的合理性与公平性。一方面，职工医保和居民医保参保人员是社会的主要群体，涵盖了不同职业、年龄和收入水平的人群，将他们纳入长期护理保险保障范围，能够使长期护理保险制度广泛惠及各个阶层，体现了社会保险的公平性原则；另一方面，以现有医保参保体系为基础，便于长期护理保险制度与医保制度的衔接与管理，降低制度运行成本，提高制度运行效率。

4.4.2　筹资渠道与标准设定

南通长期护理保险采用政府补贴、医保统筹基金筹集、个人缴纳、社会捐助"四源合一"的多元化动态筹资机制。目前筹资标准为每人每年100元，其中个人缴纳30元，医保基金支付30元，政府补助40元（戴卫东等，2022）。这种筹资机制具有多方面的合理性。

从政府责任角度来看，政府通过财政补助的方式参与筹资，体现了对失能人员长期护理保障的重视和支持，发挥了政府在社会保障领域的主导作用，有助于引导和推动长期护理保险制度的建立与发展。

医保基金的划转，实现了医疗保险与长期护理保险在资金筹集上的一定衔接，使两种保险制度在保障参保人员健康权益方面相互协同、相互补充。对于个人而言，适当的个人缴费责任有助于增强参保人员的保险意识和费用约束意识，避免过度消费长期护理保险服务资源。

在筹资标准方面，100元的筹资标准是综合考虑南通地区经济发展水平、居民承受能力以及长期护理保险保障需求等多因素确定的。与南通的经济发展状况相适应，既不会给个人和企业带来过重的经济负担，又能筹集到一定规模的资金，以保障长期护理保险制度的基本运行。但随着人口老龄化加剧、失能人员护理需求的提升以及物价水平的上涨，现行筹资标准是否能够满足长期护理保险制度的长期可持续发展需求，还需要进一步关注和评估。

4.4.3　服务模式

南通的长期护理保险模式形成集机构照护、居家服务、照护补助、辅具支持、预防管控"五位一体"的服务体系。机构照护针对不同照护机构和失能程度设定支付标准。居家服务提供多种套餐和服务项目，还包括照护辅具租售服务及居家照护服务补助等。

4.4.4　失能评定标准与流程

1. 评定标准的制定与应用

南通失能评定标准采用国家长期护理失能等级评估标准，从日常生活活动、认知、感知觉与沟通等多方面对失能人员进行综合评估，确定其失能等级。这一标准具有较高的科学性与准确性，能够较为全面地反映失能人员的实际护理需求。在日常生活活动能力评估方面，涵盖了进食、穿衣、洗漱、如厕等基本生活自理项目，通过对这些项目的详细评估，可以准确判断失能人员在生活照料方面的依赖程度。对于认知功能的评估，包括定向力、记忆力、注意力、计算力等维度，有助于了解失能人员的精神状态和认知障碍程度，从而为其提供针对性的护理服务，如对于认知障碍较为严重的失能人员，护理人员需要更加注重安全防护和情感安抚等方面的服务。

在实际应用中，该评定标准为南通长期护理保险制度的精准实施提供了有力依据。根据失能等级的不同，参保失能人员可以享受到相应级别的护理服务和待遇支付。如重度失能人员可能需要更专业、更密集的护理服务，包括 24 小时的生活照料和医疗护理，而中度失能人员则可能侧重于康复护理和部分生活协助。通过这种基于科学评定标准的差异化服务安排，长期护理保险资源能够得到更合理的配置，提高了制度的运行效率和保障效果。

2. 评定流程的规范与优化

南通的失能评定流程包括申请受理、资料审核、现场评定、公示与复核等环节。参保人员或其代理人提出失能评定申请后，由照护保险经办机构对申请资料进行审核，审核通过后安排专业评定人员组成的评定小组进行现场评定。现场评定时，评定人员会依据评定标准，通过与申请人及其家属交流、实地观察等方式，对申请人的日常生活活动能力、认知能力等进行全面评估，并如实记录相关信息。评定结果会在一定范围内进行公示，接受社会监督，如有异议可申请复核。

4.4.5　服务内容与供给体系

1. 机构照护服务的资源配置与质量监管

南通在机构照护服务资源配置方面，根据照护保险参保人员数量及分布情况，合理确定定点照护机构数量与布局。每 5 万名左右的照护保险参保人员定点一家居家照护机构，同时综合考虑服务半径、老龄化等因素，确保机构分布均衡，方便失能人员接受照护服务。在照护机构类型上，涵盖了养老院、护理院、康复医院等多种专业机构，满足不同失能程度人员的多样化需求。

为保障机构照护服务质量，南通打造了多维度监管体系。市医保局严把照护服务机构准入关口，遵循"自愿公平、权责明晰、择优选择、动态平衡、协议管理"的原则，对申请成为定点照护机构的单位进行严格审核。加强定点照护机构管理，以长期护理保险服务协议为抓手，分类梳理违规行为，明确处罚措施。实施诚信服务信用等级管理，对定点照护机构政策落实、协议履行等情况进行信用记分，划分不同信用等级，信用记分与年终考核、服务范围挂钩，信用等级与居家服务派单挂钩，充分调动机构自主管理的积极性。

2. 居家服务的项目设计

南通居家服务项目设计丰富多样，充分考虑失能人员的个性化需求，为失能老人提供多种套餐和服务项目，包括基础生活照料、专业护理服务和心理关怀与陪伴等。例如，为重度失能人员提供每周 2~3 次的居家上门服务，服务内容涵盖身体清洁、按摩拍背、血压脉搏检查等。同时，还包括照护辅具租售服务及居家照护服务补助等。失能人员可根据自身需求选择不同的服务套餐，如一些轻度失能人员可能选择以生活照料为主的套餐，而重度失能人员则可选择包含更多专业护理服务的套餐。

3. 辅具支持的种类与适配服务

南通市长期护理保险规定的辅助器具名录包含 21 类产品，其中 6 类产品支持租赁，如电动护理床、轮椅、防褥疮床垫等，租赁期间的运输及清洁等服务均由定点机构承担。其余 15 类为消耗型辅具，如一次性护理垫、尿不湿、坐便椅、助行器等，可按规定购买使用。这些辅具种类丰富，能够满足不同失能程度和需求的人员使用。

在辅具适配服务方面，南通建立了专业的评估机制。失能人员经过辅具适配评估，符合条件的按照年度限额重度 8000 元、中度 6000 元执行，按照基金和个人 8∶2 的费用比例租赁或者购买辅助器具。以电动护理床为例，在交纳 800 元的押金后，个人只需承担每天 3.75 元的租金。专业人员会根据失能人员的身体状况、生活环境等因素，为其推荐合适的辅具产品，并提供安装、调试、使用培训等服务，确保辅具能够发挥最大的作用，有效提高了失能人员的居家照护质量，减轻了家庭在辅具购置方面的经济负担。

4. 预防管控的措施

南通在失能预防管控方面采取了一系列积极有效的措施。开展健康教育活动，通过社区宣传、健康讲座、线上平台等多种渠道，向居民普及疾病预防、康复护理、健康生活方式等方面的健康知识，提高居民的健康意识和自我保健能力。定期组织医护人员深入社区，为老年人讲解常见疾病的预防与早期识别方法，如高血压、糖尿病、脑卒中等，以及如何进行康复训练和日常护理。

实施健康管理服务，为参保人员建立健康档案，对老年人、慢性病患者等重点人群进行定期健康体检、健康监测和随访管理，及时发现健康问题并进行干预。对高血压患者定期测量血压，调整用药方案，指导饮食和运动。对糖尿病患者监测血糖变化，提供饮食控制和运动锻炼的建议，有效预防和延缓了慢性病并发症的发生，降低了失能风险。

推广康复护理服务，对有康复需求的人员提供早期康复介入和持续康复训练，促进身体功能恢复，减少因疾病或损伤导致的失能情况。一些医疗机构和康复机构为脑卒中患者提供术后康复训练，包括肢体功能锻炼、语言康复训练等，帮助患者恢复自理能力。

4.4.6　南通长期护理保险模式的成效分析

1. 对失能人员生活质量的改善

南通长期护理保险模式在提升失能人员生活质量方面发挥了显著作用。通过提供多样化的服务，满足了失能人员不同层次的需求，有效改善了他们的生活状况。

南通市医疗保障局数据显示，截至 2023 年 7 月，南通市长期护理保险已累计评定通过超 10 万人，正在享受待遇 5.7 万人；长期住院的失能人员中，仅市区就有 2941 人入住照护机构，医保基金支出从 3 亿元减少到 1.2 亿元，提高了医院床位周转率，个人支付也相应减少；定点机构增长至 380 家，社会资本投入超过 30 亿元，吸纳超万人就业。在日常生活自理能力方面，许多失能人员在接受康复护理服务后，能够逐渐恢复部分自理能力，如自行进食、穿衣等简单动作的完成度有所提高。在心理状态上，由于得到了专业的心理关怀与陪伴，失能人员的焦虑、抑郁等负面情绪得到缓解，对生活的信心和满意度增加。在社交互动方面，护理人员的陪伴以及一些社区组织的活动，让失能人员有了更多与外界交流的机会，减少了孤独感和社会隔离感。这些都充分体现了南通长期护理保险模式在改善失能人员生活质量方面的积极成效。

2. 对家庭经济与照护负担的缓解

在缓解家庭经济负担方面，长期护理保险为失能家庭提供了多方面的经济支持。对于入住护理机构享受长期护理保险的失能人员，其费用支付得到了有效分担。例如，在南通市阳光老年公寓，一位因进行性核上性麻痹、帕金森等多种疾病导致生活无法自理并被评估为重度失能的大爷，由于长期护理保险的介入，截至 2023 年 12 月底，长护保险待遇已为老人支付近 6 万元，极大地减轻了老人及其家属的经济压力。在居家服务方面，长期护理保险也提供了相应的补助。南通近 90% 的失能人员选择居家照护，不同失能等级还有每天 8 元到 15 元不等的家庭照护补助，这有助于失能家庭减轻在护理服务方面的经济支出，使家庭能够将有限的资金用于其他生活必需领域，如改善家庭生活条件、保障其他家庭成员的教育和健康需求等，从而在整体上提升家庭的经济稳定性和生活质量。

在缓解家庭照护负担方面，长期护理保险的作用同样不可忽视。长期护理保险通过提供专业的居家照护服务或机构照护服务选择，将部分照护责任从家庭转移到专业的护理机构或护理人员身上，使家庭照护者能够从繁重的照护任务中得到一定程度的解脱，有更多的时间和精力去从事其他工作或照顾家庭中的其他成员，从而有效缓解了家庭照护负担，促进了家庭关系的和谐稳定。

从社会层面来看，南通长期护理保险模式对家庭经济与照护负担的缓解具有深远的意义。它有助于提高失能人员及其家庭的生活满意度和幸福感，增强社会的稳定性和凝聚力。在人口老龄化日益严重的背景下，失能人员的照护问题不仅是单个家庭的问题，更是一个社会问题。长期护理保险模式的成功实践，为解决失能人员的长期护理需求提供了有效的途径，体现了社会对失能群体的关爱和责任担当，也为其他地区应对类似问题提供了有益的借鉴和参考，有助于推动整个社会养老保障体系的完善和发展。

3. 对养老与健康产业发展的促进

在养老产业方面，长期护理保险的实施为养老机构提供了稳定的资金来源和客源保障。南通市的养老院、护理院等养老服务机构在纳入长期护理保险定点范围后，入住率有所提高，经营状况得到改善。长期护理保险的支付政策使得更多失能老人能够选择机构养老，从而促进了养老机构的设施建设与服务质量提升。一些养老机构为了满足长期护理保险的要求和吸引更多失能老人，加大了对护理设施的投入，加强了护理人员的培训，提高了服务的专业化水平。在成为长期护理保险定点机构后，养老机构新增了康复训练室，配备了专业的康复治疗师，可以为失能老人提供更全面的康复护理服务。随着长期护理保险的推广，养老产业的市场需求进一步扩大，吸引了更多的社会资本投入，不仅增加了养老服务的供给，也促进了养老产业的多元化发展，形成了包括养老社区、老年公寓、护理院等多种业态并存的养老服务市场格局，满足了不同失能老人及其家庭的需求。

在健康产业方面，长期护理保险与健康产业的融合发展趋势日益明显。长期护理保险注重失能预防管控，开展的健康教育活动、健康管理服务以及康复护理服务等，为健康产业的相关领域带来了发展机遇。在健康教育方面，促进了健康知识传播平台、健康培训机构等的发展。在健康管理服务领域，推动了健康体检机构、健康监测设备制造商等的业务拓展。康复护理服务的需求增长，则带动了康复医疗机构、康复辅助器具生产企业等的发展。以康复辅助器具产业为例，南通市长期护理保险规定的辅助器具名录包含21类产品，随着长期护理保险的实施，对这些辅具的需求不断增加，刺激了本地及周边地区辅具生产企业的生产与创新，一些企业加大了研发投入，开发出更符合失能老人需求的个性化辅具产品，同时也促进了辅具租赁、销售、维修等服务市场的繁荣。此外，长期护理保险的发展还催生了一些新兴的健康服务产业形态，如居家照护服务平台、智慧健康养老服务等，这些新兴业态借助互联网、物联网等技术手段，实现了线上线下服务的融合，为失能老人提供更加便捷、高效的健康服务，进一步拓展了健康产业的发展空间。

4. 对医保基金利用效率的提升

在医保基金支出方面，长期护理保险的实施有效减少了不必要的医保基金消耗。对于长期住院的失能人员，长期护理保险提供了机构照护或居家照护等替代方案，使得部分失能老人从医疗机构的长期监护病房转入护理机构或居家接受护理服务。这不仅降低了医保基金的支出压力，还提高了医院床位周转率，使医院能够将更多的医疗资源集中于急性病和重症患者的救治，优化了医疗资源的整体配置。在没有长期护理保险之前，一些失能老人由于缺乏其他护理选择，长期占用医院床位，导致医保基金在长期护理方面的支出较高，同时也影响了医院的医疗服务效率。长期护理保险的出现，为失能老人提供了更合适的护理场所和服务方式，实现了医疗资源的合理分流。

在促进医疗资源合理配置方面，长期护理保险与医疗机构形成了有效的协同合作机制。护理机构为失能老人提供了专业的康复护理和生活照料服务，有助于失能老人身体功能的恢复和维持，减少了因长期卧床或缺乏专业护理而导致的并发症和再次入院的风险。一些护理院配备了专业的康复治疗师，为失能老人制订个性化的康复训练计划，通过持续的康复护理，提高了失能老人的自理能力，降低了他们对医疗资源的依赖程度。这种协同作用使得医疗资源能够更加精准地投向有需要的患者，提高了医疗资源的利用效率，促进了医疗服务体系的良性运转。

从长期来看，南通长期护理保险模式的发展有助于构建更加可持续的医疗保障体系。随着人口老龄化的加剧，失能人员数量不断增加，如果没有长期护理保险的介入，医保基金将面临更大的支付压力，可能影响整个医疗保障体系的稳定运行。长期护理保险通过优化资源配置，提高基金使用效率，为医保基金的可持续性提供了有力支持，也为进一步完善医疗保障制度提供了有益的思路和借鉴。

4.5　基于典型模式的比较分析与综合评价

4.5.1　模式比较维度设定

为全面深入地比较我国长期护理保险的典型模式，本研究从筹资机制、保障水平与待遇支付、服务提供与管理、政策实施效果与社会影响等多维度进行分析，构建系统的模式比较框架。

在筹资机制方面，重点关注资金来源的构成，包括个人、单位、政府财政补贴以及医保基金等在筹资中所占比例。除此以外，还要关注筹资渠道的多样性与稳定性，例如是否存在单一渠道依赖风险；筹资标准的合理性与灵活性，是否根据不同地区经济水平、人群类别进行差异化设置；以及财务模式是现收现付制还是积累制，或者是二者的混合模式。这些都对长期护理保险制度的可持续性有着重要影响。

保障水平与待遇支付维度，着重考察保障范围的广度与深度，涵盖的护理服务类型、失能程度认定标准及相应覆盖人群。其次是待遇支付标准的确定依据，例如按服务项目付费、按人头付费、按床日付费等方式的应用及其对服务质量与成本控制的影响。最后是待遇调整机制的灵活性与科学性，例如能否根据物价变动、护理成本变化、参保人需求变化等因素适时调整待遇水平，确保保障的有效性与公平性。

服务提供与管理维度，主要探究服务提供主体的多元化程度，如医疗机构、养老机构、社区服务机构以及家庭在服务提供中的角色与协同关系。其次是服务网络的完善性与可及性，包括服务机构的布局合理性、服务覆盖范围、服务便捷性等。最后是服务质量监督与评估机制的健全性，例如，是否建立了有效的服务质量标准、评估指标体系以及监督反馈渠道，以保障服务质量的稳定性与提升。

政策实施效果与社会影响维度，主要是深入分析参保覆盖范围的扩大情况，反映制度的普及程度与社会影响力。例如，对失能老人生活质量的改善效果，通过健康状况、自理能力恢复、心理状态等方面进行评估；对家庭及社会负担的缓解程度，考量护理费用分担、家庭照护压力减轻以及对社会劳动力市场的间接影响（Kwon & Ko，2015），以及对养老产业与健康服务业发展的带动作用，如促进护理服务市场规模扩大、推动相关产业技术创新与升级等。

通过对这些维度的综合比较分析，能够全面把握不同典型模式的特点、优势与不足，为我国长期护理保险制度的优化与完善提供有力依据。

4.5.2　模式共性特征分析

在政策目标上，这些模式均致力于应对人口老龄化挑战，解决失能老人的长期护理需求问题，减轻失能老人家庭的经济与护理负担，提高失能老人的生活质量和尊严，促进社会公平与和谐。例如，青岛市通过"社保＋商保"合作模式，为失能失智人员提供全面照护服务保障或资金保障，缓解家庭压力。上海市以社区居家照护为主导模式，让失能老人在熟悉的家庭环境中接受护理服务，减轻家庭照护负担。广州市的长期护理保险与医养结合模式，提升了失能老人医疗与护理服务连续性，改善了其健康状况与生活自理能力。南通市致力于促进"医养融合"新型养老服务模式的发展，减轻因年老、疾病、伤残等导致失能人员家庭长期照护的事务性及经济负担，努力提高参保人员的生活质量和人文关怀水平，共享南通经济社会发展成果。

保障功能方面，四种社会长期护理保险模式都提供了不同程度的经济补偿和护理服务保障。在经济补偿上，根据失能程度和护理需求，对符合条件的参保失能老人给予一定的费用报销或补贴，用于支付护理服务费用，如青岛市照护需求等级评估为三级、四级、五级的成年参保人可申请多种护理服务并享受相应待遇支付。上海市长期护理保险资金对社区居家照护、机构护理等服务费用进行支付。广州市长期护理保险对定点护理服务机构按规定提供护理服务发生的床位费、长护险服务项目范围内的生活照料费和与之相关的医疗护理费、设备使用费等符合规定的费用给予支付，同时，对于符合规定的评估费用、社会力量经办的服务费用也予以支付。南通市对发生的符合规定的床位费、照护服务费、护理设备使用费、护理耗材等照护费用给予支付。在护理服务保障上，均涵盖了生活照料、医疗护理、康复护理等多方面服务内容，以满足失能老人多样化的护理需求，提升其生活质量和健康水平。

在促进养老服务发展方面，四种模式都对养老服务体系的完善起到了积极推动作用。长护险制度的实施促进了养老护理产业的发展，带动了护理服务机构数量的增加和服务质量的提升，拓展了护理从业人员的就业渠道，推动了养老产业的专业化、规范化发展，同时也促进了相关产业如护理用品制造、康复设备研发等的协同发展，为经济增长创造了新动力，为构建多层次、全方位的老年保障体系奠定了基础。

4.5.3 模式差异性分析

这四种典型模式在筹资渠道与结构、服务重点与方式、经办管理主体等方面存在差异。

（1）筹资渠道与结构。青岛市采用"社保＋商保"合作型模式，资金筹集以单位和个人缴费为主，财政给予适当补贴，职工护理保险资金从职工基本医疗保险统筹基金、应划入基本医疗保险个人账户的资金以及财政补贴等渠道筹集，居民护理保险资金从居民社会医疗保险个人缴费资金和财政补贴资金中划转。上海市社区居家照护主导型模式的资金主要来源于医保基金划转、个人缴费和财政补贴等。广州市长期护理保险与医养结合型模式则是医保基金对医养结合服务项目支付，同时探索多元化筹资渠道如鼓励社会捐赠、吸引企业投资等。南通市采用"个人＋单位＋政府补贴"三位一体的筹资模式，同时接受企业、单位、慈善机构等社会团体和个人的捐助。这种差异主要源于各地经济发展水平、人口结构、政策环境等因素不同。青岛市商业保险发展相对成熟，有能力引入商保机构参与筹资与经办管理，且其经济发展水平能为单位和个人缴费提供一定支撑。上海市医保基金较为充裕，能够承担较大比例的筹资责任，且其注重社区建设与居家养老服务，在政策上倾向于引导资源向社区居家照护倾斜。广州市面临失能老人数量增加和医养结合服务需求增长带来的医保基金压力，所以在依靠医保基金的基础上，积极探索多元化筹资渠道以保障制度的可持续性。

（2）服务重点与方式。青岛市提供居家照护、机构照护和日间照护等多种形式，注重"社保＋商保"在经办管理中的分工协作，商保公司承担具体经办服务工作。上海市以社区居家照护为核心，构建了完善的社区服务网络，整合社区卫生服务中心、护理站、养老机构等多元主体资源，提供全面的社区居家照护服务。广州市重点在于医养结合服务模式实践，探索医疗机构与养老机构的合作形式，建立双向转诊机制，注重医护人员的培养与配备，将失能老人的健康管理与护理服务进行整合。南通市照护服务内容包括但不限于清洁照料、睡眠照料、饮食照料、排泄照料、卧位与安全照料、病情观察、心理安慰、管道照护、康复照护及清洁消毒等项目。这是因为各地养老服务资源分布和利用情况不同，青岛市在充分利用社保与商保资源的基础上，构建多种护理服务形式满足不同需求。上海市社区资源丰富，具备开展社区居家照护服务的良好条件，且符合当地老年人居家养老的传统观念和需求。广州市基于医疗资源与养老资源整合的需求，为解决失能老人医疗与护理服务连续性问题，重点发展医养结合服务模式。南通市将生活照料也纳入了保险待遇范围，提供包括"上门服务"和医院以及具有医养结合资质的养老机构提供的"床位服务"。

（3）经办管理主体。青岛市由社保与商保分工协作，通过公开招标选定商业保险机构承担具体经办服务工作。上海市主要由政府相关部门主导经办管理，同时整合社区多元主体资源协同开展服务。广州市的医保部门在医养结合服务的经办管理中发挥重要作用，同时涉及民政、卫生健康等多部门的协同合作。这种差异与各地行政管理体制、市场发育程度以及制度设计理念有关。青岛市借助商保机构的专业管理经验和市场竞争机制提高经办效率和服务质量。上海市政府行政主导力量较强，能够有效整合社区资源并进行统一管理。广州市由于医养结合涉及多部门职能交叉，需要医保部门牵头，多部门协同合作来推动制度的实施。南通市照护保险经办机构主要是南通市医疗保险基金管理中心及各县（市、区）的医疗保险管理中心。南通市医疗保险基金管理中心负责市区照护保险的政策执行、基金管理、定点机构管理、待遇审核与支付等工作。各县（市、区）医疗保险管理中心负责当地照护保险的具体经办事务，包括受理照护保险定点机构的申请、审核材料、现场复核、公示以及对符合条件的机构予以认定，并纳入照护保险协议管理等工作。

第 5 章

我国长期护理保险试点效果评价

5.1 我国开展长期护理保险试点工作的契机

5.1.1 人口老龄化加剧

近几十年来，随着我国社会经济的迅速发展，人民生活水平的提高，医疗卫生条件的改善，生育率和死亡率的迅速下降，人口年龄结构发生了急剧的变化，青少年人口比重大幅度下降，老年人口比重迅速上升（张再生，2000）。到 2000 年我国 65 岁及以上人口达到 7%，我国进入了老龄社会（见图 5.1）。截至 2010 年末，我国 65 岁及以上人口 11894 万人，占比 8.9%；截至 2015 年末，我国 65 岁及以上人口达到 14524 万人，占比 10.5%。从以上数据不难看出，我国老年人口规模不仅庞大，而且 2010~2015 年间老年人口的平均增长速度显著高于 2000~2010 年间的增长速度。在这种现实背景下，我国于 2016 年开始推进长期护理保险试点工作。《2023 年度国家老龄事业发展公报》显示，截至 2023 年末，全国 60 周岁及以上老年人口 29697 万人，占总人口的 21.1%；全国 65 周岁及以上老年人口 21676 万人，占总人口的 15.4%。可见，加快推进长期护理保险试点工作迫在眉睫。

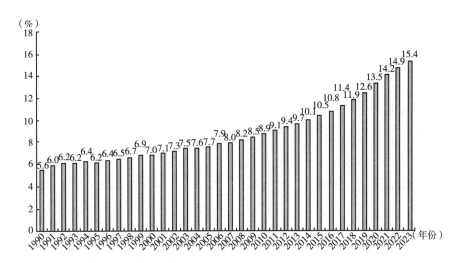

图 5.1　1990～2023 年我国 65 岁及以上老年人口占比

资料来源：国家统计局。

随着人口老龄化的持续发展，失能老人的数量迅速增加，许多老年人由于身体机能衰退，患上慢性疾病或失能、半失能的概率大幅增加，对长期护理服务的需求急剧膨胀，为家庭带来了沉重的养老负担。传统的家庭养老模式难以独自承担起失能老人的长期护理重任，而专业的长期护理机构资源相对短缺且费用较高。此时，我国开展长期护理保险试点工作，是化解人口老龄化社会广大老年群体失能风险的重要举措，以保险机制的介入，整合社会资源，为失能老年人提供专业护理服务保障，能够在一定程度上缓解老年家庭来自经济和精力的双重压力。人口老龄化加剧为长期护理保险试点工作的开展创造了重要契机，长期护理保险试点工作的开展也为社会应对人口老龄化挑战探索出了一条新的可行路径，促使长期护理服务市场更加规范化、专业化发展，实现社会效益与经济效益的双赢局面，在保障老年人生活质量的同时，也为整个社会的稳定与和谐发展提供有力支撑（Zhu & Österle，2019）。

5.1.2 家庭结构的变迁

我国自 20 世纪 70 年代实施计划生育政策以来，总和生育率从较高水平迅速下降。到 21 世纪初，总和生育率已低于更替水平（通常认为是 2.1），2010 年第六次全国人口普查数据显示，中国总和生育率降至 1.18，这意味着平均每个育龄妇女所生育的子女数量大幅减少。生育率的降低直接导致家庭规模小型化，核心家庭成为主流的家庭形式，传统的大家庭结构逐渐瓦解，许多家庭不再像过去那样拥有多个子女。人口迁移和城市化进程加速了家庭结构变迁，在城市化过程中，年轻人往往率先迁移到城市定居，而老年人可能因眷恋故土等原因留在农村，这导致了家庭的空间分离，削弱了传统大家庭的紧密联系，促进了以夫妻和未婚子女为核心的小家庭在城市中独立发展。人口在城市内部的频繁流动以及跨区域迁移，令家庭成员之间的居住距离扩大，家庭团聚时间减少，进一步促使家庭结构朝着小型化、分散化的方向演变。随着医疗卫生条件的改善和生活水平的提高，人口预期寿命显著延长（Li，2019）。寿命的延长使得家庭中老年人口比重增加，家庭养老负担加重，同时也改变了家庭内部的代际关系和相处模式。更多的老年人在退休后拥有较长的岁月需要与子女共同生活或者接受子女的照料，这对家庭的经济、居住安排和情感交流等方面都产生了深远影响，催生了一些新的家庭居住形式，如老年夫妇单独居住但与子女保持密切联系的"空巢家庭"模式增多，家庭结构更加多元化。加之家庭成员忙于工作，家庭护理功能不断弱化。过去那种多子女共同照顾失能老人的模式已难以为继。长期护理保险试点能够弥补家庭护理能力的不足，通过保险机制为失能老人提供上门护理、机构护理等多种形式的护理服务选择，使失能老人在家庭护理资源有限的情况下也能获得必要的生活照料和医疗护理（孙正成，2013）。

5.1.3 医疗保障体系亟待完善

自 20 世纪以来,公费医疗制度作为我国社会保险的基础组成部分,在社会变迁和经济发展中承担了重要角色。然而,随着人口增长、医疗技术发展以及人们对医疗需求的提高,公费医疗费用支出不断攀升,给财政带来了沉重负担。道德风险下的过度医疗,导致医疗资源浪费现象严重,使沉重的医疗财政支出负担雪上加霜(王晓燕,2007)。在计划经济向市场经济转型过程中,公费医疗制度的大包大揽模式与市场经济强调的责任分担、效率优先等原则不符,无法满足经济社会发展的新要求,也不利于劳动力的合理流动和企业的公平竞争。经过 90 年代末医疗体制的重大改革,我国医疗领域出现了一系列新的变化。医改的核心是转向市场化运行机制,注重效率和效果,以适应市场经济的发展要求,但是改革后的医疗保障体系主要侧重于疾病的治疗,对于疾病治疗后的长期康复护理保障相对薄弱。许多失能老人在病情稳定后仍需要长期的护理干预以维持身体机能和生活质量,但这部分费用往往需要家庭自行承担,给家庭带来沉重的经济负担。长期护理保险试点可以作为医疗保障体系的重要补充,为需要长期照护、协助进行日常生活活动的人群提供医疗卫生、生活照护、康复服务等服务,将护理保障从疾病治疗延伸到康复护理阶段,优化整个健康保障链条,提高医疗资源的利用效率,避免因缺乏护理而导致病情反复重新入院治疗等情况,促进医疗保障体系的可持续发展(韩瑞峰,2016)。

5.2 我国长期护理保险试点工作的演进

5.2.1 探索起步阶段

2005 年,从国外引进的商业长期护理保险在中国商业保险市场初露头角，初步形成了小规模的商业护理保险市场（赵娜、陈凯，2023）。由于商业长期护理保险公司以追求自身经济效益为目标，因此在产品定价中强调待遇水平和保费的对等，不具备社会再分配功能。

随着人口老龄化问题的逐渐凸显，国家开始在政策层面关注老年服务相关制度的建设。2006 年 12 月，国务院办公厅印发的《人口发展"十一五"和 2020 年规划》首次提出"探索建立老年服务志愿者、照顾储蓄、长期护理保险等社会化服务制度"，这一规划标志着我国长期护理保险制度探索的开端，为后续相关政策的出台奠定了基础。这一时期，青岛市在 2006 年开始探索建立长期护理保险制度，通过整合医保基金、个人缴费等多种资金来源，为失能老人提供长期护理服务保障（孙凌雪等，2020；安平平等，2017）。青岛市对长期护理保险的保障范围、服务内容、资金管理等方面进行了探索，积累了宝贵的实践经验。

2009 年，《中共中央、国务院关于深化医药卫生体制改革的意见》发布，其中提出"鼓励各地探索建立老年护理保险制度"，进一步强调了探索建立长期护理保险制度的重要性，推动各地开始积极思考适合本地实际情况的长期护理保险模式。上海市在《探索建立本市老年护理保障制度综合课题研究》"1＋8"课题调研成果基础上，经市政府常务会议审议同意，自 2013 年 6 月起，启动本市高龄老人医疗护理计划试点，试点范围由初期 3 个区 6 个街道，逐步扩展为 6 个区 22 个街道（2014 年 10 月）。

2012 年 6 月 19 日，山东省青岛市人力资源和社会保障局、市财政局、市民政局、市卫生局、市老龄办、市总工会、市残联、市红十字会、市慈善总会联合发布了《关于建立长期医疗护理保险制度的意见（试行）》，标志着中国长期护理保险制度的诞生。

2015 年，吉林省人社厅将目光聚焦于长期护理保险这一关系到广大民众切身利益的关键领域，将长期护理保险试点列为推进民生工作的重要内容，并选择在吉林省的省会长春市率先开展具有长期护理保险性质的制度试点工作。为解决失能人员的长期护理难题开启了新的探索征程，期望在未来为更多民众提供坚实的保障，推动民生福祉迈向新的高度。

在这一阶段，虽然国家层面尚未形成统一的长期护理保险制度框架，但各地的试点探索为制度的进一步发展奠定了基础，初步积累了在筹资、服务提供、待遇保障等方面的经验，为后续长期护理保险制度的全面推进提供了重要的参考。

5.2.2 试点初步开展阶段

在前期探索的基础上，2016 年 6 月 27 日，人力资源社会保障部印发《关于开展长期护理保险制度试点的指导意见》（以下简称《指导意见》），标志着中央政府正式开始在长期护理保险制度建设上发力。《指导意见》确定了河北省承德市等 15 个城市作为首批试点城市，同时将吉林和山东两省作为国家试点的重点联系省份（董子越等，2019）。该文件对长期护理保险保障范围、资金筹集、待遇支付、基金管理、服务管理、经办管理等内容提出了统一指导意见。各试点城市结合自身情况，制定出台了长期照护保险相关政策文件（见表 5.1）。在保障对象方面，多数试点城市最初以城镇职工基本医疗保险参保人群为重点，逐步向城乡居民基本医疗保险参保人群扩展。例如，青岛市在试点初期主要覆盖了城镇职工医保参保人员，随后逐步将部分符合条件的城乡居民纳入保障范围。在筹资机制上，各地结合自身实际情况，探索了多元化的筹资渠道。一些城市采用了医保基金、个人、单位和财政补助相结合的方式，如成都市规定城镇职工单位和个人按照一定比例从医保缴费中划转，城乡居民则由个人缴费和财政补助共同筹集资金（Geyer et al.，2017）。在待遇支付方面，根据失能程度的不同，制定了差异化的待遇标准，包括护理服务的时长、频次以及支付金额等。在服务供给上，积极推动机构护理、居家护理与社区护理的协同发展，构建了多层次的护理服务体系。例如，上海市通过整合社区卫生服务中心、养老机构等资源，为失能老人提供了丰富多样的护理服务选择，包括上门护理、日间照料等。

表 5.1   试点地区长期照护保险相关政策文件

试点地区	颁布时间	政策名称
青岛市	2012.6.19	《青岛市长期医疗护理保险管理办法》
	2018.2.28	《青岛市长期护理保险暂行办法》
苏州市	2017.6.28	《关于开展长期护理保险试点的实施意见》
荆门市	2016.11.22	《荆门市长期护理保险办法（试行）》
安庆市	2017.1.12	《关于安庆市城镇职工长期护理保险试点的实施意见》
承德市	2016.11.23	《关于建立城镇职工长期护理保险制度的实施意见（试行）》
南通市	2015.9.30	《关于建立基本照护保险制度的意见（试行）》
上饶市	2016.12.1	《关于开展长期护理保险试点工作实施方案》
成都市	2017.2.13	《成都市长期照护保险制度试点方案》
重庆市	2017.12.11	《重庆市长期护理保险制度试点意见》
长春市	2015.2.16	《关于建立失能人员医疗照护保险制度的意见》
上海市	2016.12.29	《上海市长期护理保险试点办法》
石河子市	2017.3.10	《关于建立长期护理保险制度的意见（试行）》
广州市	2017.7.31	《广州市长期护理保险试行办法》
宁波市	2017.5.31	《宁波市长期护理保险试点实施细则》
临汾市	2018.1.15	《临汾市长期护理保险管理办法（试行）》

资料来源：赵娜，陈凯. 长期护理保险财政补贴经济效应及动态调整研究［M］. 北京：经济科学出版社，2023：70－71。

5.2.3 试点城市逐步扩大阶段

2020 年 9 月，国家医保局会同财政部印发《关于扩大长期护理保险制度试点的指导意见》，在原有的 15 个试点城市基础上，再增加 14 个试点城市或地区，包括北京市石景山区、天津市、晋城市、呼和浩特市、盘锦市、福州市、开封市、湘潭市、南宁市、黔西南布依族苗族自治州（简称"黔西南州"）、昆明市、汉中市、甘南藏族自治州（简称"甘南州"）和乌鲁木齐市，大大拓展了长期护理保险制度的实践版图。

目前的 49 个试点城市或地区涵盖了不同经济发展水平、地域特征以及人口结构的区域，旨在通过多样化的样本，探索更加贴合国情、适应不同地区实际情况的长期护理保险模式。长期护理保险试点城市或地区的扩大，彰显了国家对于应对人口老龄化挑战、完善社会保障体系的坚定决心与积极作为。这一批试点城市在借鉴首批试点经验的基础上，进一步优化了制度设计。在保障对象上，进一步扩大了覆盖范围，更多的城乡居民被纳入保障体系。如北京市石景山区规定，因年老、疾病、残疾等情况导致的持续重度失能 6 个月以上的参保人，均可申请享受长期护理保险，不再局限于特定医保参保人群。在筹资机制上，为了避免长期护理保险基金来源过度依赖医疗保险，积极探索筹资分担比例划分、筹资渠道多元化新方案。在待遇保障上，不断细化失能等级，注重护理服务需求评估，确保长期护理保障的精准性和合理性。在服务供给上，持续强化护理服务机构监督管理，确保服务供给规范，保质保量。

5.3 我国长期护理保险试点现状

5.3.1 筹资渠道多元化

长期护理保险试点城市在筹资上并未形成统一标准，资金来源多种多样，主要包括医保基金划拨、企业和个人缴费、财政补贴以及福彩公益金等其他资金等（陈秉正，2017）。

由于长期护理保险与医疗保障存在紧密联系，许多失能人员的护理需求伴随着一定的医疗服务需求，因此，大多数试点地区采取从基本医疗保险基金中划出一定比例的资金到长期护理保险基金账户的方式筹集资金。医保基金的划转能够为长期护理保险提供初始的资金支持，且操作相对简便，充分利用了现有的医保筹资体系和管理机制。

单位和个人按照一定的费率缴纳长期护理保险费，这类似于基本医疗保险的筹资模式，体现了保险的互助共济原则。单位缴费部分可以看作是企业承担社会责任的一种方式，体现了社会化分摊护理责任的原则，有助于减轻员工因长期护理需求可能带来的经济负担，提高员工福利水平，增强企业的吸引力和凝聚力。个人缴费则增强了参保人员的责任意识和费用节约意识。以乌鲁木齐市为例，参加职工基本医疗保险的参保人员（含未缴满基本医疗保险缴费年限的退休人员），其长期护理保险年度筹资总额按照职工工资总额的 0.2% 进行筹资，用人单位和个人分别承担 0.1%，单位缴费基数为职工工资总额，个人缴费基数为本人工资收入；参加职工基本医疗保险的灵活就业人员（含缴满基本医疗保险最低缴费年限的灵活就业退休人员），其长期护理保险年度筹资总额原则上按照该市上一年度社会平均工资的 0.1% 进行筹资；参加城乡居民基本医疗保险的参保人员，通过个人缴费和财政补助进行筹资，其长期护理保险年度筹资总额中个人缴费部分按 2020 年该市城乡居民人均可支配收入 40938 元的 0.1% 进行筹资，每人每年 40 元，与其基本医疗保险一起按年度征收；城乡居民长期护理保险财政补助标准每人每年不高于 20 元，由财政部门每年根据财力情况和基金结余情况划转。这些资金共同汇聚形成长期护理保险基金池，用于支付符合规定的长期护理服务费用。

财政补贴在长期护理保险筹资中发挥着重要作用，为长期护理保险体系的稳健运行起到了支撑作用（李月娥、明庭兴，2020）。财政补贴能够使当地一些经济困难群体和重度失能人员也能够获得基本护理服务保障，体现了公共财政的再分配职能，保障了弱势群体能够享受到基本的生存权益和生活质量，彰显了社会公平与正义（赵娜、陈凯，2023）。

福利彩票公益金被部分试点地区作为长期护理保险基金的一项来源。政府发行福利彩票的目的是筹集公益资金用于发展社会福利事业，长期护理保险作为社会福利保障体系的重要组成部分，符合福利彩票公益金的使用方向。福利彩票公益金在长期护理保险基金中所占比重较小，具有一定的发展潜力，为长期护理保险筹资渠道拓展提供了更多选择。

社会捐助和资助作为补充性筹资途径，有助于调动社会力量参与长期护理保险，但其持续性与稳定性较差，不适宜作为主要筹资手段。此外，过度依赖非强制性的社会捐助，可能导致筹资体系的脆弱性，难以保障长期护理保险费用的稳定供给。

5.3.2　参保范围逐步扩大

我国实施长期护理保险试点的目的在于通过广泛覆盖来促进公共健康，增强老年人的生活质量，进而构建一个更加完善的社会保障体系。因此，在探索长期护理保险的路径中，覆盖范围的广泛性及其逐步扩大显得尤为关键。在长期护理保险制度的试点进程中，参保范围呈现出一定的阶段性特点与变化趋势。表 5.2 展示了两批长期护理保险试点城市的参保范围。

表 5.2　　　　　　　　长期护理保险制度试点的参保范围

参保范围	第一批试点地区	第二批试点地区
城镇职工	承德市、安庆市、宁波市、齐齐哈尔市、重庆市	天津市、晋城市、盘锦市、福州市、开封市、湘潭市、南宁市、黔西南州、昆明市、汉中市、乌鲁木齐市、甘南州
城镇职工 + 城镇居民	长春市	—
城镇职工 + 城乡居民	上海市、苏州市、青岛市、荆门市、石河子市、南通市、成都市、上饶市、广州市	北京市石景山区、呼和浩特市

资料来源：陈烁琦. 长期护理保险政策效应评估与模式选择研究［D］. 武汉：中南财经政法大学，2023。

在第一批试点城市最初确定时，有 8 个城市的参保对象为城镇职工，有 2 个城市的参保对象为城镇职工与城镇居民，有 5 个城市的参保对象为城镇职工和城乡居民。在试点工作推进过程中，部分城市对参保范围进行了调整。例如，成都、上饶和广州 3 个城市将参保对象从城镇职工单一群体扩展至城镇职工和城乡居民两类群体。南通市将参保对象从原本的城镇职工和城镇居民的基础上，拓展至农村居民，使保障群体更加广泛。

第二批试点城市和地区在一定程度上吸取了第一批试点城市的经验，大部分第二批试点城市将参保范围确定为城镇职工（原彰、周四娟，2024）。出现上述情况的原因在于参保范围的确定受地区经济发展状况、医疗护理基础设施的建设水平以及人口结构特点等诸多因素影响。如果一个地区经济发展水平相对有限，在扩大参保范围过程中将面临较重的资金压力，并且如果当地医疗护理基础设施若不够完善，很难满足大量新增参保人员的护理需求。从人口结构角度来说，城镇职工整体健康状况相对较好，收入和医疗保障水平也较高。虽然扩大参保范围能够提升长期护理保险资金的筹集规模，但同时也必然会加重财政和医保基金的支出负担。所以，第二批试点城市和地区多数选择先将参保范围限定在城镇职工群体，像北京市石景山区和呼和浩特市这种将城镇职工和城乡居民都纳入保障的情况属于少数。这样的做法有助于在保障制度平稳运行的前提下，逐步积累实施经验，为后续可能的参保范围扩大奠定基础。

在参保规模方面，随着长期护理保险试点工作的推进和试点范围的扩大，参保人数呈现出稳步增长的趋势。根据国家医保局发布的数据，截至2023年底，全国49个试点城市和地区参加长期护理保险的人数已激增至1.833087亿人，与试点初期相比，参保人数有了显著增加。

5.3.3　服务形式多种多样

从服务提供方式上来看，主要包括社区护理服务、家庭护理支持和专业护理等服务类型。失能老年人能够根据自身需求和偏好进行服务类型选择。社区护理服务通过居民自治组织、社区卫生服务中心等社区资源整合，主要提供健康咨询、生活照料、日常护理等一系列服务项目，为老年人创造了一个良好的养老环境。这些服务不仅降低了政府和家庭的养老负担，还增强了老年人在社区生活中的归属感和自我价值感。家庭护理支持是通过提供居家养老服务、家政服务补贴和家庭护理员培训等方式，倡导和支持家庭照顾者的责任，强化家庭在养老中的核心地位。这不仅有助于减轻家庭经济负担，还促进了家庭成员间的情感联系和互助互爱。专业护理机构则针对丧失部分或全部自理能力的高龄老人及患有严重慢性疾病的老年人提供全天候护理服务。这些机构通常配备了专业的医疗及护理人员，可以提供全面的医疗护理、康复治疗和生活照料服务。

从护理机构性质来看，主要包括养老机构、医疗机构、社区护理中心等类型。养老机构作为长期护理服务的重要提供方之一，能够为失能老人提供集中居住、生活照料、康复护理等综合性服务。在一些地区，养老机构的数量相对较多，且分布较为合理，能够满足当地失能老人的部分护理需求。上海市拥有包括公办养老机构、民办养老机构以及公建民营养老机构等多种类型的较为完善的养老机构体系，众多养老机构几乎覆盖了上海市的各个区域，为失能老人提供了多样化的选择。在上海的养老机构不仅配备了专业的护理人员，还设置了医务室、康复室等设施，能够为失能老人提供基本的医疗护理和康复服务。医疗机构因其在提供专业医疗护理服务方面独具优势，一些大型综合医院设有老年康复中心，配备先进的康复设备，拥有专业的医疗团队，能够为失能老人提供高质量的康复护理服务，在长期护理服务中也扮演着重要角色。社区护理中心是连接家庭和专业护理机构的桥梁，可以为失能老人提供日间照料、上门护理服务、康复训练、健康指导。社区护理中心由于具备服务便捷、成本低廉等优势，在近些年得到了快速发展。

5.4　我国长期护理保险试点存在的问题

5.4.1　筹资机制有待完善

尽管长期护理保险有着多种筹资渠道，但目前其基金在管理和运行中存在缺乏独立性的问题（邓晶、邓文燕，2017）。在许多地区，长期护理保险基金尚未实现完全独立的财务核算和管理，而是与基本医疗保险基金混账管理。大多数试点城市在长期护理保险制度运行初级阶段，筹资来源主要依托医疗保险基金，导致长期护理保险基金在收支核算、资金使用方向等方面难以清晰界定，难免出现资金混用的情况（杜天天、王宗凡，2022）。在医疗保险基金面临支付压力时，会优先保障医疗费用支付，导致医疗保险基金结余减少，划拨到长期护理保险基金的数额减少，给长期护理保险基金造成潜在的入不敷出风险。财政补贴在长期护理保险筹资过程中扮演了重要角色，但是受到试点地区经济发展状况、财政收支平衡等多种因素的影响，因此，对长期护理保险的财政补贴强度需要根据财政预算的调整而相应变动。虽然人社厅发布的《关于开展长期护理保险制度试点的指导意见》中提到了"建立与经济社会发展和保障水平相适应的动态筹资机制"的工作思路，为各试点地区建立长期护理保险动态筹资机制留出了操作空间和政策依据，但在文件中并没有进一步明确建立筹资动态调整的相关依据和参考标准。在筹资过程中，部分试点地区仅规定了当前的财政补贴标准，如青岛市提出在长期护理保险资金的筹集上建立动态调整机制，但是关于财政补贴如何进行动态调整并没有作出具体规定。从目前政策的执行情况来看，试点地区对长期护理保险参保缴费人与待遇领取人的财政补贴并没有随着其经济发展进行调整，究其原因是缺乏财政补贴动态调整机制造成的。构建长期护理保险财政补贴动态调整机制，不能简单地从提高财政补贴绝对金额的角度来理解（当然有这个成分），关键是要为动态调整进行正确的目标定位（陈凯等，2022）。这个目标定位就是要考虑时间序列上整个社会经济发展进步的事实，也要考虑空间布局上各地经济发展水平的差异，在此基础上不追求绝对标准的公平，而是保持相对标准的公平。只有正确定位以后，才能建立可测量的相关指标，进而形成动态调整机制。目前，实行财政补贴的试点城市没有回答财政补贴调整的依据是什么、如何确定调整时机以及具体调整幅度怎么确定等三个关键问题。对上述三个问题的解答是进一步推进长期护理保险财政补贴创新的关键所在，将对长期护理保险制度在全国范围的推广以及制度的长期稳定性产生深远影响。

5.4.2   待遇保障需要调整

长期护理保险待遇给付标准在整个长期护理保险体系中占据着极为关键的地位，因为它直接关乎保障对象所能获得的待遇补贴水平，进而深刻影响着失能人员的生活质量与保障程度。部分试点地区的长期护理保险的保障范围涵盖了基本生活照料服务（协助进食、洗澡、穿衣、排泄等）、康复护理、医疗护理、心理慰藉等多个方面，为失能人员提供了较为全面的长期护理保障。上海市实施的长期护理保险在待遇保障项目较为丰富，主要包括居家护理、机构护理服务、心理关怀和社会支持等多种形式，以满足失能老人多样化的需求。大部分试点地区的保障内容则相对有限，主要覆盖基本生活照料服务，在医疗、康复、精神慰藉等方面的支持不足，无法充分满足失能人员的实际需求（张盈华等，2023）。

长期护理保险尚处于试点阶段，缺乏统一的制度框架，各个试点城市在待遇给付标准和待遇给付形式等关键方面呈现出明显的差异，使得试点政策实施方案呈现出显著的碎片化状态。在待遇给付标准上，有的城市可能根据失能等级给予每月较高额度的补贴，而有的城市则相对较低。在给付形式上，部分城市可能侧重于现金补贴，而其他城市则更倾向于提供服务券等形式。这种差异所带来的影响是多方面的。首先，从公平性角度来看，不同地区的被保障者在享受长期护理保险政策待遇的权利上出现了失衡。那些处于待遇给付标准较低地区的失能人员，相较于标准高的地区，在获得护理资源和经济支持上明显处于劣势，这无疑违背了保险制度的公平原则。其次，这种差异进一步拉大了区域间长期护理保障水平的差距。经济发达地区可能凭借雄厚的财政实力和完善的社会保障体系，制定出较高的待遇给付标准；而经济相对落后地区则可能因资金有限而标准较低。如此一来，极易引发失能人员及其家属向待遇给付标准高的地区搬迁。这种人员的不合理流动会产生诸多不良后果：一方面会加重待遇给付标准高的地区的财政负担和社会服务压力，因为这些地区需要接纳更多的失能人员并为其提供保障；另一方面，原居住地的社会资源可能会出现闲置浪费，同时也会扰乱整个长期护理保险市场的秩序，破坏市场的稳定与平衡。

此外，试点地区普遍试图通过设置不同护理服务形式的差异化待遇给付保障政策，来引导保障对象选择居家护理服务方式。居家护理服务在我国具有独特的优势，它非常契合我国的国情和社会情感。在我国传统文化中，家庭养老和亲属照护一直占据着重要地位，居家护理能够让失能老人在熟悉的家庭环境中接受照护，有利于其身心健康。而且，这种方式大多由失能老人的亲属、好友等非专业人员提供照护，在很大程度上缓解了医疗机构床位紧张的压力。同时，也使得医疗资源能够更加合理地分布，避免了过度集中于医疗机构，提高了医疗资源的整体使用效率。然而，目前各试点地区出台的试点政策在这方面还存在不足。虽然政策的初衷是引导失能人员选择居家护理，但在实际操作中，居家护理服务补贴额度与其他护理服务方式（如机构护理、社区护理等）的补贴额度相差并不悬殊。这样微小的差距使得政策的引导作用难以有效发挥，无法促使失能人员及其家属在选择护理方式时明显倾向于居家护理，未能达到预期的分流效果，导致医疗机构仍然面临较大的护理压力，而居家护理的优势也未能得到充分体现。

5.4.3 经办方式需要细化

在长期护理保险制度中，政府招标过程可能会出现一些商业保险机构"低价中标"现象，这导致护理业务经办质量难以得到保证。由于无法精确估量经办业务所需要的人力、物力、财力，部分商业保险机构为了获取经办资格，往往以较低的报价参与招标，而在中标后，为了控制成本，通常会通过降低对护理人员的培训力度、缩减服务网点、减少服务项目等减少必要的投入，从而影响了护理服务的质量和效率。商业保险机构缺乏专业护理服务知识，不能对失能人员所需的护理服务项目进行精准评估，导致护理供给与实际需求脱节，无法为失能人员提供个性化、专业化的护理服务。长期护理保险试点地区的经办流程还不够简化，尤其是信息系统与医保、医疗系统衔接方案不够优化，导致长期护理保险运行过程中的经办效率大打折扣。在经办流程方面，参保人员在申请长期护理保险待遇时，需要提交大量材料，经过多个部门的审核和审批，手续烦琐，耗时较长。一些地区的参保人员需要先向社区提交申请，社区审核后再上报至街道，街道审核通过后再转至医保经办机构，医保经办机构还要组织人员进行失能评估，整个过程涉及多个环节和多个部门，信息传递不及时，容易出现材料丢失、审核不通过等问题，导致参保人员等待时间过长，影响了其及时享受护理服务的权益。信息系统的对接问题也严重制约了长期护理保险的经办效率。由于长期护理保险信息系统与医保、医疗系统各自独立运行，数据无法实时共享和交互，造成了信息孤岛现象。这使得在确定护理服务项目、费用结算、待遇支付等环节，需要人工进行大量的数据重复录入和核对工作，不仅增加了经办人员的工作强度，也容易出现数据差错，影响经办的准确性和及时性。

5.4.4　护理队伍有待壮大

我国长期护理服务人员队伍存在着严重的人员短缺和老龄化问题，这已成为制约长期护理保险制度发展的关键因素之一，对长期护理服务的质量和可及性产生了负面影响。从数量上看，我国养老护理员存在较大缺口，难以满足实际护理需求。截至 2023 年底，在我国 60 岁及以上的老年群体中，失能（失智）老年人约有 4500 万人。[1] 我国当前对养老护理员的需求多达 600 多万人，[2] 而目前仅有 50 多万名持证的养老护理员，长期

---

[1]　惠民利民，覆盖1.8亿人！长护险减轻失能老人家庭经济负担［EB/OL］.（2024 - 10 - 28）［2024 - 12 - 30］. https：//baijiahao. baidu. com/s？id = 1814134626872814715&wfr = spider&for = pc.

[2]　徐颖，曾婷婷. 老龄化进程明显养老护理员该如何应对？［N］. 岳阳日报，2024 - 10 - 27（01）.

护理服务人员数量仅为 33.1 万人①，远不能满足我国长期护理服务的刚性需求。在一些地区，平均每千名老年人拥有的养老护理员数量不足 10 人，远远低于国际标准，严重影响了失能老人对护理服务需求的可及性、及时性，给老年人的生活质量和健康状况带来了严重影响。不容忽视的是，护理队伍的老龄化问题日益显现，许多长期护理服务人员年龄偏大，受体力和精力限制，他（她）们可能无法提供高质量的护理服务。而且，随着年龄的增长，大龄护理人员在接受新知识、新技能时存在一定程度的困难，难以适应失能失智老年人对长期护理服务的新需求。在一些养老机构中，部分护理人员已经接近退休年龄，由于护理人员短缺，他们不得不继续承担繁重的护理工作，这不仅影响了服务质量，也给他们的身体和心理带来了较大的压力。

5.4.5　监管力度有待加强

在长期护理保险试点过程中，由于监管不力，难免出现低质量服务问题，严重影响失能人员的权益和长期护理保险制度的公信力。部分地区虽然规定了医保部门或者医保经办部门作为监督主体对护理服务提供者的监督责任，但是并未制定可执行的监督办法、监督标准以及奖惩机制，导致护理服务无法得到有效监管，为一些护理服务机构和护理人员的违规操作行为提供了滋生的土壤，虚报服务时长、服务内容不合格、护理人员无资质等问题时而发生，严重损害了失能人员的利益，也造成了长期护理保险基金的浪费。某些护理服务供给机构为了获取更多营业收入，虚报护理服务时间和服务项目，大大增加了长期护理保险基金支出规模。目前，还未形成统一的服务质量评价体系，难以对不同地区、不同机构的护理服务质

---

① 王笑. 国家标准发布：长期照护师成为新职业 按照国际惯例，我国护理人员需求约为 1000 万人 [EB/OL]. (2024 – 03 – 06) [2024 – 12 – 30]. http：//finance. ce. cn/insurance1/scroll-news/202403/06/t20240306_38923474. shtml.

量进行有效评估，导致劣质护理服务供给机构不能得到惩罚，优质护理服务供给机构也无法得到应有的认可和激励，出现"劣币驱逐良币"现象，不利于整个护理服务行业的健康发展。

5.5　我国长期护理保险试点效果评价

5.5.1　指标选取与说明

1. 指标选取

本书在构建指标体系时，充分考虑长期护理保险的特性，借鉴吕友慧（2023）的思路，以邓恩公共政策评价标准理论为基础框架确定了效果性、效率性、公平性和可持续发展性的一级指标，从试点城市长期护理保险政策实际执行情况出发确定评价指标体系的二级指标，最终确定本研究所需的长期护理保险政策实施效果评价指标体系（见表5.3）。

表 5.3　　　　　　长期护理保险政策实施效果评价指标体系

准则层	指标层	指标示意
效果性	生活质量	提高了失能老人的生活质量
	健康水平	改善了失能老人的健康状况
	经济负担	减轻了经济负担
	照护负担	减轻了家庭成员的照护负担
	照护服务	推动了照护服务的规范化
	失能老人尊严	维护了失能老人的尊严
效率性	配套政策	失能评估、护理等级评定、护理服务内容提供等相关政策更加完善
	筹资模式	筹资方式多元，筹资水平动态调整
	资金使用效率	提高了医疗保险结余资金的使用效率
	相关机构办事效率	申请失能评定、报销手续等事务性工作效率

续表

准则层	指标层	指标示意
公平性	护理机构分布范围	护理机构覆盖范围多在主城区
	保障范围	保障范围狭窄（是否包括全体失能、失智人员）
	保障对象准入	多维度的失能评估判定标准
	待遇给付	待遇给付附加条件多（是否附加参保年限等条件）
可持续发展性	护理人员准入	建立多层次护理人员培养和管理制度，严格护理人员准入标准
	护理服务质量	失能护理服务质量水平
	护理服务形式	失能护理服务形式多样化（提供安宁疗护、临终关怀、精神慰藉等服务）
	护理服务行业就业率	护理服务机构护理人员数量
	养老护理机构发展	养老机构数量、质量
	相关产业发展	养老护理相关产业的发展

资料来源：吕友慧. 我国长期护理保险政策实施效果评价研究［D］. 哈尔滨：哈尔滨师范大学，2023。

2. 指标说明

（1）政策效果性指标。这类指标旨在衡量政策实施对受益群体、执行群体及环境的影响，核心是判断是否达成预期目标。以提升失能失智群体幸福感为导向，确定生活质量、健康水平、经济负担、照护负担、照护服务和失能老人尊严等二级指标。通过考察这些指标，了解政策是否切实改善失能老人生活状况，如健康水平提升、生活质量优化、经济与照护压力减轻，以及尊严维护和照护市场培育成效，直接反映政策在满足失能群体需求方面的成果。

（2）政策效率性指标。这类指标聚焦于实现政策目标的工作效率。鉴于长期护理保险需高效利用资金与资源，所以本书从配套政策、筹资模式、资金使用效率和相关机构办事效率等方面进行评估。

（3）政策公平性指标。为确保政策实施的公平公正，依据指导思想，本书从保险机构分布范围、保障范围、保障对象准入和待遇给付四个维度进行评价。关注保障范围是否全面覆盖应受益人群，机构分布是否均衡，医护资源分配及待遇给付是否公平，尤其重视乡镇农村等偏远地区服务供给与待遇落实，防止因地域或门槛差异剥夺失能失智老人权益，维护政策公平性。

（4）政策可持续发展性指标。这类指标着重考察政策长期稳定运行的能力，涵盖护理人员准入、护理服务质量、护理服务形式、护理行业就业率、养老机构发展及相关产业发展等二级指标。充足且专业的护理人员、高质量多样化服务、较高行业就业率、养老机构与相关产业协同发展，能保障长期护理服务持续供应，确保政策随人口老龄化进程持续发挥作用，满足失能老人长期护理需求。

5.5.2 问卷设计与数据收集

1. 问卷设计及步骤

第一步，以文献调查法学习与本课题相关的理论知识，初拟调研问卷问题集。根据已建立的长期护理保险政策实施效果评价指标体系，参考吕友慧（2023）、赵娜和陈凯（2015）等学者的题项设置，在题项数据库进行筛选，形成一个覆盖四个维度、包含25个题目的《长期护理保险政策实施效果评价调查问卷》初稿。

第二步，以专家调查法为主，邀请3名养老及高质量发展领域的专家，进行群体访谈，逐条对第一阶段初拟的问答表初稿进行讨论与修正，直到所有题项的表达都通俗易懂，简洁明了。

第三步，验证问答题项的有效性和可靠性，以盘锦市兴隆台区为样本进行预调研，预计随机发放100份问卷。最后，对预调研收集的样本数据进行信度分析和因子分析，根据分析结果修正因子负荷矩阵，最终形成正式调研问卷。

2. 问卷发放与统计

本研究根据长期护理保险试点实际情况，在盘锦市和长春市两个试点城市发放调查问卷收集数据。本次共发放调查问卷 2000 份，回收调查问卷 1500 份，剔除包含无效回答的问卷，最后得到 1455 份有效问卷。

5.5.3　指标权重确定方法

本书采用层次分析法与熵值法相结合的方法确定综合权重 W。

1. 层次分析法

层次分析法是一种兼顾定性与定量分析的系统分析方法，其核心在于将复杂问题拆解为目标层、准则层与方案层，使其呈现出清晰的结构，便于分析与决策。具体确定指标权重的步骤如下：

第一步，建立递阶层次结构。将长期护理保险制度试点效果作为目标层。效果性、效率性、公平性和可持续发展性作为准则层。将 25 个指标作为方案层。本研究所建递阶层次结构如表 5.4 所示。

表 5.4　　　　　　　　　　递阶层次结构模型

目标层	准则层	方案层
长期护理保险制度试点效果	效果性	生活质量
		健康水平
		缓解家庭护理支出压力程度
		照护负担
		照护服务内容满意度
		失能老人尊严
	效率性	配套政策
		缴费标准
		资金审核与发放效率
		服务申请便捷度
		服务申请周期
		护理人员到岗及时性

续表

目标层	准则层	方案层
长期护理保险 制度试点效果	公平性	护理机构分布范围
		参保机会
		保障范围
		保障对象准入
		待遇给付水平
	可持续发展性	护理人员准入
		护理服务质量
		护理服务种类
		护理服务行业就业率
		养老护理机构发展
		相关产业发展
		政策动态调整
		监管机制健全程度

第二步，构造两两判断矩阵，邀请长期护理保险方向的研究专家组建打分组，依据 1~9 标度对各项指标进行打分，据此对两两元素相对重要性程度进行量化。

第三步，采用求根法或求和法计算判断矩阵的特征值及其对应的特征向量，以确定同一层级下各指标的主观权重。

第四步，对一致性进行检验，防止逻辑错误。

第五步，计算得出历史街区更新成效评估体系的各指标权重。

2. 熵值法

第一步，数据标准化处理。同一评价对象的多个不同评价指标具有不同的量纲和量纲单位，为了避免各指标原始变量量级不同对评价结果真实性和合理性的影响，首先对原始数据进行无量纲化处理，排除变量指标量纲和数量级差异对评价结果的影响。标准化处理法、极值处理法、线性比例法、归一化处理法和功效系数法等为目前主流的无量纲化处理方法。根据研究需要，本书采用极值处理法对各评价指标数据进行无量纲化处理。由于本书中不涉及逆指标，因此只给出了正指标的极值处理法公式，表示如下：

$$X_{ij}^* = \frac{X_{ij} - \min\{X_{ij}\}}{\max\{X_{ij}\} - \min\{X_{ij}\}} \tag{5.1}$$

其中，X_{ij}^* 表示无量纲化处理后的指标值，X_{ij} 为原始指标值。

第二步，确定指标权重系数。在一个系统中，有 n 个评价指标，m 个被评价对象，第 j 项指标的熵值可以表示为：

$$e_j = -k \sum_{j=1}^{n} p_{ij} \ln(p_{ij}) \tag{5.2}$$

其中，$k > 0$，$k = 1/\ln(m)$，$p_{ij} = x_{ij} / \sum_{j=1}^{m} x_{ij}$，$e_j \geq 0$。由此，第 j 项指标的差异系数可以表示为：

$$g_j = (1 - e_j) \Big/ \Big(n - \sum_{j=1}^{n} e_j\Big) \tag{5.3}$$

其中，$0 \leq g_j \leq 1$，$\sum_{j=1} g_j = 1$。指标间差异系数越大，对方案评价的影响越大，则熵值就越小。由此，第 j 项指标的权重可以表示为：

$$w_j = g_j \Big/ \sum_{j=1}^{n} g_j \tag{5.4}$$

5.5.4 模糊综合评估模型

模糊综合评价以模糊数学为基础，运用模糊关系合成原理，将难以定量的因素定量化，对被评价事物隶属等级状态进行综合评价。具体步骤如下：

第一步，确定评价对象因素集 U。

$$U_A = \{B_1, B_2, B_3, B_4\}$$
$$U_{B_1} = \{C_1, C_2, C_3, C_4, C_5, C_6\}$$
$$U_{B_2} = \{C_7, C_8, C_9, C_{10}, C_{11}, C_{12}\} \qquad (5.5)$$
$$U_{B_3} = \{C_{13}, C_{14}, C_{15}, C_{16}, C_{17}, C_{18}\}$$
$$U_{B_4} = \{C_{19}, C_{20}, C_{21}, C_{22}, C_{23}, C_{24}\}$$

第二步，确定评价集 V。$V = \{V_1, V_2, V_3, V_4, V_5\}$，其中 V_1 表示非常同意、V_2 表示比较同意、V_3 表示既不同意也不反对、V_4 表示比较不同意、V_5 表示完全不同意。

第三步，建立各因素的评分隶属函数和综合评价矩阵 R，求出隶属度和 R，获得模糊集。

$$R = \begin{bmatrix} R_1 \\ R_2 \\ R_3 \\ \vdots \\ R_n \end{bmatrix} = \begin{bmatrix} R_{11} & R_{12} & R_{13} & \cdots & R_{1n} \\ R_{21} & R_{22} & R_{23} & \cdots & R_{2n} \\ R_{31} & R_{32} & R_{33} & \cdots & R_{3n} \\ \vdots & \vdots & \vdots & & \vdots \\ R_{n1} & R_{n2} & R_{n3} & \cdots & R_{nn} \end{bmatrix} \qquad (5.6)$$

第四步，通过综合评价矩阵 R 求模糊综合评价集 B。

$$B = R \times W \qquad (5.7)$$

第五步，去模糊值，即用模糊综合评价集 B 和确定评价集 V 计算出评价对象的综合评价分数。

$$Z = B \times V \qquad (5.8)$$

5.5.5 我国长期护理保险试点效果分析

通过将长期护理保险试点效果评价分为 4 个准则层，其中政策的效果性、效率性和公平性 3 个准则层和目标层的综合评价结果得分均处于 3～4

分（见图 5.2），处于一般水平，而可持续发展性则大于 4 分，获得了更多的认可。

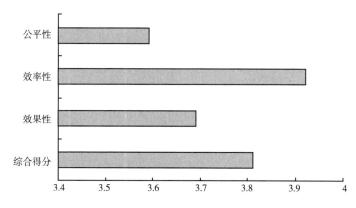

图 5.2　长期护理保险政策实施效果评价得分

1. 政策的效果性

在长期护理保险政策效果的研究中，多维度的评估展现出其显著成效与现实挑战。对于"提高失能老人生活质量"维度，长期护理保险作用显著。通过提供多样化的护理服务，如居家护理中的生活协助、康复机构的针对性训练等，失能老人在日常起居、心理状态等方面得到极大改善。在日常生活中，护理人员协助老人进食、洗漱、穿衣等基本活动，使老人能保持身体清洁与舒适，增强生活自理感。康复训练则有助于维持肌肉力量、关节灵活性，提升身体机能，进而提高生活质量，这也使得该方面获得评价者高度认可。

"减轻经济与照护负担"方面，长期护理保险成效斐然。经济上，其分担了失能老人家庭在护理用品、护理服务费用等方面的高额支出。以往家庭需独自承担聘请护工或购买专业护理设备的费用，长期护理保险介入后，依据政策规定给予一定比例的报销或补贴，极大缓解家庭经济压力。照护负担减轻体现在为家庭提供专业护理支持，家庭成员从繁重的护理工作中解脱，有更多精力投入工作与生活，赢得评价者广泛认同。

　　"维护失能老人尊严"亦是长期护理保险的重要成果。专业护理不仅关注老人身体需求，更注重心理与社交层面维护（刘柏惠、寇恩惠，2015）。在护理过程中，尊重老人意愿与隐私，鼓励老人参与社交活动，如社区组织的失能老人交流聚会等，使其在社会互动中感受到自身价值，尊严得以保障，因此，此项的评价分数颇高。

　　然而，"改善失能群体健康状况"与"提高照护服务规范化"存在问题。改善健康状况不佳主要源于长期护理保险现有服务侧重生活护理而非医疗救治。失能多由疾病、衰老等引起，如中风后失能老人，仅靠生活护理虽能维持现状，但难以逆转病情或促进身体功能实质性恢复。像康复训练虽有一定帮助，但对于复杂病情，如严重的神经系统损伤，缺乏专业医疗干预难以取得理想效果，致使评价者对该方面的认可不理想。

　　照护服务规范化不足，根源在于护理人力资源短缺与专业人才匮乏。护理人员数量不足导致服务无法全面覆盖，在一些地区，老人申请长期护理保险服务后需长时间等待护理人员上门。专业人才缺乏使得服务质量参差不齐，部分护理人员未经过系统培训，在护理操作、病情观察等方面存在不足。例如，在协助失能老人进行康复训练时，因专业知识欠缺可能无法制订科学训练计划，影响康复效果，突显出护理行业队伍建设与服务标准化规范化的紧迫性，成为长期护理保险服务供给的关键难题。

2. 政策的效率性

　　在长期护理保险政策效率性的研究领域，诸多关键因素相互交织，深刻影响着政策的实施成效与推进步伐。

　　从配套政策层面来看，其涵盖范围广泛，包括法律法规的完善程度、与其他社会保障政策的衔接协同性等方面。目前，长期护理保险相关法律法规仍存在部分空白与模糊地带，致使在实际操作中，各方权益与责任界定不够清晰。例如，在长期护理保险与医疗保险、养老保险的衔接过程中，对于一些边缘性的护理服务费用支付，容易出现推诿扯皮现象，严重影响了服务的顺畅提供与资金的合理使用效率。同时，部分地区的配套政策更新滞后于长期护理保险业务的拓展需求，无法及时应对诸如新兴护理服务模式出现、人口结构变化等新情况，致使长期护理保险在实施过程中缺乏坚实的政策支撑框架，进而阻碍了整体效率的提升。

筹资模式在长期护理保险政策效率体系中占据核心地位。与发达国家相比，我国长期护理保险筹资渠道单一。一方面，随着长期护理需求数量的持续增加和护理服务成本的不断上涨，有限的筹资额度难以满足日益增长的长期护理保险基金支出需求；另一方面，不同地区、不同行业之间的筹资标准缺乏科学合理的差异化设计，未能充分考虑各地经济发展水平、人口结构差异以及行业风险特征等因素，造成了资金分配的不均衡与使用效率的低下。

在相关机构办事效率方面，报销手续烦琐成为最为突出的问题之一。缴费制度的复杂性使得参保人员在缴费过程中容易产生困惑，增加了出错的概率。例如，部分灵活就业人员在面对多种缴费档次和复杂的计算方式时，往往难以准确选择适合自己的缴费方案，不仅影响了自身权益的保障，也给经办机构的管理带来了困难。报销流程烦琐主要体现在手续繁多、资料要求严格且重复提交现象严重。参保人在申请报销时，需要提供大量的医疗诊断证明、护理服务记录、费用清单等资料，且需在多个部门之间来回奔波。各部门之间信息共享不畅，缺乏有效的协同机制，导致审核周期冗长，从提交申请到最终报销款项到账往往需要耗费数月时间，极大地降低了参保人的满意度和政策的执行效率。此外，各部门权责不清进一步加剧了办事效率的低下。在长期护理保险的实施过程中，涉及医保部门、民政部门、卫健部门以及商业保险公司等多个主体，由于缺乏明确统一的职责分工与协调机制，在面对一些复杂问题时，容易出现相互推诿、拖延的情况，严重影响了政策的运行效率与服务质量。

我国的长期护理保险经办管理办法，与国际社会保险社会化管理之间存在较大差距。在国际上，许多发达国家建立了完善的长期护理保险社会化管理体系，充分调动了社会各方力量的参与。德国的长期护理保险采用法定保险机构、私人保险机构以及社会组织等多元化的经办主体运行体系，鼓励各个经办主体相互竞争、相互补充，以期提高了服务效率和质量。与德国等长期护理保险体系运行成熟的国家不同，我国主要以政府委托经办为主，社会力量参与程度有限，市场机制的作用未能得到充分发挥。在这种模式下，经办机构的服务创新动力不足，管理手段相对单一，难以满足参保人日益多样化的需求。因此，如何借鉴国际先进经验，结合我国国情，构建具有中国特色的长期护理保险社会化管理体系，成为当前长期护理保险政策发展在实践和理论层面亟待深入探讨与解决的重要课题。这需要从完善法律法规、优化筹资模式、提升机构办事效率以及促进社会力量参与等多个方面入手，全面推进长期护理保险政策效率的提升，确保政策能够更好地服务于失能群体，实现长期护理保险制度的可持续发展。

3. 政策的公平性

在长期护理保险政策体系中，公平性是衡量政策成效与社会影响的核心维度。从当前实施状况来看，长期护理保险政策在多个关键层面暴露出公平性短板，亟待深入探究与改进。

在护理机构布局方面，青岛市长期护理保险呈现出显著的地域失衡态势。主城区集中了绝大部分护理机构，这背后是资源配置的历史惯性与市场逐利性共同作用的结果。主城区人口密集、经济活跃，在政策推行初期吸引了大量护理资源的集聚。然而，这种分布对于偏远地区、乡镇及农村的失能老人而言，却是一道难以跨越的照护鸿沟。在广大乡村，老龄化程度不断加深，失能老人数量持续攀升，但由于地理距离遥远、交通不便，以及护理机构的匮乏，他们无法便捷地获得专业照护服务。这不仅严重影响了这部分老人的生活质量，也违背了长期护理保险政策促进社会公平、保障全体失能人群权益的初衷，导致政策在地域公平性上大打折扣。

保障对象准入规则是长期护理保险公平性的关键基石。青岛市将轻度失能群体排除在保障范围之外，这一决策在实施过程中引发了诸多争议。轻度失能者虽在日常生活能力上尚有一定自理水平，但在诸如家务劳动、社会活动参与等方面仍面临诸多困难，且随着时间推移，其失能程度存在进一步恶化的风险。从社会公平角度审视，长期护理保险作为一项社会保障制度，应秉持包容性原则，覆盖不同失能程度的人群。忽视轻度失能群体，不仅使他们在经济与生活保障上处于孤立无援的境地，也削弱了长期护理保险政策的社会认可度与整体实施效果，导致部分人群无法在最需要的时候获得政策支持，加剧了社会资源分配的不平等。

失能评估与待遇给付环节同样深陷公平性困境。待遇给付的 6 个月等待期，对于急需长期护理支持的失能者及其家庭来说，是一段漫长而煎熬的时光。在这期间，家庭需独自承担沉重的护理费用与精神压力，可能导致家庭经济不堪重负，甚至影响到失能者的康复进程与生活质量。失能评估中诸如"必须长期卧床"等严苛条件，过于狭隘地界定了失能标准，忽略了失能者在认知、心理及其他功能性障碍方面的多样性需求。许多具有一定行动能力但在精神或认知方面存在严重障碍的失能者，因不符合这一标准而被排除在待遇给付范围之外，无法获得应有的经济补偿与专业护理服务，极大地损害了他们的合法权益，也使得长期护理保险政策在实施过程中偏离了公平公正的轨道，引发了社会对政策合理性的质疑。

长期护理保险政策要实现公平性的突破，需从根源上重新审视护理机构布局规划，综合运用政策引导与财政支持，激励护理资源向偏远地区流动与合理分配。重新评估保障对象准入标准，将轻度失能群体纳入保障体系，并构建科学、动态的失能评估机制，摒弃单一、僵化的评估条件，缩短待遇给付等待期，确保失能者能够及时、公平地享受到长期护理保险政策带来的福利与保障，推动长期护理保险政策在公平性的基础上实现可持续发展，切实履行其社会保障的使命与担当。

4. 政策的可持续发展性

在长期护理保险政策的可持续发展进程中，综合评价分值所反映出的高认可度蕴含着丰富的实践成果与社会影响。

从宏观层面审视，长期护理保险的实施润泽了失能者家庭与整个社会生态。随着政策的稳步推进，护理服务领域呈现出蓬勃发展的态势。养老护理机构如雨后春笋般涌现，其数量的显著增长不仅扩充了服务供给的版图，更在空间上提升了服务的可及性，使更多失能者能够便捷地获取专业护理资源。相关产业也借此东风迅速崛起，涵盖护理设备制造、护理用品研发与生产、康复辅具产业等多个细分领域。这些产业的协同发展，一方面为护理服务提供了更为先进、多样化的物资支持，另一方面也创造了大量的就业岗位，吸引了众多劳动力投身于护理服务行业。

在微观层面，长期护理保险切实地改变了失能者家庭的生活轨迹。通过分担护理费用的经济重压，家庭经济负担得以有效缓解，原本被束缚于繁重护理事务的劳动力得以解放，重新回归职场。这一转变不仅显著提升了家庭的整体收入水平，增强了家庭经济的稳定性，更在社会层面拉高了就业率，促进了人力资源的高效配置，使社会经济发展的活力得以进一步激发，从而赢得了广大群众的衷心认可与支持。

聚焦于养老护理机构的发展，长期护理保险所发挥的催化作用不容小觑。较高的报销比例成为吸引失能者入住定点机构接受照护的强大磁石。对于失能者及其家庭而言，经济因素在护理服务选择中占据关键地位，长期护理保险的经济补偿机制有效降低了家庭的经济风险，使得入住定点机构成为更具可行性与性价比的选择。这一趋势不仅为养老护理机构带来了稳定的客源，促进了机构的规模扩张与服务升级，还进一步推动了机构之间的良性竞争，激励其不断优化服务品质、创新服务模式，以提升自身的市场竞争力与社会声誉。

展望未来，为进一步提升长期护理保险政策的可持续发展性，强化护理服务质量与丰富服务形式成为当务之急。在护理人力资源建设方面，应加大专业护理人才的培养力度，鼓励高等院校和职业院校优化护理专业课程设置，增加老年护理、康复护理等特色课程的比重，强化实践教学环节，培养出理论扎实、技能娴熟的专业护理人才。同时，应建立健全护理人员职业培训体系，针对在职护理人员定期开展专业技能提升培训和继续教育课程，鼓励其获取更高等级的职业资格证书，提升护理队伍的整体素质（McSweeney & Williams，2018）。在医护资源补充上，政府应出台激励政策，引导医疗机构与养老护理机构开展深度合作，通过医联体、医养结合等模式，促进医护人员在医疗机构和护理机构之间的合理流动，实现医疗资源共享。例如，定期安排医生和护士到养老护理机构进行坐诊、查房和护理指导，提升护理机构的医疗服务水平。此外，还应积极探索多元化的护理服务形式，充分利用互联网、物联网、大数据等现代信息技术，发展智慧护理服务模式。如远程医疗护理服务，通过视频会诊、远程健康监测等手段，让失能者能够足不出户享受专业的医疗护理建议。居家与社区相结合的护理服务模式，可以根据失能者的健康状况和需求，灵活调配护理资源，提供个性化、精准化的护理服务套餐，全方位提升失能者的护理服务体验，确保长期护理保险政策在可持续发展的道路上稳健前行。

第6章

长期护理保险制度增进民生福祉的
作用机理与效应

6.1　长期护理保险制度增进民生福祉的理论框架

6.1.1　长期护理保险制度增进居民医疗福祉

1. 增强健康管理意识

长期护理保险制度的推行，促使人们愈发关注健康，强化健康管理意识，积极预防失能风险。一方面，制度的经济保障减轻家庭经济负担，使人们有余力关注健康。许多家庭在未参保前，因担忧失能护理费用，无暇顾及成员健康管理，参保后经济压力缓解，开始重视定期体检、疾病预防、健康生活方式养成。如家庭成员为预防老年失能，鼓励老人定期体检，及时发现潜在健康隐患并治疗，同时督促老人合理饮食、适度锻炼、规律作息，降低失能风险。

另一方面，长期护理保险制度推动社区开展健康管理教育活动。社区借助讲座、培训、宣传资料等形式，向居民普及健康知识、慢性病防治、康复护理技能等，提升居民健康素养与自我管理能力。部分社区定期举办高血压、糖尿病等慢性病防治讲座，邀请专家讲解疾病成因、症状、治疗方法及日常护理要点，居民掌握知识后能更好管理健康，延缓疾病进程，降低失能发生率，从源头减轻失能护理需求，充分彰显长期护理保险制度在增强健康管理意识、促进全民健康方面的深远意义。

2. 提升失能人员健康水平

长期护理保险制度为失能人员提供了专业的护理服务，涵盖康复训练、医疗护理、生活照料等多领域，能有效促进其身体机能恢复与健康状况改善。在康复训练方面，专业康复师依据失能人员身体状况、疾病类型定制个性化康复方案，通过物理治疗、作业治疗、言语治疗等手段，助力其恢复肢体运动功能、提高自理能力。如中风患者，康复师借助肢体按摩、关节活动训练、平衡训练等，刺激肌肉神经，提升肢体力量与协调性，预防肌肉萎缩、关节僵硬等并发症，为身体机能恢复奠定基础。

在医疗护理领域，护理人员具备专业医学知识技能，能精准处理伤口护理、慢性病管理、药物使用监测等问题。以糖尿病足患者为例，护理人员按时检查足部伤口，严格控制感染风险，同时密切监测血糖，依据血糖波动调整饮食、药物方案，防范糖尿病并发症，保障患者健康。生活照料环节，护理人员协助失能人员进食、洗漱、穿衣等，确保其生活规律、舒适，减轻身体负担，利于康复。

日本的居家护理服务体系堪称范例，为失能老人提供全面且细致的服务。除常规生活照料、医疗护理外，还注重精神慰藉与社交互动。护理人员定期陪老人聊天、散步、参加社交活动，丰富精神生活，减轻孤独感与心理压力，使老人保持积极心态，对健康状况产生积极影响，充分展现长期护理保险制度在提升失能人员健康水平方面的关键作用。

3. 优化医疗资源配置

长期护理保险制度对医疗资源配置的优化作用至关重要。在未实施该制度前，大量失能、半失能老人因缺乏专业护理渠道，选择长期滞留医院，占用大量医疗床位，造成医疗资源严重浪费，"压床"现象频发，使得真正急需医疗救治的患者一床难求，加剧了医院床位资源的紧张。长期护理保险将符合条件的养老院护理费用纳入医保报销范围，而且为失能老人提供机构上门护理服务或为亲属护理提供部分补偿，有助于住院的失能老人在病情好转后及时转移到养老服务机构、社区卫生服务中心或家中，减少失能老人对医院病床的占用，提高床位周转率。长期护理保险有助于优化医院床位利用，降低试点地区的住院者平均住院日（吴敏和刘冲，2024）。

长期护理保险制度实施后，引导失能人员向专业护理机构、居家护理等多元化护理模式分流。一方面，推动养老护理机构专业化发展，为失能人员提供长期、稳定、专业的护理服务，使医院能将有限床位资源集中于急性病救治、疑难病症诊疗等核心医疗业务。另一方面，鼓励居家护理，通过培训家庭成员、提供上门护理服务等方式，让失能老人在家中也能得到妥善照料。如南通，当地近90%的失能人员选择居家照护，不同失能等级有每天8~15元的家庭照护补助，减轻经济压力的同时，减少对医院资源依赖。入住护理机构享受长期护理保险的失能人员中，约20%从医疗机构长期监护病房转入，既保障失能人员护理质量，又节约医保基金支出，提高医疗资源整体利用效率，实现医疗与护理服务合理分工、协同发展，促进医疗资源精准、高效配置，满足社会多元医疗需求。

6.1.2　长期护理保险制度增进居民就业福祉

1. 促进社区照护发展

社区作为连接家庭与社会的关键纽带，在失能人员长期护理中具有独特优势。长期护理保险制度的推行，为社区照护发展注入强大动力。从硬件设施建设看，保险资金支持促使社区新建或改造一批日间照料中心、康复护理站点等基础设施，为失能人员提供家门口的护理服务场所。如上海部分社区利用长期护理保险资金打造"嵌入式"养老服务设施，集生活照料、康复训练、文化娱乐等于一体，失能老人步行几分钟即可享受全方位服务。

在服务供给方面，长期护理保险制度吸引专业护理机构入驻社区，整合社区卫生服务资源，组建专业护理团队，依据失能人员需求提供个性化服务套餐，涵盖上门护理、短期托养、健康管理等多元服务。同时，社区志愿者队伍在制度激励下蓬勃发展，他们与专业护理人员协同配合，为失能人员提供情感关怀、陪伴照料等无偿服务，增强社区凝聚力与归属感。

以上海某社区为例，在长期护理保险推动下，构建起"15 分钟社区照护服务圈"，社区内失能老人可便捷享受日间照料、康复理疗、助餐助浴等服务，极大提升生活便利性与质量，社区也从单纯居住空间转变为温馨互助家园，成为失能人员社会支持的重要依托。

2. 推动养老产业发展

长期护理保险制度的实施，为养老产业发展创造广阔市场空间，成为拉动经济增长、增进民生福祉新引擎。随着失能人员护理需求释放，养老机构、康复医疗机构、护理用品生产企业等养老相关产业迎来发展机遇。

在养老机构领域，长期护理保险为其提供稳定资金来源，促使机构改善设施、提升服务质量，吸引更多失能人员入住。以烟台为例，当地长期护理保险为符合条件的养老机构按床日给予补贴，近年来推动养老机构数量以每年10%左右速度增长，床位数不断扩充，服务向精细化、专业化迈进，满足不同失能程度老人需求。

康复医疗产业在长期护理保险刺激下加速成长，专业康复机构如雨后春笋般涌现，康复设备研发制造企业加大创新投入，推出智能康复机器人、便携康复辅具等高科技产品，提升康复效果与效率。

护理用品行业同样受益，长期护理保险带动失禁用品、助行器具、护理床等护理用品需求攀升，企业扩大生产规模、优化产品设计，降低成本的同时提高品质。养老产业蓬勃发展，不仅为失能人员提供优质服务与产品，还创造大量就业岗位，涵盖护理人员、康复治疗师、养老机构管理人员、护理用品生产工人等多个领域，形成完整产业链条，为经济社会可持续发展注入强劲动力，彰显长期护理保险制度在推动产业发展、增进民生福祉方面的巨大乘数效应。

6.1.3　长期护理保险制度增进居民社会保障福祉

1. 强化家庭照护功能

在我国传统社会，家庭养老一直占据主导地位，家庭成员间的互助照顾承载着深厚的情感与责任。然而，随着社会变迁，家庭结构日趋小型化，"4-2-1"甚至"8-4-2-1"家庭结构成为常态，中青年一代面临着巨大的工作与生活压力，难以全身心投入失能老人的长期照护中，家庭照护功能逐渐式微。

长期护理保险制度为家庭照护功能的强化提供了有力支撑。一方面，经济补偿减轻家庭经济负担，使家庭成员有更多资源用于失能老人护理，如部分地区长期护理保险为居家照护家庭提供每月几百元至数千元不等的护理补贴，缓解雇佣护工或购买护理用品的资金压力。另一方面，通过专业培训提升家庭成员护理技能。许多地区开展长期护理保险配套培训项目，邀请医护专家为家庭照护者传授康复护理、营养搭配、心理疏导等知识技能，使其能为失能亲人提供更科学、贴心的照护。

以农村地区广泛存在的家庭互助养老模式为例，在长期护理保险制度助力下焕发出新活力。村里组织年轻健康老人照顾失能老人，长期护理保险为互助服务提供资金补贴，用于购置护理设备、支付服务人员少量报酬等，既解决失能老人照护难题，又弘扬邻里互助美德，让家庭在获得外部支持的同时，重拾内部凝聚力，维系亲情纽带，为失能老人营造温暖家庭氛围。

2. 减轻个人与家庭经济负担

长期护理保险制度最直接显著的经济保障作用体现于减轻个人与家庭沉重的经济负担。在传统养老模式下,失能人员长期护理所需费用往往使家庭不堪重负,甚至陷入经济困境。以一位患有严重阿尔茨海默病的老人为例,其日常生活完全不能自理,需要 24 小时专人照料,若聘请专业护工,每月护理费支出高达 6000 元左右,还不包括日常医疗开销、护理用品费用等。若家庭成员自行照料,意味着要牺牲工作时间,造成家庭收入减少,经济压力骤增。

而长期护理保险制度通过保险金给付机制,为失能人员家庭提供了关键资金支持。如在上海,参保老人经评估符合长期护理保险待遇领取条件后,居家接受上门服务时,每月可获得一定金额的服务费用补贴,依据失能等级不同,补贴从几百元到上千元不等,这能有效覆盖部分护理费用,极大缓解家庭经济压力。山东省泰安市某老人深受脑梗死后遗症困扰,身体机能严重受损,基本丧失自理能力,子女工作繁忙无力悉心照料,聘请护工每月高达 3000 多元护理费,家庭生活质量明显降低。在参加职工长期护理保险后,老人符合重度失能 I 级标准,可享受到定点护理机构医护人员上门医疗服务,还能领取每日 15 元的待遇补贴,切实减轻家庭照护成本,让家庭成员能平衡工作与照料责任,老人生活质量也得以提升,真切感受到制度带来的经济减负与生活改善实效。

6.2 长期护理保险制度增进民生福祉的作用机制

在传统家庭经济学理论的研究中,以贝克尔(Becker,1965)提出的观点最具代表性。该理论坚称,在资源配置的关键决策节点上,起主导作用的往往是家庭层面的理性权衡,而非个体的理性考量。家庭宛如一个不可分割的决策中枢,以一种统筹全局的姿态,代表每一位家庭成员作出理性抉择，这便是广为人知的单一家庭决策模式。而利他性假定是单一家庭决策模式得以稳固立足的根基，是这一关键假设前提。库勒曼和卡普坦（Kooreman & Kapteyn，1990）认为，单一家庭决策模式的核心要义在于，每一位家庭成员皆发自内心地笃定，家庭的整体利益高于自身的个体利益，进而齐心协力地朝着家庭效用最大化的方向奋勇迈进。学界的众多学者达成了一项共识，他们认为在亚洲地区，尤其是在中国这片广袤的土地上，家庭结构具有利他主义特征。范阮等（Van Nguyen et al.，2013）也佐证了这一点，即中国的家庭决策模式与单一决策模式呈现出极高的契合度。

有鉴于此，为了厘清中国长期护理保险制度对民生福祉的影响及其增进机制，本书依循上述经典理论脉络，参考陈飞和王若同（2024）的思路，构建聚焦就业与服务保障的单一决策模型，深入探究具有利他主义特征家庭的效用最大化问题，力求在理论与实践的碰撞中找寻到精准答案。

6.2.1　模型设定

本书将目光投向一个特定的家庭场景——一个有幸享受长期护理保险所提供正式护理服务的失能家庭单元。这一家庭范畴涵盖了长期护理保险重点聚焦的核心服务群体，也就是处于重度失能状态的老年人，以及与之共同生活、未陷入失能困境的其他家庭成员。

鉴于家庭在经济行为理论框架中常被视作追求效用最大化的决策关键主体，此类失能家庭自然也不例外。在进行各类决策判断时，它必须将内部全体成员的福祉与效用纳入考量范畴。由此，家庭整体的总效用函数主要拆分为两大组成部分。其一，源自所有家庭成员通过日常消费行为累积而来的效用。无论是衣食住行等基本生活物资的消费，还是文化娱乐、教育培训等进阶消费项目，每一次消费抉择所衍生的满足感与获得感，都反映了家庭在维持日常生活运转、满足成员多元需求层面的成效。其二，则聚焦于重度失能老人这一特殊群体。当他们接受长期护理保险所保障的标准护理服务时，身体状况的稳定维持、舒适度的提升乃至心理层面得到的慰藉，都会转化为相应的效用。这不仅体现了长期护理保险服务对于失能个体的直接价值赋能，更是家庭总效用不可或缺的关键拼图，彰显着对弱势群体关怀所带来的深远意义。将家庭最大化效用 U 设定为对数效用函数形式：

$$
\begin{aligned}
U &= \ln C + \beta \ln \overline{H} \\
&= \ln C + \beta \ln(h_F + h_I)
\end{aligned}
\tag{6.1}
$$

其中：C 表示家庭总消费；$\overline{H}$ 表示满足老年人日常活动需要的标准护理时间，一般为固定值；h_F 表示由机构或社区上门提供的正式护理时间；h_I 表示来自家庭照料者的非正式护理时间；$\beta \in (0,1)$ 为护理投入偏好系数。

标准护理时间 $\overline{H}$ 存在如下两种情况：（1）若重度失能老人只接受机构护理服务，非正式护理时间 h_I 为 0，$\overline{H} = h_F$。（2）若重度失能老人同时接受居家和机构护理服务，非正式护理时间 h_I 为正。鉴于第一种情况下由机构提供的正式护理时间 h_F 为固定值，试点政策的报销相当于一种直接补贴，不会通过家庭非正式护理 h_I 影响家庭收入水平，因此，模型求解仅针对第二种情况进行讨论。

为简化推导过程，设定消费品价格为 1，家庭预算约束方程如下：

$$
C + \alpha p_F h_F = I
\tag{6.2}
$$

其中，p_F 表示正式护理服务价格，$\alpha \in (0,1)$ 表示家庭对正式护理服务费用的自付比例，I 表示家庭总收入。假设重度失能老人不提供劳动，仅获得固定的养老金收入，而全部非失能成员的劳动收入是家庭的主要经济来源。家庭收入方程如式（6.3）所示，w 表示工资水平，h_L^f 表示家庭中非照料者的总劳动时间，h_L 表示家庭中照料者的总劳动时间，$\overline{A}$ 表示老年人获得的养老金收入。照料者的时间约束方程如式（6.4）所示，T 表示照料者的总时间，设每个家庭的照料者对劳动时间的偏好一定，$p \in (0,1)$ 表示劳动偏好系数。

$$I = w(h_L^f + h_L) + \overline{A} \qquad (6.3)$$

$$h_L = p(T + h_I) \qquad (6.4)$$

继而，将视野拓展至一个专门提供正式护理服务的市场领域。在对此市场深入探究的进程中，本书审慎地提出三项具有关键导向性的假设。

首先，就正式护理服务的供给源头而言，其总体供给规模并非单一因素决定。它是由长期护理保险定点服务机构与其他各类照护服务机构协同发力所共同塑造的结果。这些不同类型的机构各自凭借独特的资源、专业优势与运营模式，为整个正式护理服务的供给大盘注入源源不断的动力，合力决定了市场上究竟能够释放出多少正式护理服务资源。

其次，聚焦长期护理保险定点服务机构这一关键供给角色，其正式护理服务的供给量处于医保相关部门的精准调控之下。医保部门凭借专业的政策制定、资源调配以及监管手段，把控着定点服务机构的服务输出节奏。尤其值得关注的是，随着长期护理保险试点政策的稳步推进，定点服务机构将获得更多支撑资源，并显著增加正式护理服务的供给体量，以更好地适配市场需求。

最后，从需求视角来看，存在着 n 个具备高度同质性特征的家庭。这些家庭在诸多关键维度上呈现出相似性，诸如家庭经济状况、失能人员护理需求程度等，进而使得它们在获取正式护理服务时，所分配到的服务量近乎等量。当正式护理服务的总供给时间与总需求时间相等时，市场达到出清状态，这一理想状态的数学表达如式（6.5）所示：

$$L + kp_F = nh_F \qquad (6.5)$$

其中，L 表示长期护理保险定点服务机构对正式护理的总供给量，设定其他照护服务机构对正式护理的总供给量（即 kp_F）与正式护理服务价格 p_F 成正比，其中，参数 $k > 0$。

6.2.2 模型求解

为探讨正式护理服务市场在均衡状态下的家庭效用最大化问题，先将式（6.2）代入效用函数式（6.1），然后将式（6.3）~式（6.5）分别代入，即可得：

$$U = \ln C + \beta\ln(h_F + h_I) = \ln(I - \alpha p_F h_F) + \beta\ln(h_F + h_I)$$

$$= \ln\left[I - \frac{\alpha p_F}{n}(L + kp_F)\right] + \beta\ln\left[\frac{1}{n}(L + kp_F) + T + \frac{1}{p}\left(\frac{\overline{A} - I}{w} + h_L^f\right)\right]$$

$$(6.6)$$

U 对 I 求偏导，令导数为0，如式（6.7）所示，在正式护理服务市场出清条件下，得到满足家庭效用最大化的最优收入方程，如式（6.8）所示：

$$\frac{\partial U}{\partial I} = \frac{pw}{I - \frac{\alpha p_F}{n}(L + kp_F)} - \frac{\beta}{\frac{1}{n}(L + kp_F) + T + \frac{1}{p}\left(\frac{\overline{A} - I}{w} + h_L^f\right)} = 0$$

$$(6.7)$$

$$I^* = \frac{1}{n}\frac{pw + \alpha\beta p_F}{1 + \beta}L + \frac{1}{1 + \beta}\left[\frac{kp_F}{n}(pw + \alpha\beta p_F) + w(h_L^f + pT) + \overline{A}\right]$$

$$(6.8)$$

由于 $pw + \alpha\beta p_F > 0$，$1 + \beta > 0$，因此，I^* 与 L 成正比。长期护理保险试点政策正式实施后，定点服务机构将扩大正式护理供给总量，根据式（6.8）可知，正式护理总供给量 L 的增加会引起最优家庭收入水平 I^* 提高。基于此，本书提出假说 H1。

H1：长期护理保险试点政策的实施会引起家庭收入水平显著上升。

6.2.3　机制探讨

本书在上述理论模型的基础上，进一步探讨试点政策通过改变劳动力配置决策提升家庭收入水平的内在机制。根据式（6.1）、式（6.4）和式（6.5）整理可得：$h_L = p(T + L/n + kp_F/n - \overline{H})$。$h_L$ 与 L 成正比，这意味着在照护质量一定的情况下，定点服务机构正式护理供给量的增加将通过缩短非正式护理时间延长家庭照料者的劳动时间。而照料者的劳动时间又与家庭收入水平成正相关，据此本书提出假说 H2。

H2：通过挤出家庭照护，长期护理保险试点政策的实施延长了照料者的劳动时间，从而引起家庭收入水平显著上升。

6.3　研究设计

6.3.1　数据来源

本章使用的微观数据主要来自中国健康与养老追踪调查（China Health and Retirement Longitudinal Study，CHARLS），该调查覆盖我国 28 个省级行政区，共包含 150 个县、450 个社区（村）的样本，提供了有关受访者子女、代际交往以及所在家庭消费和投资状况等一系列信息，本章在基准回归和机制分析部分选取的个体和家庭层面变量均来自 CHARLS 数据库。

老年受访者被评定为重度失能人员后，其所在家庭将享受长期护理保险提供的护理服务和费用报销。试点城市一般采用《Barthel 指数评定量表》判定个体是否处于重度失能状态，因此，本章根据 CHARLS 问卷中与之对应的问题构造 Barthel 指数。若家庭主要受访者的 Barthel 指数小于或等于 40 分，则定义该家庭为重度失能家庭。40～90 分定义为轻中度失能家庭。然后，本章对数据进行如下处理：（1）为保证处理组（即首批长期护理保险试点城市、重点联系省份以及重点联系城市）在样本观测期内受到政策冲击，本章使用 CHARLS 数据库 2013 年、2015 年、2018 年数据，面板数据能够很好地反映上述城市家庭收入随时间的变化。（2）保留主要受访者为失能人员的家庭，以确保处理组和控制组在其他家庭特征上的可比性。此外，考虑到享受机构护理的家庭仅获得直接补贴，而不会改变劳动力配置决策，本章剔除主要受访者居住地址类型为医院、疗养院和其他机构的家庭样本。（3）根据城市名将 CHARLS 中的微观数据与地级市层面宏观数据进行匹配。

6.3.2 变量定义

1. 被解释变量

本章中的被解释变量为民生福祉水平。采用本书第3章测算的民生福祉水平数据进行研究。

2. 核心解释变量

本章的核心解释变量为试点城市长期护理保险的筹资效率、保障水平。

（1）长期护理保险筹资效率测算。借鉴刘文和王若颖（2020）、李亚娟和郭培栋（2021）的思路，本研究的筹资效率计算采用数据包括分析（DEA）方法进行测算。计算模型如下：

$$\min\theta$$

$$\text{s. t.}\begin{cases} \sum_{j=i}^{n} \lambda_j x_{ij} + s^+ = \theta x_{i0}, i = 1,2,\cdots,m \\ \sum_{j=i}^{n} \lambda_j \gamma_{ij} + s^- = \theta \gamma_{\gamma 0}, \gamma = 1,2,\cdots,m \\ \lambda_j \geqslant 0, j = 1,2,\cdots,n \\ \sum_{j=1}^{n} \lambda_j = 1 \\ s^+ \geqslant 0, s^- \leqslant 0 \end{cases} \tag{6.9}$$

其中：θ 表示决策单元的效率值；λ_j 表示决策单元 j 在有效 DUM 组合中的组合比例；x_{ij} 表示决策单元的总投入；γ_{ij} 表示第 j 个决策单元；s^+ 和 s^- 表示产出的松弛变量，如果 $\theta = 1$，$s^+ \neq 0$ 或者 $s^- \neq 0$，则决策单元的产出效率不足；如果 $\theta < 1$，则决策单元存在产出无效率。详细的 DEA 有效性分析如表6.1所示。

表 6.1　　　　　　　　　　　　　　**DEA 有效性分析**

指标	含义
综合效率	$\theta = 1.000$，相对有效，技术和规模效率同时有效
	$\theta < 1.000$，相对无效，技术和规模效率没有同时有效
纯技术效率	$\theta = 1.000$，相对有效，资源得到充分利用
	$\theta < 1.000$，相对无效，资源未得到充分利用
规模效率	$\theta = 1.000$，相对有效，资源投入达到最佳状态
	$\theta < 1.000$，相对无效，资源投入处于递增或者递减状态

资料来源：李亚娟，郭培栋. 基于 DEA 的山东省长期护理保险筹资效率评价 [J]. 老龄科学研究，2021，9（8）：33。

（2）长期护理保险保障水平测算。借鉴赵娜和陈凯（2023）的研究思路，首先根据穆怀中（1997）对社会保障水平系数模型的建模思想，把"人均工资水平"作为中间变量，将长期护理保险保障水平系数定义为 $S = S_L/G = (S_L/W) \times (W/G)$，其中，$S$ 表示职工长期护理保险保障水平系数，S_L 表示职工人均基金支出额，G 表示人均国内生产总值，W 表示人均工资水平。然后，借鉴李亚青（2017）对灾难性支出发生率的定义，将灾难性支出发生率 $CPH^i(i = 1,2)$ 定义为"人均自费护理支出与人均工资的比值"，CPH^1 和 CPH^2 分别表示灾难性支出发生率的上限和下限。用 O 表示人均自费护理支出，将灾难性支出发生率定义为 $CPH^i = O/W$。最终，将长期护理保险适度保障水平模型提炼为：

$$S = \frac{S_1}{W} \times \frac{W}{G} = \frac{C - O}{W} \times \frac{W}{G} = \left(\frac{C}{W} - CPH^1 \right) \times \frac{W}{G} \quad (6.10)$$

适度保障水平上下限取决于灾难性支出发生率的设定。借鉴大多数学者对医疗保险适度水平的定义，本章将灾难性支出发生率上限和下限分别设定为 15% 和 40%，将与此对应的保障水平系数作为适度水平的上限和下限，并将上下限适度水平的均值作为目标保障水平。本章将共付率设定为 10%，即适度保障水平上限最高为 90%。

3. 控制变量

借鉴既有研究，本章控制了代表主要受访者特征、家庭特征和城市特征的变量。其中，受访者特征变量包括年龄、受教育年限、劳动状态以及婚姻状态。劳动状态为二值变量，若主要受访者参加劳动，则赋值为1，否则为0。婚姻状态为二值变量，若主要受访者已婚则赋值为1，否则为0。家庭特征变量包括家庭收入水平的对数、家庭净收入水平的对数、子女受教育年限、子女数量以及家庭医疗支出（取对数）。城市特征变量主要包括所在城市人均GDP和所在城市人口数量。主要控制变量描述性统计如表6.2所示。

表6.2 主要控制变量描述性统计

变量	最小值	最大值	均值	标准差
家庭收入水平的对数	5.212	15.332	10.351	1.171
家庭净收入水平的对数	5.312	15.434	10.288	1.143
年龄（岁）	45.000	88.000	60.362	9.702
性别	0.000	1.000	0.587	4.145
受教育年限（年）	0.000	12.000	6.276	0.399
劳动状态	0.000	1.000	0.185	0.455
婚姻状态	0.000	1.000	0.606	0.588
子女受教育年限（年）	9.000	19.000	11.254	10.111
子女数量（人）	0.000	5.000	2.213	2.512
家庭医疗支出（万元）	1.144	7.123	5.432	7.322
所在城市人均GDP（万元）	3.351	19.100	9.315	4.621
所在城市人口数量（万人）	22.01	3191.43	680.837	640.138

6.3.3 模型设定

保证收入增长是增进民生福祉的前提，为检验长期护理保险的增收效应，本章将试点政策实施作为一项外生冲击，利用多时点双重差分法进行因果效应识别，基准模型构建如下：

$$\ln I_{ict} = \alpha_0 + \alpha_1 LTCI_{ct} + \theta X_{ict} + \lambda_i + \lambda_t + \varepsilon_{ict} \tag{6.11}$$

其中，i 表示家庭，c 表示城市，t 表示时间，I_{ict} 表示收入水平。$LTCI_{ct}$ 表示城市 c 在 t 年是否正式开展长期护理保险试点的虚拟变量（是为 1，否则为 0）。X_{ict} 表示一系列控制变量，包括个体、家庭以及城市层面的特征变量。λ_i 和 λ_t 分别为家庭和年份固定效应，ε_{ict} 随机扰动项。标准误在地级市层面进行聚类调整。α_1 为核心解释变量的估计系数，衡量了长期护理保险对家庭收入的影响效应。

采用双重差分识别策略须满足平行趋势这一关键假设，本章通过事件研究法检验长期护理保险试点政策实施前的平行趋势，模型构建如下：

$$\ln I_{ict} = \beta_0 + \sum_{k \geqslant -4, k \neq -1}^{2} \beta_k Treat_c \times D_k + \mu X_{ict} + \lambda_i + \lambda_t + \varepsilon_{ict} \tag{6.12}$$

其中，$Treat_c$ 表示城市 c 是否为实施长期护理保险试点政策的城市（是为 1，否则为 0）。k 表示距离政策实施的相对时期。D_k 表示不同相对时期的虚拟变量。本书借鉴现有文献的处理方法（王伟同等，2022），将政策实施的前一期作为基准期，β_k 衡量了不同相对时期试点政策的影响效果；其余变量与基准模型的设定相同。

6.4 结果分析

6.4.1 基准回归结果

表 6.3 展示了基准回归结果，列（1）采取了特定的控制手段，在控制家庭以及年份的固定效应基础之上，引入了家庭层面的特征变量，以此来深入探究家庭内部因素对结果的影响。而列（2）与列（3）则更进一步，不仅涵盖了家庭层面的要素，还将城市层面的特征变量纳入其中，全方位考量不同层面因素交织下的综合效应。

表6.3 基准回归结果

项目	（1） ln*I*	（2） ln*I*	（3） ln*I*_net
$LTCI_{ct}$	0.198 *** (0.082)	0.218 *** (0.081)	0.185 *** (0.899)
edu	0.076 *** (1.321)	0.071 *** (1.234)	0.069 *** (1.536)
child_edu	0.058 *** (0.007)	0.048 *** (0.008)	0.051 *** (0.007)
work	0.097 (3.122)	0.094 (3.131)	0.102 (2.899)
child_num	−0.011 *** (1.108)	−0.011 *** (1.223)	−0.012 *** (1.331)
ln*Medi*	0.105 *** (1.678)	0.111 *** (1.533)	0.121 *** (1.456)
age	0.123 *** (2.111)	0.210 *** (2.154)	0.188 *** (2.191)
gender	0.051 (2.615)	0.052 (2.535)	0.050 (2.431)
married	0.135 *** (0.262)	0.115 *** (0.278)	0.176 *** (0.298)
gdp		0.032 ** (1.913)	0.028 *** (1.876)
pop		0.001 (0.987)	0.001 (0.101)
家庭固定效应	控制	控制	控制
年份固定效应	控制	控制	控制
样本量	11735	11735	11735

注：小括号内为稳健标准误，*、** 和 *** 分别表示10%、5%和1%的显著性水平。

对比列（1）与列（2）所呈现出的基准回归结果，不难发现一个关键现象：加入城市层面的控制变量后，能够有效减轻因不同地区经济发展水平和人口结构存在差异而引发的估计偏误，使研究结果更加精准、可靠。列（2）的估计清晰地展现了长期护理保险所发挥的显著作用，促使试点地区的家庭收入水平大幅提升，增幅达到约 21.8 个百分点。这背后蕴含的深层逻辑在于，试点推行的长期护理保险政策或许具备正向的外部溢出效应。一方面，它有力地推动了照护服务业蓬勃发展，为经济增长注入新动力；另一方面，实现了劳动力的充分、合理配置，让人力资源得以高效利用。诸多因素相互叠加，使该政策的实际受益范围突破了最初设定的目标群体边界，惠及更多家庭。

列（3）为将家庭净收入设定为被解释变量后的分析结果，深入剖析在考虑长期护理保险所引发的"自付"支出这一关键因素后的政策实际成效。值得注意的是，即便扣除了相应的自付成本，长期护理保险政策依旧展现出强劲的增收效能，切实为家庭带来实实在在的收入增长。这一实证结果，无疑为理论部分所提出的假说 H1 提供了极具说服力的现实依据，有力地佐证了假说的合理性与科学性。

6.4.2　三重差分

由于非目标群体当前并不具备接受长期护理保险服务以及申请报销的资格，这就致使不同群体在民生福祉增进成效方面呈现出明显的差异。在这样的背景下，本节研究另辟蹊径，以基准模型作为坚实基石，朝着更深层次迈进，力求精准识别出享受实质性长期护理保险服务究竟能为家庭带来何种直接的民生福祉增进效应。

需要着重指出的是，能够享受保险服务的特定群体是那些长期处于生活不能自理状态的重度失能老人。鉴于此特性，我们巧妙借助 Barthel 指数这一有效工具来清晰界定长期护理保险的服务对象，进而依据此标准，将样本家庭科学合理地划分为两组：一组是直接受到政策影响的家庭，即家中有符合条件的重度失能老人，能够直接享受保险服务所带来的各项利好；另一组则是间接受到政策影响的家庭，虽然家中没有重度失能老人直接享受服务，但政策推行引发的一系列连锁反应，诸如产业发展、就业环境变化等，依然会对其家庭经济状况产生间接作用。基于此分类，三重差分模型得以构建，其构建方式如下：

$$\ln I_{ict} = \varphi_0 + \varphi_1 Dis_i \times LTCI_{ct} + \varphi_2 LTCI_{ct} + \varphi_3 Dis_i + \theta X_{ict} + \lambda_i + \lambda_t + \varepsilon_{ict}$$

$$(6.13)$$

其中，Dis_i 为分组变量，表示家庭主要受访者是否被评定为重度失能人员，或是否处于政策试点城市且被评定为中度失能人员（是为1，否则为0）。

值得注意的是，通过分组变量划分而成的两类家庭，其主要受访者均处于失能状态。这一关键特征极大地确保了样本在诸多家庭特征维度上具备良好的可比性，为后续精准研究奠定了坚实基础。这两类家庭的本质区别聚焦于是否能够享受到长期护理保险所提供的正式护理服务，将试点政策对实际服务对象家庭所产生的直接民生福祉增进效应分离出来单独剖析，而模型中的其他变量，其含义与基准模型完全保持一致，未发生任何改变。

式（6.13）中，φ_1 这一参数有着特殊的意义，它代表着试点政策落地实施之后，服务对象所在家庭与非服务对象所在家庭之间的收入差值，精准地衡量了在剔除外部各类干扰因素之后，长期护理保险借助改变家庭劳动力配置决策这一途径所发挥出的直接政策成效。

进一步来看实证结果，表6.4详细呈现了三重差分模型的估计详情。在列（1）中，仅仅纳入了家庭层面的控制变量，初步探究家庭内部因素主导下的相关效应。而到了列（2）与列（3），则额外加入了城市层面的控制变量，全方位考量不同层面因素综合作用的结果。列（2）所给出的估计结果清晰地显示，相较于那些非服务对象家庭，试点政策切实显著地提升了服务对象家庭的福祉水平，成效斐然。然而，列（3）中的三重交互项系数却并不显著，这意味着在试点政策推行之后，服务对象家庭与非服务对象家庭的净收入水平并未呈现出明显的差异。深入探究背后的根源，不难发现长期护理保险的费用报销机制实际上等同于一种"转移支付"形式。一方面，服务对象家庭得以享受低价优质的护理服务；另一方面，这也催生了一定的引致需求。基于此，这类家庭往往倾向于将收入增长部分中的一定比例用于医疗及护理服务方面的支出，从而使得净收入水平在表面上并未与非服务对象家庭拉开显著差距。

表 6.4　　　　　　　　　　　三重差分回归结果

项目	(1) $\ln I$	(2) $\ln I$	(3) $\ln I\_net$
$Dis \times LTCI_{ct}$	0.315 ** (1.133)	0.328 * (1.131)	0.197 (1.291)
Dis	−0.398 *** (1.211)	−0.357 *** (1.303)	−0.412 *** (1.315)
$LTCI_{ct}$	0.253 *** (0.431)	0.222 ** (0.399)	0.208 ** (0.387)
家庭层面控制变量	控制	控制	控制
城市层面控制变量	未控制	控制	控制
家庭固定效应	控制	控制	控制
年份固定效应	控制	控制	控制
样本量	11735	11735	11735

注：小括号内为稳健标准误，*、** 和 *** 分别表示 10%、5% 和 1% 的显著性水平。

6.4.3　稳健性检验

1. 替换被解释变量

鉴于超过退休年龄的子女大多处于非劳动状态，受试点政策的波及相对较小，在本书研究中，为确保研究指标的精准性与有效性，选用青壮年子女平均收入的对数作为衡量家庭收入的替代性关键指标。

不容忽视的是，在中国社会当下的现实情境中，迫于沉重的经济压力，大量老年人呈现出"退而不休"的独特现象。正如伍海霞（2022）所指出的，失能者配偶往往肩负着极为沉重的照料重担。从这一角度深入探究，长期护理保险极有可能通过改变照料决策对失能者配偶在劳动力市场中的表现产生显著影响。有鉴于此，我们进一步拓展研究思路，将被解释变量进行优化替换，采用子女和配偶平均收入的对数，全方位、多角度地剖析长期护理保险制度所带来的深层次效应。

替换被解释变量后的估计结果清晰呈现在表 6.5 的列（1）和列（2）之中。令人欣喜的是，所得到的估计系数均显著为正，这一有力结果确凿无疑地表明，即便更换了衡量家庭收入的指标，基准模型所得出的核心结论依旧稳固可靠，经得起反复推敲，为深入理解长期护理保险政策的影响提供了坚实的实证支撑。

表 6.5　　　　　　　　　　其他稳健性检验结果

项目	（1）	（2）	（3）	（4）	（5）	（6）	（7）
$LTCI_{ct}$	0.175 *** (0.057)	0.202 *** (0.063)	0.148 ** (0.071)	0.298 *** (0.088)	0.257 *** (1.051)	0.199 *** (1.035)	0.218 *** (0.098)
控制变量	控制	控制	控制	控制	控制	控制	控制
家庭固定效应	控制	控制	控制	控制	控制	控制	控制
年份固定效应	控制	控制	控制	控制	控制	控制	控制
样本量	5481	8911	4183	1470	3036	3036	7179

注：列（1）、列（2）为替换被解释变量的结果，列（3）为"城市特征×时间趋势"的结果，列（4）为剔除部分样本的结果，列（5）为平衡面板的结果，列（6）为 Bacon 分解的结果，列（7）为 PSM - DID 的结果。小括号内为稳健标准误，＊、＊＊和＊＊＊分别表示10%、5%和1%的显著性水平。

2. 控制时变趋势与缩减样本量

在深入探究家庭收入相关因素时，不难发现城市产业结构以及流动人口状况均有可能对家庭收入产生不容忽视的影响。为有效规避潜在的遗漏变量所引发的偏误问题，切实保障研究的精准性与科学性，本书在已有的基准模型之上纳入了时间趋势项，并加入了两个极具代表性的城市初始特征变量，即2013年流动人口数量、第三产业就业比重，同时引入它们与时间趋势的交互项，进而全方位地开展 DID 估计。经严谨运算，回归结果清晰直观地展示于表6.5的列（3），该列系数的大小以及显著性水平与表6.3的列（3）相较而言，并未呈现出明显的差异，这无疑为研究的可靠性增添了有力佐证。

此外，深入剖析长期护理保险试点工作的推进细节可知，各地开展试点的具体时间大多由地方政府依据当地实际情况审慎决定，而政府在决策过程中必然会综合考量一系列城市特征要素。如此一来，那些首次开展试点时间相近的城市，在诸多方面往往展现出较为相似的特质。为最大限度地排除地级市层面各类因素可能带来的干扰，确保研究聚焦于核心问题，本书剔除了 2012 年及其以前以及 2019 年及其以后开展长期护理保险试点的城市。经此番筛选，剩余的城市样本均集中在 2013 ~ 2018 年这一时间段内接受相应处理。最终，表 6.5 的列（4）翔实报告了剔除部分控制组样本后基准模型的估计结果，其中 $LTCI_{ct}$ 的系数稳稳保持正向显著状态，进一步确凿无疑地证明了基准回归具备极为强劲的稳健性，能够经受住多番检验，为后续深入研究奠定了坚实基础。

3. 平衡面板与 Bacon 分解

在对 CHARLS 三期追踪调查数据进行深入研究时，我们发现在这些数据当中，存在部分个体于某些特定调查年份未能接受访问的现象。这种样本缺失情况极有可能致使样本结构出现差异，进而引发估计偏误，影响研究结果的准确性。为有效排除这一潜在风险，确保研究结论的可靠性，本书采取了针对性措施，在表 6.5 列（5）的分析过程中，仅保留了在三期调查中均有观测值的样本，以此构建平衡面板数据模型展开后续研究。回归结果清晰地表明，所得到的系数估计值与运用非平衡面板数据的基准模型所得结果十分接近，这无疑为研究的稳健性提供了有力支撑。

此外，古德曼 – 培根（Goodman-Bacon）在 2021 年曾着重指出，当多期双重差分模型存在异质性处理效应时，即便满足平行趋势假定这一重要前提条件，依然有可能因为双向固定效应估计量的负权重问题，最终导致估计偏误的产生，使研究结果偏离真实情况。有鉴于此，本书紧跟前沿研究方法，采用 Bacon 分解法对可能存在的异质性处理效应进行严谨检验。检验结果呈现于表 6.5 的列（6）的回归分析之中，从中可以清晰地看到，系数估计值在1%的显著性水平上显著为正。进一步深入探究不同组别估计量与权重的具体情况，我们发现一个有趣的现象：将未处理组作为控制组进行估计时，其所占权重最大，对平均处理效应的贡献率高达89.62%。与之形成鲜明对比的是，将总处理组作为控制组进行估计时，其权重相对较小，对处理效应的总贡献仅为0.40%。综合这些结果不难判断，那些已经受到政策干预的组别并不会给DID估计结果带来较大偏差，从而确保了研究结果能够真实反映政策效应，为后续相关决策提供可靠依据。

4. PSM – DID 方法

在开展研究的过程中，样本选择偏差极有可能对基准回归结果的可信度造成严重冲击。鉴于此，本章运用倾向评分匹配法对样本进行精心筛选，力求确保处理组与控制组在诸多可观测特征方面具备高度的可比性，为精准研究筑牢根基。以 $P(LTCI_{ct} = 1 \mid Z_{ct})$ 作为计算公式，精准度量城市 c 在 t 年推行长期护理保险试点政策的概率。而式中的 Z_{ct} 涵盖了一系列至关重要的城市层面特征变量，这些变量同时对处理状态以及家庭收入起着关键的驱动作用，其中包括经济发展水平这一衡量城市综合实力的关键指标、户均财政支出（以对数形式呈现，以便更精准地反映其影响力）、老龄人口占比折射出的人口结构特征、人口密度彰显的城市承载压力以及卫生机构密度所反映的医疗资源配置情况。

依托倾向得分值对样本展开匹配行动。本书选定不放回1：1最近邻匹配法，同时为确保匹配的精准度，将处理组与控制组之间距离的最大值严格限定为0.01。经过此番精细操作，匹配后的平衡性检验结果清晰地表明处理组与控制组之间不存在显著差异，这意味着两组样本在关键特征上已趋于一致，为后续研究排除了干扰因素。

最终，表6.5列（7）翔实报告了利用匹配后的样本推进基准回归所获取的结果。经对比验证，该结果与基本研究结论高度相符，有力地证实了通过上述样本筛选方法，已然成功排除样本选择偏差对估计结果的干扰，使研究结论更加坚实可靠，能够为相关领域的决策提供精准有力的依据。

5. 安慰剂检验

在保障研究结果可靠性过程中，除了运用前文提及的一系列检验方法之外，本书还借鉴黄家林和傅虹桥（2021）所提出的前沿方法开展安慰剂检验，力求从多个维度验证研究结论的精准性。

本研究针对试点城市以及试点年份分别设定伪处理组与伪时间虚拟变量，并用交互项替换原解释变量，以此模拟出一种看似真实却又暗藏玄机的研究情境。不仅如此，为确保结果的稳健性与说服力，将上述复杂过程重复进行 500 次反复校准，不放过任何可能影响结果的细微因素。安慰剂检验所得到的结果为基准回归结果提供了支持，让整个研究结论经得起反复推敲，能够为相关领域的理论探索与实践决策输送可靠依据。

6.5　作用机制与异质性分析

6.5.1　机制分析

通过前文的计量分析，已然清晰地呈现出一个关键结论：试点政策对于家庭收入有着不容忽视的显著正向推动作用。然而，这一影响背后隐藏的深层传导机制究竟如何运作，犹如一座亟待探索的神秘宝藏，吸引着我们深入挖掘。理论模型从照料决策这一独特视角切入，剖析出增收效应得以实现的主要路径：正如蔡伟贤等（2021）所指出的那般，专业化护理服务会对传统的家庭照护模式产生极为显著的"挤出"效应。在此背景下，长期护理保险顺势登场，为家庭成员解开了束缚手脚的绳索，切实有效地促进照料者投身劳动参与之中。

换句话说，在追求家庭效用最大化这一终极目标的进程中，试点政策恰似一场及时雨，极大地缓解了传统照护模式沉甸甸地压在家庭照料者肩头的重担，赋予他们更为充裕的时间与精力，得以昂首阔步迈入劳动力市场，进而如同为家庭收入增长装上了强劲引擎，实现收入水平的稳步攀升。

为严谨地检验这一处于核心地位的增收机制，研究团队精心布局，在表6.6中施展了一系列巧妙"招式"。列（1）将主要受访者全部子女中处于工作状态的个体占比精准锁定为被解释变量，以此作为洞察家庭照料人员劳动参与动态的一扇窗口。列（2）把被解释变量更替为配偶照料者每周的工作天数，并采用对数形式进行呈现，旨在从配偶照料这一关键维度深挖政策影响。回归分析结果表明试点政策如同有力的助推器，显著提升了失能家庭照料人员的劳动参与热情与实际参与率。

表6.6　　　　　　　增收效应的机制分析：促进劳动参与

项目	（1）	（2）	（3）	（4）	（5）	（6）
$LTCI_{ct}$	0.038 *** (1.104)	0.069 ** (1.154)	0.277 *** (1.217)	0.185 ** (1.887)	− 0.247 ** (0.103)	− 0.028 *** (0.094)
控制变量	控制	控制	控制	控制	控制	控制
家庭固定效应	控制	控制	控制	控制	控制	控制
年份固定效应	控制	控制	控制	控制	控制	控制
样本量	1438	853	4831	6904	429	1255

注：小括号内为稳健标准误，*、** 和 *** 分别表示10%、5%和1%的显著性水平。

考虑到退出劳动力市场的家庭成员占比越高，往往意味着家庭所承载的照护压力越发沉重如山。有鉴于此，表6.6的列（3）和列（4）依据处于工作状态子女占比的中位数进行分组回归分析。倘若长期护理保险确实如同理论所推测的那般，是通过舒缓照护压力这一关键"阀门"，进而延长照料者的劳动时间，那么逻辑上可以推断，在劳动子女比例相对更低的家庭环境中，试点政策所发挥的增收效应理应更为强劲。实证结果显示，当家庭劳动子女占比较低时，$LTCI_{ct}$的估计系数增大且显著性增强，验证了本书的假说H2。

为了对长期护理保险挤出家庭照护的有力证据进行补充完善，本书在表6.6的列（5）展示了将被解释变量置换为主要受访者每月与子女照料者的见面天数的对数后，进行实证分析的结果。实证结果表明试点政策恰似一道屏障，显著降低了家庭的非正式护理频率，使得家庭照护模式逐步向专业化、社会化迈进。列（6）充分利用中国劳动力动态调查（CLDS）在 2014 年、2016 年、2018 年积累的面板数据展开深度检验。回归分析结果显示，长期护理保险能够显著降低他们的离职倾向，确保劳动力市场的稳定与活力。

事实上，在长期护理保险助力家庭增收的众多机制之中，拓宽就业渠道无疑扮演着极为重要的关键角色。从医疗服务业发展的宏观视角加以审视，试点政策的落地实施能够卓有成效地拓展护理机构的岗位供给版图。将视野聚焦到劳动力市场微观层面，这一政策利好无异于为其注入了一剂强心针，将显著提升照护服务行业吸纳就业的强大能力，为众多求职者敞开一扇机遇之门。

为了以严谨的态度检验上述这一至关重要的增收机制，本书将目光投向了长期护理保险对城市卫生以及社会工作就业人数，还有县区社会福利机构数量所产生的深远影响。在这场实证探索中，表 6.7 成为了关键"阵地"。其中，列（1）的回归分析结果显示，试点政策如同一位得力的领航员，成功助力扩大医养相关产业那广阔的就业容量"海域"，为劳动力人口精心打造出诸多就业"舟楫"，提供了宝贵的就业契机。列（2）所呈现的结果显示，试点政策通过持续增加当地养老服务机构以及社区福利中心的数量，有力地推动了各县区社会福利设施建设的稳步前行，为提升居民生活福祉筑牢根基。

表 6.7　　　　　　　　增收效应的机制分析：拓宽就业渠道

项目	（1）	（2）	（3）	（4）	（5）	（6）
$LTCI_{ct}$	0.598 ***	0.175 **	0.479 ***	0.198 **	0.305 ***	− 0.085 ***
	(0.987)	(1.076)	(1.223)	(1.109)	(0.987)	(0.879)
控制变量	控制	控制	控制	控制	控制	控制
县区固定效应	未控制	控制	未控制	未控制	控制	控制

续表

项目	（1）	（2）	（3）	（4）	（5）	（6）
城市固定效应	控制	未控制	控制	控制	未控制	未控制
年份固定效应	控制	控制	控制	控制	控制	控制
样本量	1502	584	4519	7216	590	540

注：小括号内为稳健标准误，＊、＊＊和＊＊＊分别表示10%、5%和1%的显著性水平。

此外，基于一个合理且关键的逻辑推导：倘若长期护理保险确实如同理论预设那般，是借助创造丰富的岗位需求这一"利器"，成功拓宽了家庭成员的就业渠道，那么可以推断，在试点政策落地实施之后，那些医疗和养老服务业发展相对滞后、基础较为薄弱的地区，由于就业岗位的稀缺性，家庭收入理应如同久旱逢甘霖后的禾苗般，获得更为显著的增长。鉴于此洞察，表6.7的列（3）和列（4）运用卫生和社会行业就业人数的中位数作为"分水岭"，实证结果显示：在就业人数原本就处于低位的城市，长期护理保险所释放出的增收效应显著，为当地家庭收入增长注入强劲动力。

本书进一步拓展研究维度，将被解释变量置换为县区福利单位床位数以及医院卫生院床位数，并且均采用对数形式加以呈现，以求更为精准地洞察政策影响。表6.7的列（5）和列（6）的估计结果表明在试点政策落地生根之后，社会福利单位如同一位崛起的"主角"，已然成为提供照护岗位的中坚力量，在照护服务领域崭露头角，并在一定程度上逐步替代了传统医疗卫生服务体系过往所处的主导位置，推动着照护服务模式的转型升级，为长期护理保险发挥增收效应持续赋能。

需特别说明的是，$LTCI_{ct}$的设定与前文保持连贯一致，未做变动。在研究过程中，所选取的控制变量涵盖了多个关键维度，其中包括：城市面积（它从空间范畴反映城市的规模体量）、人口数量（这是衡量城市活力与发展潜力的重要指标）、纬度信息（它关乎城市所处地理位置的气候、生态等诸多特性）、是否为省会城市（省会城市往往在资源集聚、政策扶持等方面独具优势），以及该城市与省会城市的直线距离（该因素能够侧面反映城市在区域发展格局中的相对位置与辐射影响程度）。

下面具体来看表6.7中各列数据来源。列（1）的被解释变量数据精准取自中国区域研究数据支撑平台，这一权威数据源为研究提供了坚实的数据根基。而列（2）～列（6）被解释变量数据则源自《中国县域统计年鉴》。此外，考虑到现实情况存在差异，部分城市的长期护理保险制度现阶段尚未达成城乡区域的全面覆盖，其试点实践大多聚焦于市区范围推进。基于此，为确保数据的精准性与研究结论的可靠性，列（2）～列（6）在样本筛选时，特意剔除了那些未将居民医保纳入参保范围的县级样本，避免因数据混杂而干扰研究判断。

综合上述多方面深入剖析可知，在当下老龄化进程持续加速、家庭照料负担日益加剧的严峻社会背景之下，长期护理保险宛如一把关键钥匙，开启了影响家庭收入的两大核心机制之门。其一，当试点政策正式落地生根、步入实施正轨后，高质量且价格亲民的正式护理服务的可及性得到显著提升。这一变革能够促使原本被繁重照料任务束缚的照料人员得以解脱，有机会重新参与劳动市场，进而如同为家庭收入增长注入源源不断的动力，产生显著正向影响。其二，长期护理保险制度能够大刀阔斧地开拓试点城市养老服务市场的岗位版图，源源不断地创造出大量就业岗位。通过为劳动人员拓宽就业路径，实现家庭收入水平稳步攀升，为福祉的提升筑牢根基。

6.5.2　异质性分析

近年来，学术研究领域的诸多学者纷纷从"价值医疗"这一独特视角切入，致力于对长期护理保险的政策成效展开深入评估。大量研究成果表明，长期护理保险展现出极为显著的健康与医疗控费双重效应，切实有效地改善了患者的身心健康，并为家庭节省下不菲的医疗支出。

然而，令人遗憾的是，上述这些丰富的文献资料在聚焦长期护理保险诸多优势的同时，却不慎遗漏了其一项至关重要的功能——风险分担功能。深入探究其中的内在逻辑,一方面,高品质的长期护理服务能够有效降低慢性疾病的发病概率,提前化解了未来因患病或失能而极有可能引发的家庭收入损失风险,为家庭经济的稳定保驾护航。另一方面,当长期护理保险制度落地生根、切实落实到位后,一旦老年个体不幸因健康状况恶化而陷入失能困境,此时家庭便无须再独自扛起机构护理和居家护理的绝大部分费用重担,有助于极大地减轻家庭所面临的医疗支付风险,让家庭成员能够稍作喘息。

审视当下中国的现实国情,由于医疗保障体系在发展进程中呈现出明显的不平衡态势,再加上正规金融机构资源过度向发达地区倾斜,致使部分弱势群体在风险管理的道路上举步维艰,所拥有的渠道异常单一,一旦遭受不确定性冲击,这些弱势群体极易再度陷入贫困的泥沼。基于此严峻现实,本书大胆推测,相较于那些处于低风险的群体而言,试点政策对于那些面临风险程度较高的群体来说,所发挥出的政策效果更为显著。

为检验长期护理保险制度的风险分担功能,本书着重考察其在面对两种不同程度风险时所呈现出的异质性影响。其一,站在预防性储蓄的关键视角审视,那些未曾预料到的失能突发状况,会瞬间给家庭带来巨大的收入损失风险,将家庭拖入贫困的深渊。在这般严峻形势下,家庭往往会本能地将持有存款视为抵御风险的关键一招、重要手段。有鉴于此,本书选取存款占全部资产的比例作为衡量收入损失风险的代理变量,将样本划分为损失风险程度较低组,即存款占比小于1的群体,以及损失风险程度较高组,也就是存款占比等于1的群体。其二,本书采用主要受访者就诊时是否能够享受制度报销这一关键指标,来精准衡量医疗支付风险。依据此标准,将那些使用医疗保险或公费报销的样本,划分为支付风险程度较低组,而其余未能享受此类报销的样本,则被归类为支付风险程度较高组。

分组回归结果如表6.8所示。当家庭面临的收入损失风险以及医疗支付风险较高时,试点政策所催生出的增收效应更为强劲有力,尤其是对于那些支付风险程度较高的家庭而言,核心解释变量的系数更大更显著,说明长期护理保险对家庭因就医而产生的沉重支付压力，具备相当出色的分担功能，能够为家庭撑起一片希望的天空。

表 6.8 异质性分析结果

项目	收入风险		支付风险	
	程度较高	程度较低	程度较高	程度较低
$LTCI_{ct}$	0.375 ***	0.218 **	0.398 ***	0.213 **
控制变量	控制	控制	控制	控制
家庭固定效应	控制	控制	控制	控制
年份固定效应	控制	控制	控制	控制
样本量	5982	3746	2323	5698

注：*、** 和 *** 分别表示 10%、5% 和 1% 的显著性水平。

6.6 进一步讨论：长期护理保险制度的分配效应

在当下增进民生福祉的时代进程中，优化收入分配格局扮演着至关重要的角色，堪称增进民生福祉的核心枢纽。基于此，本研究将进一步深入探究长期护理保险这一政策工具的多元效能，特别是其作为防范与化解居民风险的有力"护盾"，在收入再分配领域所发挥的关键调节作用。本书全方位、多角度地检验长期护理保险所蕴含的分配效应，深度剖析其在平衡城乡发展、协调群体利益以及统筹区域资源等方面的独特作为，力求为优化收入分配格局、增进民生福祉之路提供坚实的理论支撑与实践依据。

6.6.1 城乡间收入差距

在中国社会经济发展格局之中，受城乡二元经济结构和户籍制度的长期影响，城乡收入差距问题日益凸显，已然成为中国居民收入分配领域一座最为醒目的"大山"。毫不夸张地说，努力缩小城乡之间这一显著的收入差距，不仅是迈向收入分配公平之路的首要攻坚任务，更是为增进民生福祉宏伟目标添砖加瓦的重点关键内容。本书构建起交互项模型，深度挖掘并精准考察长期护理保险在城乡之间所呈现出的独特分配效应，探寻其能否为打破城乡收入差距困境、推动城乡均衡发展贡献力量：

$$\ln I_{ict} = \gamma_0 + \gamma_1 LTCI_{ct} \times Rural + \gamma_2 LTCI_{ct} + \gamma_3 Rural$$
$$+ \vartheta X_{ict} + \lambda_i + \lambda_t + \varepsilon_{ict} \tag{6.14}$$

在中国当下的社会发展进程中，劳动力人口的流动呈现出极为活跃的态势，大量青年人为了寻求更好的发展机遇，背井离乡，与老年父母分隔两地。鉴于此现实状况，本书在研究过程中将被解释变量进行了替换，选取与父母居住地相同的子女的平均收入的对数作为替代变量，以此规避因居住地差异而导致的城乡分配效应在识别结果上出现偏差且偏差被无端放大的问题，确保研究数据的精准性与可靠性。

在模型构建的关键要素方面，$Rural$ 作为一个重要的虚拟变量，肩负着区分城乡属性的重任，当样本为农村地区时取值为 1，反之则为 0，为后续深入分析城乡差异奠定基础。模型的固定效应以及标准误均与基准模型的设定保持高度一致，用以保障整个研究框架的连贯性与科学性。

式（6.14）中，γ_1 这一参数承载用于度量长期护理保险试点政策对农村家庭收入所产生的相对影响。换言之，若 γ_1 系数在统计检验中显著为正，有力地证明长期护理保险能够切实有效地缩小城乡收入差距，为优化收入分配格局发挥关键作用，增进民生福祉的目标稳步迈进。

为进一步筑牢研究结果的准确性防线，本书在样本选取环节将那些城乡区域均已开展长期护理保险试点的城市精心筛选出来，作为本次研究的核心处理组。与之相对应，把那些城乡区域均未开展长期护理保险试点的城市精准甄别出来，列为控制组，通过二者的对比分析，全方位、多角度地揭示长期护理保险在城乡分配领域所蕴含的真实影响力。

在深入探究长期护理保险对城乡家庭收入影响的进程中，数据扮演着关键角色。表6.9 的列（1）翔实报告了式（6.14）的回归分析成果，其中交互项的估计系数醒目地呈现出显著为正的态势，意味着相较于城市家庭而言，长期护理保险在农村家庭发挥出的效果明显更为强劲。与此同时，*Rural* 的系数显著为负，表明农村家庭收入水平所处的相对劣势地位，这无疑从侧面有力地印证了城乡之间存在着不容小觑的收入差距。

表 6.9　　　　　　长期护理保险的分配效应及其机制分析结果

项目	(1) ln*I*	(2) med_burden	(3) risk_taking	(4) ln*I*	(5) ln*I*
$LTCI_{ct} \times Rural$	0.298 * (0.213)	−0.056 *** (0.312)	0.187 *** (1.101)		
$LTCI_{ct}$	0.312 *** (0.876)	−0.008 (1.325)	−0.309 * (1.213)		
Rural	−0.173 *** (1.032)	−0.055 *** (0.999)	−0.050 *** (1.102)		
$LTCI_{ct} \times Risk$				1.235 *** (0.987)	0.701 *** (1.010)
Risk				−0.214 *** (1.104)	0.088 (2.124)
控制变量	控制	控制	控制	控制	控制
家庭固定效应	控制	控制	控制	控制	控制
年份固定效应	控制	控制	控制	控制	控制
样本量	4804	8474	1247	2118	3288

注：小括号内为稳健标准误，*、** 和 *** 分别表示10%、5%和1%的显著性水平。

究竟为何会出现这般状况呢？深挖其中根源，与城市居民相比，农村居民面临着更为广阔的风险敞口。从宏观视野俯瞰，农村地区的医疗与养老资源供给严重不足，加剧了农村居民潜在的健康风险。考虑到健康一旦遭受冲击，随之而来的便是沉重如山的经济损失，在这般重压之下，农村家庭不得不审时度势，更倾向于投身于那些低风险、低收益的生产经营活动。转换视角至微观层面，大多数农民的生计依赖着脚下的土地，农业生产成为农村家庭收入的主要支柱。然而，落后的生产力束缚着农业前进的步伐，再加上气候变化的不确定性，两者交织在一起，必然导致农村家庭经营面临着相对更高的风险，这或许正是城乡收入不平等问题背后隐匿的症结所在。

事实上，无论是正式还是非正式的风险分担机制，对于农村居民收入增长均至关重要。已有研究表明，保险参与能有效地将农村居民面临的收入风险转移出去（王小龙和何振，2018）。结合这些前沿探索，长期护理保险所蕴含的风险分担机制通过舒缓不确定性冲击对农村家庭收入的负面影响，有望成为缩小城乡收入差距的得力助手：一方面，长期护理保险具备显著的健康效应，能够有效化解家庭未来可能遭遇的医疗负担风险，为农村家庭经济保驾护航；另一方面，长期护理保险的费用报销如同给家庭注入一剂强心针，让他们在面对失能状况可能对收入造成的负面冲击时，更有底气、更具信心，进而激发家庭勇于承担风险的行为，为增收开辟新路径。

为严谨、深入地考察长期护理保险是否真能凭借上述渠道，对农村家庭产生更强的增收效应，本研究构建起如下模型：

$$\ln I_{ict} = \sigma_0 + \sigma_1 LTCI_{ct} \times Risk + \gamma_2 Risk + \delta X_{ict} + \lambda_i + \lambda_t + \varepsilon_{ict}$$

$$(6.15)$$

其中，$Risk$ 代表着家庭医疗负担风险，又或是用以标识该家庭是否存在风险承担行为，其余变量的设定与前文保持着高度一致。参照夏蒙和普拉萨德（Chamon & Prasad，2010）的做法，筛选出过去一年医疗支出占家庭总消费支出的比例（med_burden）作为衡量医疗负担风险的标尺。与此同时，使用家庭是否从事个体经营或开办民营企业（risk_taking）这一关键指标作为风险承担行为的有力代理变量。

表6.9的列（2）和列（3）展示了将式（6.14）原本的被解释变量替换为式（6.15）两个关键指标的结果。相较于繁华都市中的城市家庭，试点政策落地实施之后，更大程度地化解了农村家庭所面临的沉重的医疗负担，显著促进了农村家庭勇敢迈出风险承担的步伐，为其增收致富注入了新动力。

表6.9的列（4）和列（5）展示了全部样本均为农村、基于式（6.15）

的回归结果。从列（4）呈现的结果可以看出，家庭消费里医疗支出的比重如若过高，会对收入增长形成极大的阻碍，拖慢家庭迈向富裕的脚步。而此时，试点政策的实施有效降低了医疗负担衍生出的不利影响，为农村家庭收入水平的稳步提升扫清障碍。从列（5）的估计结果来看，长期护理保险所蕴含的保险价值有助于全方位增强农村家庭应对风险的强大能力。农村家庭得以大胆参与到那些高风险、高收益的经济活动之中。可见，试点政策充分施展自身效能，发挥出了极为明显的增收效应，让农村家庭的钱包逐渐鼓起来。

综上所述，长期护理保险在一定程度上巧妙消除了因风险分配不均而导致的"马太效应"，其所蕴含的风险分担机制真真切切地纠正了城乡间的收入不均等现象，为推动城乡均衡发展、增进民生福祉作出了突出贡献。

6.6.2　群体间收入差距

党的二十大报告高屋建瓴地指出，要千方百计增加低收入者收入，持续发力扩大中等收入群体。不言而喻，缩小群体间差距作为缓解相对贫困的核心要义，已然成为增进民生福祉的必由之路，承载着无数人的期盼。为更加深入、全面地探究长期护理保险在改善群体间收入不平等状况方面所蕴含的巨大能量，本章运用分位数回归考察试点政策对处于不同收入水平层级家庭的差异化政策效果。表 6.10 中 *PanelA* 翔实报告了基准模型在家庭收入 25%、50%、75% 这三个关键分位数点的回归分析结果。列（1）~ 列（3）所呈现的结果显示，尽管 $LTCI_{it}$ 的估计系数在这三个不同分位点均显著为正，然而，当把视野聚焦于细微之处，相较于其他分位数点，其系数估计值在第 25 分位数点更为显著。这一结果清晰地表明，当我们在研究中将更多关注的目光投向低收入群体，赋予其更高权重时，试点政策所释放出的增收效应将更为显著。这意味着长期护理保险制度具备良好的益贫性特质，能够有效缓解不同收入群体之间客观存在的相对贫困问题。

表 6.10   分位数回归结果

项目	(1) 25%分位数	(2) 50%分位数	(3) 75%分位数
$PanelA.\ LTCI_{ct}$	0. 418 *** (0. 068)	0. 233 *** (0. 054)	0. 134 (0. 078)
$PanelB.\ LTCI_{ct} \times Rural$	0. 489 *** (1. 104)	0. 198 *** (0. 978)	0. 155 *** (1. 214)
$LTCI_{ct}$	0. 165 * (2. 312)	0. 124 ** (2. 212)	0. 023 (1. 467)
$Rural$	- 0. 244 *** (1. 678)	- 1. 897 *** (1. 056)	- 0. 099 *** (1. 321)
控制变量	控制	控制	控制
家庭、年份固定效应	控制	控制	控制
样本量	11735	11735	11735

注：小括号内为稳健标准误，* 、** 和 *** 分别表示 10% 、5% 和 1% 的显著性水平。

$PanelB$ 报告了交互项模型在家庭收入 25% 、50% 、75% 分位数点的回归结果。在这不同的分位数点上，$LTCI_{ct} \times Rural$ 的系数均在 1% 的显著性水平上显著为正。这一现象说明，无论面对何种收入水平的群体，试点政策有助于消除城乡居民之间的收入不均等鸿沟。换而言之，长期护理保险能够有效勾勒出不同收入群体内部更为均衡合理的收入分配蓝图，让公平之花处处绽放。此外，值得注意的是，三重交互项的系数在 25% 分位数点达到最大，而在 75% 分位点则趋于平缓，达到最小。这进一步揭示出相较于高收入群体，试点政策对低收入群体的分配效应更为明显。

综上所述，长期护理保险不但能够有力地缩小不同群体之间的收入差距，而且有助于改善各群体内部的收入不均等乱象。在制度设计上对低收入群体给予重点保护与贴心扶持，展现出健全社保体系在巩固脱贫攻坚胜利成果、兜牢民生底线方面所具有的重要现实意义，为社会的和谐稳定、人民的幸福安康筑牢根基。

剖析城乡家庭以及不同收入群体所呈现出的异质性影响之后，本研究从宏观维度构建收入不均等指标，试图进一步深挖长期护理保险在城乡和群体间的分配效应,结果如表6.11所示。其中,解释变量、控制变量以及固定效应的设定与表6.7保持着高度一致,确保研究的连贯性与科学性。为精准度量城乡收入不均等程度,本书用地级市收入和人口数据计算泰尔指数,并将这一指标作为被解释变量进行DID估计。列(1)和列(2)的回归结果显示,无论是否引入控制变量,试点政策都有助于缩小城乡间的收入差距。另外,本书还参考孙计领(2016)的前沿研究,以主要被解释变量家庭收入为轴心,按照年份和县区进行精细分组,以此为基础精确计算各样本期家庭所在县区的基尼系数。当列(3)将被解释变量替换为基尼系数时,结果显示试点政策显著地缩小了群体间的收入差距,为推动社会公平正义、增进民生福祉迈出坚实步伐。

表6.11　　　　长期护理保险对城乡差距和群体差距的影响效应

项目	(1) $Theil\_index$	(2) $Theil\_index$	(3) $Gini\_index$	(4) $Gini\_index$
$LTCI_{ct}$	−0.006** (0.213)	−0.006** (0.213)	−0.039*** (0.026)	−0.035** (0.045)
控制变量	未控制	控制	未控制	控制
城市固定效应	控制	控制	未控制	未控制
县区固定效应	未控制	未控制	控制	控制
年份固定效应	控制	控制	控制	控制
样本量	1845	1845	244	231

注:小括号内为稳健标准误,*、**和***分别表示10%、5%和1%的显著性水平。

6.6.3　地区间收入差距

通过前文的深入探究,所得出的结论已然清晰明朗:试点政策对城乡间以及群体间长期存在的收入分配"顽疾"进行了卓有成效的"医治",能够显著改善其收入分配状况。这一结果,强有力地证明了长期护理保险制度对增进民生福祉具有不容小觑的促进作用,为社会的均衡发展注入了磅礴力量。将研究视角从宏观维度转向微观层面，聚焦于探讨长期护理保险制度对地区间收入分配状况所产生的深远影响。

为考察长期护理保险在改善地区间收入不均等问题上的实际作为，本章将东部地区居民收入水平选定为对照组，为后续对比分析提供参照。构建起是否为中部（Central）、西部（West）以及东北（Northeast）地区的虚拟变量，这些虚拟变量能够敏锐捕捉不同地区在政策响应过程中的细微差异。在基准模型基础上，分别纳入经济区划及其与核心解释变量 $LTCI_{ct}$ 的交互项，全方位、多角度地剖析地区间的政策效应差异，回归结果如表6.12 所示。回归结果显示，长期护理保险改善了地区之间的收入不均等状况。其中，与收入相对较高的东部地区相比，中部地区在试点政策的滋养下，享受到的政策红利如同丰硕的果实，明显更为丰硕。然而，当把目光投向西部和东北地区时，情况却略显黯淡。相较于东部地区，西部和东北地区的家庭收入水平在试点政策落地实施之后，并未如同预期般显著提高，深入探究背后的缘由，不难发现西部和东北地区的医疗基础设施匮乏，难以孕育出优质的照护服务，再加上照护服务人员配备不足，难以充分挖掘试点政策蕴含的增收潜能，致使政策效果大打折扣。

表6.12　　　　　　　经济区划对长期护理保险分配效应的影响

项目	ln$I$ 25% 分位数	ln$I$ 50% 分位数	ln$I$ 75% 分位数
$LTCI_{ct} \times Central$	0. 298 *** (0. 147)		
Central	− 0. 045 (0. 067)		
$LTCI_{ct} \times West$		− 0. 165 (0. 345)	
West		− 0. 313 *** (0. 564)	
$LTCI_{ct} \times Northeast$			0. 037 (1. 231)

续表

项目	ln*I* 25%分位数	ln*I* 50%分位数	ln*I* 75%分位数
Northeast			0.035 (0.986)
LTCI$_{ct}$	−0.011 (0.148)	0.078 (0.433)	0.061 (0.234)
控制变量	控制	控制	控制
家庭固定效应	控制	控制	控制
年份固定效应	控制	控制	控制
样本量	3028	3543	1818

注：小括号内为稳健标准误，*、**和***分别表示10%、5%和1%的显著性水平。

6.7 结论与启示

6.7.1 结论

本研究借助各城市推行长期护理保险试点政策所带来的外生冲击这一独特"视角"，深入探究长期护理保险究竟能否凭借"增收"与"分配"两大关键维度，助力增进民生福祉的宏伟目标顺利达成。经过严谨细致的研究剖析，一系列成果清晰浮现。

1. 长期护理保险具有显著的就业促进效应

深入挖掘试点政策背后的增收"密码"，发现其主要通过两条关键路径施展魔力。一方面，长期护理保险通过挤出家庭照护，为家庭成员腾出投身劳动市场的宝贵时间与精力。另一方面，化身就业岗位的"创造者"，源源不断地孕育出大量就业机会。而且，这种增收效应在那些面临收入损失风险以及医疗支付压力较高的家庭中，表现得更为突出，这无疑从侧面有力印证了长期护理保险具备极为强大的风险分担功能，为家庭经济保驾护航。

2. 长期护理保险政策具有显著的增收效应

长期护理保险推动了试点地区家庭收入水平的稳步攀升，尤为值得一提的是，即便在研究过程中运用多种精密方法，全力排除同期其他繁杂因素的干扰"噪声"后，这一振奋人心的结论依旧如同闪耀的星辰，稳稳屹立不倒，充分彰显了政策的强劲"威力"。

3. 长期护理保险政策具有显著的分配效应

长期护理保险政策通过有效舒缓农村家庭沉重的医疗负担，逐步缩小城乡之间的收入差距，切实降低不同群体之间以及各个地区之间客观存在的收入不均等程度，使社会收入分配格局愈发趋于均衡合理。这充分表明长期护理保险所蕴含的"扶弱助贫"特质，有助于全方位强化社保制度所肩负的稳定器关键作用，为社会的和谐稳定注入磅礴力量。

6.7.2　启示

本章所揭示的研究结论蕴含着诸多至关重要的政策启示。

1. 加速推进长期护理保险制度建设进程，全力健全社会保障制度体系

鉴于长期护理保险试点政策已然被证实有利于指引我们稳步增进民生福祉这一战略目标，为更进一步充分释放这项制度潜藏的优越性，政府应当加大财政资金投入力度，推动长期护理保险在全国各个省市的城乡区域实现全面覆盖，使其与现有社保制度形成高效互补与良性互动的和谐关系，汇聚成推动社会发展的强大合力。

2. 强化长期护理服务质量监管力度，激发照护产业蓬勃发展

长期护理保险制度的试点工作已然斩获显著成效，展望未来，仍需持

续深耕细作，进一步优化完善现有试点城市的制度运行机制，为后续其他试点城市提供极具价值的参考范例。挤出家庭照护与创造就业岗位是长期护理保险提升家庭收入水平的关键渠道。为实现国民收入稳步攀升，有关部门务必严格按照高标准甄选从业者，对护理人员开展全方位专业化培训，凭借提供高品质、超一流的长期护理服务，彻底消除家庭照料人员的"后顾之忧"。此外，政府还应当向符合资格的民营医疗机构提供低息贷款或税收减免等优惠政策，全力鼓励各类照护服务机构在公平公正的环境中展开激烈竞争，充分释放养老服务业市场主体的旺盛活力，提升劳动力要素配置效率，实现资源利用最大化。

3. 聚焦弱势群体，全力防范致贫返贫风险

改善风险分配不均问题是破解收入不平等难题的核心所在。由于长期护理保险具有强大的风险分担功能，因此对那些就医成本高昂的群体予以重点扶持，无疑将收获更高的社会收益。在医疗条件较差的地区，适当提高长期护理保险基金支付比例，加大护理费用减免力度，全方位增强弱势群体的风险应对能力，有效防止因病致贫、因病返贫的"阴霾"笼罩，让社会发展的阳光普照每一个角落。

第 7 章

以长期护理保险筹资机制优化
增进民生福祉

7.1 试点城市长期护理保险制度筹资机制比较分析

7.1.1 筹资对象比较分析

筹资对象可分为两类：一类是参加城镇职工基本医疗保险的参保人，如承德、潍坊、齐齐哈尔、重庆、天津等 17 个试点城市和地区；另一类是参加城镇职工基本医疗保险和城乡居民基本医疗保险的参保人，如长春、吉林、松原、通化、梅河口、珲春、东营、青岛、济南、淄博等 32 个试点城市和地区，见表 7.1。

表 7.1　　　　　　　　　　长期护理保险试点城市筹资对象情况

筹资对象	试点地区
参加城镇职工基本医疗保险的参保人员	承德、潍坊、临沂、聊城、齐齐哈尔、安庆、重庆、天津、晋城、盘锦、福州、湘潭、南宁、黔西南州、昆明、汉中、甘南州
参加城镇职工基本医疗保险和城乡居民基本医疗保险的参保人员	长春、吉林、松原、通化、梅河口、珲春、青岛、济南、淄博、枣庄、东营、烟台、济宁、泰安、威海、日照、德州、滨州、菏泽、上海、苏州、南通、宁波、上饶、荆门、广州、成都、石河子、乌鲁木齐、北京石景山、呼和浩特、开封

资料来源：李雨畅，俞清源，陈星宇，等．积极推进长期护理保险制度建设的思考：基于我国 49 个长期护理保险试点城市的政策分析［J］．中国卫生质量管理，2024，31（7）：83。

7.1.2 筹资渠道比较分析

目前49个长期护理保险试点城市和地区均基于医保基金进行多元化筹资，其中包括不同程度的个人缴费（巴曙松等，2024）。吉林、上饶、泰安、滨州、菏泽、昆明等试点城市筹资渠道较为多元化（见表7.2）。一些试点城市针对特定参保对象制定了特殊的筹资政策。例如，福州、南宁、昆明、晋城、盘锦等5个试点城市均对退休人员的筹资进行了具体规定；吉林省红十字会对全省红十字志愿者、无偿献血志愿者、造血干细胞捐献者中符合条件的困难城乡居民进行财政补贴；甘南州规定各级机关及事业单位参保人员、关停的国营破产企业退休职工由同级财政进行补助，个人缴费从个人账户划转。

表7.2 　　　　　　长期护理保险试点城市筹资渠道

筹资渠道	试点城市
医疗保险统筹基金、个人缴费	承德、齐齐哈尔、重庆、盘锦、福州、湘潭、苏州
医疗保险统筹基金、个人缴费、福彩基金	石河子
医疗保险统筹基金、个人缴费、福彩基金、社会捐赠	天津
医疗保险统筹基金、个人缴费、财政补助	青岛、南通、宁波、安庆、荆门、广州、成都、北京石景山、晋城、开封、黔西南州、甘南州、汉中
医疗保险统筹基金、个人缴费、财政补助、福彩公益金	济南、淄博、枣庄、烟台、潍坊、济宁、威海、日照、临沂、聊城
医疗保险统筹基金、个人缴费、财政补助、社会捐赠	东营、德州、乌鲁木齐、呼和浩特
医疗保险统筹基金、个人缴费、财政补助、福彩公益金、社会捐赠	泰安、滨州、菏泽、昆明
医保统筹基金、个人缴费、单位缴费、财政补助、社会资助资金	长春、吉林、通化、松原、梅河口、珲春

续表

筹资渠道	试点城市
医疗保险统筹基金、个人缴费、财政补助、单位缴费、社会捐赠	上饶
单位缴费 + 个人缴费	南宁
第一类人员：单位缴费 + 个人缴费	上海
第二类人员：个人缴费 + 财政补贴	上海

资料来源：李雨畅，俞清源，陈星宇，等. 积极推进长期护理保险制度建设的思考：基于我国 49 个长期护理保险试点城市的政策分析［J］. 中国卫生质量管理，2024，31（7）：84。

7.1.3 筹资方式与标准比较分析

各试点城市筹资方式不同，大体可以分为定额筹资、比例筹资、"定额 + 比例"筹资 3 种。其中，有 23 个试点城市采用以固定金额进行缴费的定额筹资模式，但是，不同试点城市定额筹资标准存在较大差异。例如，城镇职工基本医疗保险参保人的长期护理保险筹资标准为每人每年 40～240 元，多数试点城市筹资标准每人每年为 100～200 元。其中，安庆市城镇职工长期护理保险筹资水平最低，仅为每人每年 40 元；甘南州城镇职工长期护理保险筹资水平最高，为每人每年 240 元。从城镇职工长期护理保险筹资渠道来看（见图 7.1），医疗保险、个人缴费及财政补助 3 种渠道承担了较高的筹资比例，医疗保险统筹基金承担了 17%～87%，个人缴费承担了 6%～57%，财政补助承担了 5%～40%。

同一试点城市不同参保类型筹资标准也不相同（见图 7.2）。城镇职工基本医疗保险参保人的筹资标准约为城乡居民基本医疗保险参保人筹资标准的 1～3 倍，仅上饶、宁波、北京石景山 3 地两者筹资标准相同。

有 12 个试点城市采用比例筹资模式，具体可分为三类：第一类是以基本医疗保险缴费基数缴纳，例如广州、上海、重庆等试点城市；第二类是以年度城乡居民可支配收入的百分比作为基数，例如荆门市；第

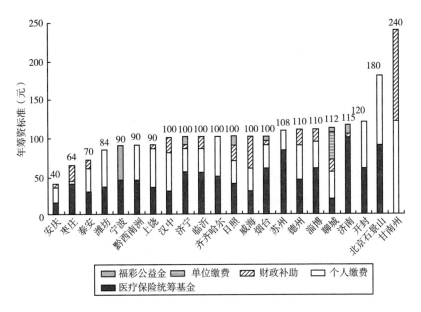

图7.1 定额筹资试点地区城镇职工长期护理保险筹资标准及渠道

资料来源：李雨畅，俞清源，陈星宇，等. 积极推进长期护理保险制度建设的思考：基于我国49个长期护理保险试点城市的政策分析［J］. 中国卫生质量管理，2024，31（7）：84。

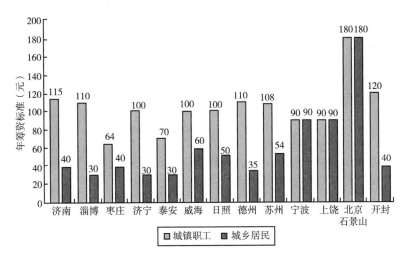

图7.2 城镇职工和城乡居民长期护理保险均采用定额筹资的试点地区筹资水平

资料来源：李雨畅，俞清源，陈星宇，等. 积极推进长期护理保险制度建设的思考：基于我国49个长期护理保险试点城市的政策分析［J］. 中国卫生质量管理，2024，31（7）：84。

三类是以职工上年度工资总额的百分比作为基数，例如承德市，但承德市为了不增加单位负担，从职工基本医疗保险单位缴费中划转长期护理保险资金。

有 14 个试点地区采用"定额 + 比例"筹资模式，即职工基本医疗保险参保人的长期护理保险实施按比例筹资，城乡居民基本医疗保险参保人的长期护理保险进行定额筹资。不同试点地区间城乡居民长期护理保险筹资标准差异较大，筹资标准为每人每年 12～180 元不等，最高的为北京市石景山区，最低的为吉林省 6 个试点城市。

在城乡居民长期护理保险定额筹资渠道中（见图 7.3），医疗保险、个人缴费及财政补助 3 种渠道承担了较高的筹资比例，医疗保险统筹基金承担了 33%～100%，个人承担了 33%～83%，财政补助承担了 16%～67%。

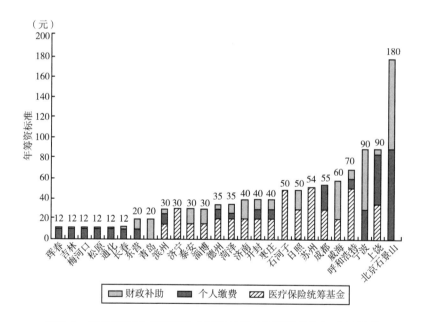

图 7.3 定额筹资试点地区城乡居民长期护理保险筹资标准及渠道

资料来源：李雨畅，俞清源，陈星宇，等. 积极推进长期护理保险制度建设的思考：基于我国 49 个长期护理保险试点城市的政策分析 [J]. 中国卫生质量管理，2024，31（7）：85.

7.2 试点城市长期护理保险制度筹资机制的 不足之处

7.2.1 筹资对象不一致，制度覆盖范围有待扩大

在试点城市的长期护理保险筹资机制比较分析中，一个显著的不足是各试点城市筹资对象的不统一性导致的问题，筹资对象主要围绕在职职工和退休职工，而忽视了其他潜在需要长期护理服务的群体，这暗示当前制度的覆盖范围存在明显的局限性。具体来说，当前长期护理保险的筹资对象主要聚焦在城镇职工，而对于非城镇职工、退休人员乃至全体公民的制度覆盖则难以实现。如此设限的结果，不仅体现了制度覆盖的不均等，也凸显了长期护理服务作为公共产品的普及面临挑战。

根据已有研究显示，长期护理保险制度的普及和均等化是提高社会福利水平及推动社会公正的重要措施。例如，日本在实行长期护理保险制度后，积极扩大了筹资对象，将 40 岁以上的所有居民纳入制度覆盖范畴，从而有效促进了长期护理服务的普及和均等化。相比之下，我国试点城市的长期护理保险筹资，则明显缺乏这种普及性和均等性。筹资对象不一致导致的制度覆盖范围有待扩大，反映了我国在普及长期护理服务方面的短板，这不仅影响了老年群体的基本福利保障，也降低了整个社会对长期护理需求的应对能力。

7.2.2 筹资渠道单一，筹资独立性有待加强

我国长期护理保险试点城市在筹资机制的建设上表现出了较大的创新性和探索性，但同时也暴露出不少不足之处，尤其是筹资渠道的单一性以及筹资独立性不足问题尤为突出，直接影响到了制度的稳定性和可持续性。

在筹资渠道方面，多数试点城市依赖于现行的社会保险体系，将长期护理保险资金纳入医疗保险体系进行统一管理与使用。这种筹资方式在初期可以利用现有的医保基金和管理经验，快速推进试点工作的实施，但由于未能建立起独立的筹资和管理账户，长期护理保险的筹资独立性难以保证。医疗保险筹资压力的增加也可能导致护理保险的资金被挤压，影响保险制度的健康运行。

在资金独立性方面，部分试点地区虽然尝试通过政府补贴来提高筹资独立性，为长期照顾提供资金来源，但这种模式并不可持续，因为政府补贴通常有时间限制。在补贴结束后，长期护理保险制度可能因缺乏足够的资金来源而面临挑战。此外，政府责任的缺失与失能社会风险的防范机制相背离，导致筹资不稳定的风险长期存在。筹资渠道的单一化，不仅限制了资金的有效运用，也严重妨碍了长期护理保险制度在覆盖率和服务质量上的提升。

7.2.3 各地筹资标准差距大，筹资水平有待提高

在深入分析我国试点城市长期护理保险筹资机制的实践中，揭示出多地筹资标准的巨大差距已成为一个不容忽视的问题。试点城市间的筹资标准不一致，致使筹资水平性参差不齐，直接影响了基金的支付能力和保障水平，增加了制度运行的碎片化风险。关博和朱小玉（2019）的研究表明，试点城市筹资水平差异悬殊，高低相差超过20倍，而这种筹资标准的迥异，极易导致保险待遇的区域不平等，对于形成统一的国家长期护理保障体系构成了重大阻碍。

同一地区内，不同缴费方式之间的筹资标准也存在较大差异。某些地区选择按比例缴费的筹资标准相差5倍左右，定额缴费地区之间的差距甚至高达6倍。这种内部筹资标准的离散，进一步削弱了制度内的整合力与公平性，导致长期护理保险系统更加脆弱。缺少横向的筹资均衡，会给制度的可持续性带来长期隐患。

再者，每个试点城市筹资机制的设计受到当地经济发展水平、财政实力和社会保障制度成熟度的影响，导致筹资政策在跨区域实施中的适应性问题。试点方案的筹资水平不同，体现了本地区经济发展水平与居民支付能力的差异，而这些差异是由区域内生经济条件所决定的。筹资机制选择不仅体现了当地政府面对长期护理风险的态度，也映射了社会公众对于社会保障预期的反映。筹资标准设置的多样性，既包括了对参保对象的保障水平的考量，也体现了政策设计者对财政与社会可承受性的判断。然而，在失衡的筹资标准之下，难以实现制度之间的有效对接与资源整合，从而影响了长期护理保险的整体效应和社会公平正义。

筹资标准的不均等同样在部分地方的筹资责任划分上表现得淋漓尽致。不同的地区在追求制度平衡时，对个人、企业和政府三者分担的责任划分各不相同，从而导致了参保人员在享有长期护理服务时的差异性待遇。这种差异性在一定程度上会降低公民对制度的信赖与依赖度，加之筹资渠道的单一性，还可能减少民众参与的积极性，影响长期护理保险制度的健康发展。

7.2.4　筹资责任划分不明确，筹资公平性有待改善

在分析试点城市长期护理保险的筹资机制时，我们发现筹资责任划分的不明确性是一大短板，它不仅制约了制度效率，也对筹资的公平性构成了挑战。在我国长期护理保险体系中，参保个体、家庭、企业和政府四方在职责分配上存在明显的界限模糊，导致筹资过程中负担不公与效率损失并存的问题。当前筹资制度中，个人与家庭的承担比例并没有形成一个广泛认可的标准，企业的负担比率也屡遭争议，而地方政府在补贴上动辄一纸承诺，缺少后期的财政支持与政策跟进，进而形成筹资责任的混乱与推诿。

财政补贴和政府责任在长期护理保险筹资中扮演着关键角色。虽然国家相关部门已发布意见支持构建长期护理保险体系，但在实际操作层面，政府补贴的额度并无明确标准，易受地方经济发展状况与财政策略影响。

此外，基于社会老龄化及待遇享受人群上涨的趋势，政府需防范因缴费人群下降而引发的财务困难，这要求筹资机制更加重视财务平衡与稳健性，考虑到自愿选择不生育子女的人口与选择生育子女的人口应设定不同的保险费率。

同样，企业作为长期护理保险筹资的主要参与者之一，承担了一定比例的费用。然而，企业缴费的积极性很大程度上受到经济周期波动与市场竞争压力的影响。企业在经济不景气时期可能欲减轻费用负担，这反映了当前筹资机制对于企业缴费激励和责任界定均十分模糊。

社会参与，作为长期护理保险筹资的重要补充，亦未能得到充分发挥。现行筹资机制多依靠政府与企业的投入，较少涉及社会力量的参与。然而，来自社会捐助的筹资方式可以极大提升制度的公众认可度和社会效果，打造多元化筹资体系，确保制度的长期可持续性。

对于个人与家庭而言，当前的筹资责任不仅缺少激励措施，而且在费用分摊机制上亟待明确。家庭作为护理服务的直接受益者，理应承担部分责任，然而在实践中，由于缺省缴费基准及缴费比例，家庭所承受的压力大小不一，这与筹资的公平性原则背道而驰。

7.3 发达国家长期护理保险制度筹资机制比较分析

7.3.1 荷兰的长期护理保险制度筹资机制

荷兰作为长期护理保险制度的先行者，其筹资机制的精细化与成熟度代表了国际上长期护理保险制度筹资机制的发展水平。荷兰的长期护理保险主要有社会型和商业型两种模式（Maarse & Jeurissen，2016）。以社会保险模式运行的长期护理保险采用强制性的筹资模式，筹资渠道主要包括工资税、所得税和其他形式的国家税收。社会型长期护理保险要求所有公民必须参保，缴费金额为个人收入的一定比例，由雇主与雇员共同承担保费，以此确保每个人在长期护理方面的需求得到保障。商业型长期护理保险为个人购买的私人长期护理保险。为了筹资的可持续性，荷兰政府设立特定的法律规章来确保筹资机制的健全与合规性。荷兰的长期护理保险基金由财政部、社会事务和就业部以及健康、福利和体育部共同负责管理。

荷兰对筹资对象与责任作出了明确的界定。对于接受长期护理保险给予保障的个人而言，他们需要承担一定的自付额，自付额的多少根据个人收入的多少和需要的护理程度来确定。这意味着所有被保险人共同分担保险费用，但同时也体现了收入越高的群体承担更多的责任（Schut & Van Den Berg, 2010）。

荷兰长期护理保险筹资机制的一个重要特征是透明度与风险分摊。保险机制的具体工作流程、缴费标准以及资金的使用途径均公布于公众，确保透明性。同时，通过风险池机制来平衡不同区域与不同个体之间的风险。

这种由政府主导的筹资机制有效地将长期护理风险社会化。政府在以立法规定确保筹资机制稳定性的同时，还设立监管机构对基金的收支情况进行监督和指导。此外，荷兰政府在长期护理保险的筹资机制中，赋予地方政府一定的自主决策权，确保地方政府在制定筹资标准和管理资金使用方面拥有较大的灵活性。

荷兰的长期护理保险筹资机制体现了公平性、可持续性以及社会责任感，强化了个人的责任，加强了公民自我管理能力的提升意识和对长期护理风险的认识，在国际上得到了广泛认可，为我国优化长期护理保险筹资机制提供了宝贵的指导性思路与方案，为我国根据国情建立起更为健全、有效的长期护理保险筹资机制提供了经验启示。

7.3.2　德国的长期护理保险制度筹资机制

德国长期护理保险的筹资机制细致入微且兼具灵活性，为全球长期护理保险体系建设提供了宝贵的经验和启示。该筹资模式结合社会保险和强制性商业保险的特点，高收入者可在社会保险和商业保险间自主选择，而其他收入水平人群则需加入社会保险体系，确保了覆盖门槛的普及性和参与阶层的广泛性。由此，德国在长期护理保险筹资方面体现了较高程度的包容性与弹性。

在具体实施中，德国长期护理保险的筹资机制根据雇员的总收入进行比例征收，从2017年起，费率是2.55%，由雇主和雇员各承担一半。对于退休人员，需要自己完全负担，即自缴2.55%。对于失业者、领取救助金的难民等，由政府相关部门支付全部保费。对于无子女者需要附加0.25%，也就是2.8%的保费，主要是考虑到该人群无法获得来自家庭的非正式照顾。此举不仅体现了风险共担的社会互助精神，而且通过政府承担超过1/3的财政供给，显著增强了长期护理保险系统的财政持续性与稳定性。德国的长期护理保险筹资模式强调责任与义务的平衡，遵循"利益相关者支付原则"，优化了社会福利资金的分配和使用，提高了整体社会保障水平，强化了长期护理保险作为社会制度的基础功能。

除了提供基本的护理保障，德国长期护理保险的资金运用也体现了筹资机制设计的高度创新性。利用这些资金，德国不仅向受护者提供了必要的家庭护理、专业护理服务，还投入于护理相关的研究与开发，以及护理人员的培训和职业发展，从而确保长期护理服务质量的连续提升。具体到资金的管理层面，德国的长期护理保险采取中央和地方相结合的管理模式，保险基金通过严格的财政监管和审计，保障资金的合理分配和高效利用，从而促进了长期护理保险资金的持续增长与保值增值。

在面对人口老龄化加剧的挑战时，德国长期护理保险的筹资机制通过对筹资标准的及时调整，反映了对市场波动和社会需求变化的高度敏感性。例如，为了应对无子女人口比例上升所带来的潜在财政压力，适时增加无子女雇员的缴费比例，这一动态调整机制进一步保证了制度的可持续发展。与此同时，德国长期护理保险还通过引入"附加保费"政策，不断创新筹资手段，增强财政的抗风险能力，并努力实现财务自我平衡。

德国长期护理保险筹资模式的核心在于充分结合社会、政府和市场机制的优势，建立了一个分工合作、共担风险的多元筹资体系。在其运作中，顺应人口结构和经济环境的变化，通过不断调整筹资标准和筹资机制，确立了一个能够自我完善和自我适应的长效机制，这对于其他国家尤其是老龄化社会越发严峻的中国长期护理保险筹资机制构建具有深刻的借鉴意义。

综上所述，德国长期护理保险的筹资机制运行稳健，保险基金分配科学合理，有效保障了长期护理服务的供给。通过对德国长期护理保险筹资机制的深入分析，对我国在完善长期护理保险筹资体制，提升长期护理保险财务可持续性和制度适应性方面，提供了切实可行的规划和实施策略。

7.3.3 日本的长期护理保险制度筹资机制

日本长期护理保险制度以其独特的筹资机制和全面性的服务体系受到国际社会的广泛关注。长期护理保险在筹资机制上的特点主要体现在其公共性、普遍性和责任分担三方面。在公共性方面，日本政府强调将长期护理保险定位于社会保障领域的必要组成部分，这不仅确保了护理服务的普及，也显示了政府在提供老年护理服务中所承担的关键作用。普遍性则体现在长期护理保险横跨全体国民，40岁以上的日本国民均需要强制性缴纳保险费，保证了基金的庞大来源同时促进了国民认识到个人对长期护理的普遍需求。

在日本将参保者分为两类，65岁及以上的国民被称为第一号被保险者，这部分人年龄较高，护理服务需求量较大；而40～64岁的参保国民被认为是第二号被保险者，他们的护理服务需求量较小。日本的长护险体系采用现收现付制，强制缴费，缴费主体包括雇主、政府、参保人三方。财政来源包括向被保险者征收的保险费和公共税收。65岁及以上被保险者缴纳的保险费占到护理保险费用的17%，40～64岁的被保险者缴纳的保险费占到护理保险费用的33%；剩余的50%中由中央政府负担25%，都道府县和市町村各负担12.5%。具体内容见表7.3。

表 7.3   日本保障对象和筹资体系

保障对象	等级分类	筹资体系
≥65 岁为第一号被保险者	第一等级为接受社会救助者;第二等级为市町村民税免税家庭;第三等级为市町村民税免税个人;第四等级和第五等级分别为本人课税≤250 日元和 >250 日元的人	(1) 退休金≥18 万日元,保费直接从退休金里扣除;(2) 退休金 <18 万日元,保费由市町村自治团体征收
40 ~ 64 岁为第二号被保险者	同上	根据相应的医疗保险费用计算

资料来源:陈玫,孟彦辰. 长期护理保险制度的构建研究——以日本相关经验为借鉴 [J].
卫生软科学, 2019, 33 (9): 87 – 91。

值得指出的是,日本的长期护理保险也积极探索筹资模式的长期可持续性。随着人口老龄化的加剧和社会护理需求的变化,保险制度也需相应调整来应对这些挑战。例如,日本在筹资方式上探索了包括保险费率的动态调整、资金运用效率的提升以及对高龄社会的预案制订等。

7.4　发达国家长期护理保险筹资机制经验

7.4.1　制度覆盖广泛

在全球范围内,长期护理保险制度的建设已显现出多元化的发展趋势(Hohmann & Ludwig, 2012),其中典型的发达国家如荷兰、德国、日本的经验尤为值得借鉴。在制度覆盖广泛性方面,这些国家通过灵活多样的筹资渠道和高度的制度适应性,实现了长期护理保险的普及化和包容性。

荷兰作为最早建立社会长期护理保险的国家,其制度设计强调了福利的普遍性,几乎所有人群都能从中受益。荷兰采用税收作为主要的筹资手段,保证了筹资体系的稳定与可靠,同时通过将长期护理保险纳入社会保险体系管理,增强了政府在制度保障方面的责任感和公信力。荷兰经验显示,税基广泛、税率合理、税收透明且具有极高的社会接受度,这是确保制度覆盖广泛的关键因素。

德国在 1995 年引入长期护理保险制度，制度的覆盖面同样较宽，但较之荷兰有所收窄，依赖于原有社会医疗保险体系。德国的长期护理保险筹资机制包括社会护理保险与商业护理保险两个并行的强制保险计划，结合强制性与选择性的缴费方式，不仅保障了筹资的公平性，也增加了筹资渠道的多样化，从而有效扩大了制度的保障范围。同时，德国还建立了专项财政补贴机制以应对特殊群体的护理需求，这种模式为资源的有效分配提供了制度保障。

日本则是亚洲最早建立长期护理保险的国家，其覆盖范围不是全民，但对基层政府的依赖程度较高。在筹资机制上，日本实行社会保险方式，强调社会团体的协同作用和政策的灵活适应性。日本通过实施居民税和保险费的结合方式来筹集资金，同时提供了丰富的护理服务内容，确保了制度的普及性与覆盖的广泛性。日本长期护理保险制度的实施，证明了通过地方自治体的参与和国家层面的协调，可以有效地拓展制度的保障范围。

典型发达国家的经验表明，筹资机制的建设需要综合考虑筹资的广度与深度，确保在保障制度覆盖面广泛的同时，资金的稳定和可持续性也得到保障。广泛的制度覆盖不仅涉及全体公民，还需要关注特殊群体，如残疾人、低收入家庭等，以实现更为彻底的社会包容性和平等性。此外，各国在制度设计上相互借鉴，结合自身的社会经济情况进行本地化创新，也是实现制度覆盖广泛性的重要策略。

综上所述，通过对典型发达国家长期护理保险筹资机制的比较分析，可以总结出确保制度覆盖广泛性的关键要素：稳定可靠的筹资渠道、高度的制度适应性、社会各界的全面参与以及制度设计上的本地化创新。这些经验对于我国长期护理保险筹资机制的构建与完善具有重要的借鉴意义，有助于推进我国长期护理保险制度全面铺开及其健康发展。

7.4.2　筹资渠道多元化

在筹资渠道的多元化方面，典型发达国家长期护理保险筹资机制展示了丰富的实践经验与创新思路。荷兰的长期护理保险制度，特别是通过社会福利基金和各类保险产品组合筹集资金，有效地分散了筹资来源，保证了筹资稳定性和持续性。德国在长期护理保险筹资方面引入了社会税收和个人保险的结合方式，既确保了保障力度，也避免了过度依赖单一融资渠道带来的风险。日本则采用了地方税收与国家补贴相结合的方式，这种跨层级财政支持体系不仅拓宽了筹资的渠道，还加强了地方与中央政府在资金筹集中的协同效应。

荷兰的长期护理保险制度通过各式各样的保险产品，如人寿保险、养老保险等，使个体在消费护理服务时可以获得资金支持，这些产品设计考虑了护理服务随年龄增长而增加的需求，并与其他社会保障制度相衔接，形成了一个立体的资金支持网络。这种多产品组合筹资模式提高了资金的灵活性和适应性，满足了不同人群和服务需求的多样性，并实现了风险的有效分担。

在德国，长期护理保险筹资机制的成功在于其制度的可持续性。通过将社会保险与个人自愿保险结合起来，德国确保了长期护理保险的多样化筹资来源，并通过立法强制参保，覆盖了大部分人口。该筹资模式增强了筹资结构的稳定性，筹资责任的合理分配平衡了不同社会经济群体间的负担。

日本长期护理保险筹资体系以利用地方税收和国家补贴的双轨制度著称。在双规制度运行模式下，地方政府将部分税收投入当地的长期护理服务，而中央政府则提供必要的补贴，以此保障在不同地区间能够实现筹资与需求之间的均衡。个人缴费是日本长期护理保险基金的筹资渠道之一，使整个长期护理保险制度的维持更具有弹性和动态调节能力。

典型发达国家在筹资机制设计中考虑到了筹资渠道的多样性，确保了筹资的可持续性。这为处理我国长期护理保险试点工作中的筹资出现的筹资渠道相对单一、主要依赖政府补贴和社会保险缴费、缺乏多元化筹资方式等问题提供了经验启示。将这些经验与中国国内实际情况相结合，深入分析社会文化、经济发展和政策环境的具体条件，有助于制定出更适合中国国情的长期护理保险筹资渠道，从而助推中国社会保障体系的持续健康发展。

7.4.3 筹资标准较高

在筹资标准较高方面，典型发达国家的长期护理保险筹资机制显现出其高效性和稳定性，体现了对高质量护理服务的高度重视。不同于普遍筹资水平在 0.1% ~ 2% 之间的 OECD 国家，这些国家在确定筹资标准时采取的是对高水平护理需求的求算和预期，将护理服务质量与人力成本纳入计算范畴，确保护理人员的福利待遇有保障，从而吸引并维持一支稳定和专业的护理队伍。

例如，德国在制定其长期护理保险费率时，不但依据公共长期护理支出水平进行测算，还参照国内 GDP 水平、职工和居民的平均收入水平进行动态调整。这种做法不仅保证了制度的可持续发展，也确保了护理保险的高筹资标准与民众的支付能力相匹配，提升了制度覆盖面和受益人满意度。

荷兰在制定长期护理保险费率时，将个人与家庭，以及政府和企业的供款责任进行了合理的分配，个体获得的长期护理服务按一定自付比例收取，以减少过度依赖保险制度的潜在倾向，并通过分担机制促进社会资源的公平合理分配。此外，日本的长期护理保险制度在收费标准上，不仅制定了多个缴费档次以适应不同收入水平的个体，而且还针对低收入人群与特殊群体实行了费率上的优惠政策。

但是，我们也必须看到，虽然筹资标准较高可以确保护理服务的质量与稳定，这却可能带来较重的经济负担，尤其是在经济不景气的时期，较高的筹资标准或许会对低收入群体产生更大的压力。因此，如何平衡筹资标准与支付能力，是设计长期护理保险筹资机制时不可忽视的问题。这需要政策制定者充分考虑到不同经济水平人群的承受力，设计更为灵活和人性化的筹资策略，以期达到社会公平与经济效率的双重目标。

从典型发达国家的筹资机制成功经验来看，高筹资标准并不仅仅是提高经费来源，更是对高质量护理服务的一种投资和承诺。因此，我国在构建长期护理保险筹资机制时，应当以提升服务质量为核心目标，在充分考虑社会经济发展水平和人口老龄化趋势的基础上，科学制定筹资标准并进行动态调整，确保筹资机制的公平、高效和可持续性。

7.4.4　责任分担明晰

在探讨典型发达国家长期护理保险筹资机制的责任分担明晰方面，我们不难发现，这一环节对于确保筹资机构运行的平稳和效率具有至关重要的作用。以德国和日本为例，两国长期护理保险制度均明确界定了政府、个人与企业三方的缴费责任与权利，确保了筹资的明确性与责任的可追溯性。在德国，随着社会护理保险法第十一章的实施，雇主和雇员各自负担一半的保费，此外，个体也需承担一定比例的自付费用，进一步坚固了个人责任与共担机制的意识。而在日本，长期护理保险制度通过设立特别的财政转移支付调节金，并强化自治体在地方层面的管理责任，以及通过日本养老金服务机构的管理实现财政间平衡。

责任分担的明晰化，在实际操作过程中表现为多方面的具体措施。首先，清晰界定各参与方的缴费比例和责任范围，避免了筹资过程中的混淆与纠纷。这对于维持长期护理保险体系的稳定和信任至关重要。例如，荷兰的长期护理保险制度通过 AWBZ 法案规定，个人基于收入比例缴费，且有明确的最低保护线，此举保障了低收入群体的参保状况，体现了社会负责与关怀。其次，发达国家的长期护理保险多通过立法明确制度框架，必要时由司法机构进行权益的保护。这种法治化的责任分担机制，保证了长期护理保险体系的权威性，促进了社会的法治进步。在操作层面，通过电子化、标准化的管理系统来统一管理缴费、报销等过程，确保了筹资责任的透明度。

然而，责任分担的明晰化并不意味着僵化和不变。随着社会经济环境

的变迁，这些国家也在不断调整和更新自身的长期护理保险筹资责任分担
机制。德国就通过不断修订社会护理保险法章，应对人口结构和经济水平
的变化，调整缴费标准和责任比例。而日本则注重各级政府间的协调，以
及民间资本的引入，共同分担长期护理的筹资责任，增加资源的动员和利
用效率。

7.5 发达国家长期护理保险制度筹资机制的启示

7.5.1 强调个人和企业的缴费责任

典型发达国家长期护理保险筹资机制的比较分析为我国长期护理保险
筹资机制提供了宝贵的参考和启示（Costa-Font & Courbage，2015）。特别
是在个人和企业缴费责任方面，荷兰、德国、日本等国家的经验表明，明
确规定个人与企业的缴费比例，既保障了保险制度的可持续性，又提高了
社会对保险制度的接受度和满意度（Arntz & Thomsen，2011）。以德国为
例，该国长期护理保险实行社会保险机制，由雇员和雇主各自承担一半的
保费，保障了资金来源的稳定性和人群的广泛覆盖。而日本则根据被保险
人的年龄段不同，调整其与企业缴费的比重，体现出高度的社会责任感和
对不同群体的关怀。

在借鉴国外经验的基础上，对我国长期护理保险筹资机制进行改革，
需重视以下几方面。首先，应调整目前在职员工与企业的缴费比例，建立
更为合理的缴费机制。借鉴德国模式，我国可以逐步推行雇员与雇主均衡
分享保费的制度，既减轻单方面的经济负担，又强化保障责任共担的理
念。例如，通过立法明确规定雇员与雇主各缴纳保费的百分比，制定长期
护理保险缴费的最低标准和上限值。其次，对于现行的长期护理保险筹资
来源不足问题，应探索新的筹资渠道，比如通过公私合作模式引入商业保
险公司，提供补充保险产品，增加筹资渠道的多样性。

我国应针对长期护理保险筹资中的企业缴费责任进行具体规定和激励政策设计。可以鼓励企业通过员工福利计划，为员工购买长期护理保险，实现企业与员工共同负责的保障机制。例如，从税收优惠的角度出发，为那些提供长期护理保险支持的企业提供合理的税收减免措施，以激励更多的企业履行社会责任。

在个人缴费责任方面，我国需强化个人缴费责任的宣传教育，提升公众对长期护理风险的认识，增强对长期护理保险的接受度和参与度。要确保每个公民都能够依据其经济能力缴纳长期护理保险费用，并针对低收入群体提供政策补助，确保社会保障制度的公平性。同时，结合国际经验，我国可考虑对个人缴费设置差异化政策，比如根据年龄、健康状况和收入水平等因素来设定不同的缴费标准，既体现个体差异性，又能有效控制整体筹资成本。

7.5.2 建立独立的筹资机制

在分析典型发达国家长期护理保险筹资机制的基础上，针对我国长期护理保险独立筹资机制的构建提供了具有启发性的见解。荷兰、德国及日本长期护理保险制度的成功经验表明，独立的筹资机制是保障制度效率和可持续性的关键（胡苏云，2017；余洋，2012）。鉴于此，本研究建议我国在构建长期护理保险筹资机制时，应着重考虑以下几个方面。

我国建立独立的长期护理保险筹资机制应遵循国情与现实需求相适应原则，加强制度设计与创新。对照荷兰长期护理保险筹资模式，根据我国社会经济发展水平、人口老龄化程度以及社会保障体系现状，合理设置筹资的费率、缴费基数和缴费上限。同时，应根据护理服务的实际成本，建立动态调整机制，以应对医疗技术进步和物价水平变化所带来的成本压力。

从德国长期护理保险的经验中学习，我国需积极探索将多种筹资渠道结合起来的模式。除了传统的工资比例缴费，我国还可以考虑社会捐助、慈善资金等非传统筹资方式。这些方式能够有效拓展筹资的广度和深度，提高制度的包容性和公平性。通过立法确立长期护理保险独立筹资机制的法律地位，为筹资稳定性提供法律保障。

我国应引入市场机制来丰富长期护理保险的筹资渠道。可以考虑建立公私合营模式，鼓励社会资本参与长期护理服务市场。同时，可考虑引入保险公司发行长期护理保险产品，通过多元化的保险产品满足不同层次的市民需求，实现风险的社会化分散。政府应发挥作用，搭建平台，鼓励和引导保险机构、慈善机构等社会力量参与到长期护理保险筹资体系建设中来。

为保障筹资机制的独立性和专款专用的原则，应建立起健全的资金管理与监督制度。综合借鉴日本的做法，我国可设立专门的长期护理保险基金，实施专业化、市场化投资运营。在确保安全性的前提下，通过多种投资渠道对基金进行增值，提高资金的使用效率。同时，强化监管措施，确保筹资的透明度和账目的清晰，防止基金被挪用或滥用。

7.5.3 建立筹资标准动态调整机制

在审视典型发达国家的长期护理保险筹资机制时，我们不难发现，动态调整机制在确保筹资标准与社会经济发展同步，以及保障筹资可持续性上，发挥着至关重要的作用（Kim et al.，2013）。借鉴这些国家在长期护理保险筹资机制中所积累的经验，对我国当前长期护理保险筹资机制中乏于灵活调整的弊端进行改革显得尤为迫切（Kim & Choi，2013）。在实施数字化管理和保障制度可持续性的同时，需建立一个既能反映实际护理成本，又能适应经济发展和民生变化的筹资标准动态调整机制。

具体而言，日本在长期护理保险制度中执行的是每三年根据地方的经济情况和护理成本调整缴费率的制度，且在服务端设定了固定的自付比例，有效地避免了过度消费与道德风险的问题。这种定期评估的做法有助于我国建立科学的长期护理保险筹资标准动态调整机制，一方面可以通过收入、物价指数等宏观经济指标来调整费率，另一方面还可以根据人口老龄化趋势、人均寿命增长、医疗健康技术进步等因素对护理服务的实际需要进行适时调整。

我们可以通过构建立足于统计学原理的经济模型来预测未来的护理成本，结合国内外长期护理保险的运营数据，利用历史数据点落实趋势线，评估未来数年的缴费率调整方向与幅度。此外，还可以参照国际经验，例如德国的案例，通过与 GDP 增长率相挂钩的方式，将缴费率的上调下调与国家经济发展水准紧密相连，故而在不干预市场自然调节机制的前提下，利用宏观经济政策手段来实现保险费率的自动调节。

为使筹资标准动态调整机制有效运行，还需完善相关政策和立法工作，明确调整机制的具体操作流程和调整因子，确保调整过程的透明公正。政策制定者需引入多方意见，例如从事医疗卫生工作的专业人士、经济学者以及社会各界的代表，共同为筹资标准的合理调整提供决策基础。从制度层面确立动态调整机制的法律地位，并在操作层面细化调整的技术细节，探讨实施周期、调整幅度、具体算法等关键因素。

考虑到长期护理保险本质上是一种社会保障机制，其筹资标准的动态调整不仅要基于成本核算客观标准，还应遵循社会公平原则，为此，不同收入水平的参保人群应有差别化的缴费标准，对低收入人群应采取费率优惠政策，同时对于那些需要更多护理服务的特殊人群，如重度残疾和慢性疾病患者，政府应提供更多的财政补贴。

7.5.4　筹资模式由现收现付制逐步向积累制调整

在探讨典型发达国家长期护理保险筹资机制的转型经验对我国长期护理保险制度的启示时，筹资模式的逐步调整尤显重要。具体而言，从现行的"现收现付制"向"积累制"转型的过程是构建长期可持续筹资模式的关键一环。

"现收现付制"具有直接利用现行劳动力缴费支持现有受益人的特点，这一制度简化了管理并能快速响应当前需求，但对人口老龄化趋势敏感，长期可持续性引发关注。如德国早期的长期护理保险筹资便主要采取了现收现付制度，尽管在短期内有效，但面对未来人口结构变化可能带来的压力，确实需要考虑补充性的积累策略。

"积累制"，指通过提前积累资金储备以支持未来的支出，能够较好地应对人口老龄化及其对长期护理需求的增加。它不仅能够提高资金的使用效率，而且在面临人口不断变动的情况下，较之现收现付制更具稳定性和预见性。荷兰的长期护理保险就较好地平衡了现收现付与部分积累，并不断调整筹资结构以应对未来挑战。

在荷兰的经验中，可以观察到混合制度带来的优势，即通过现收现付制满足短期内的承诺，同时通过积累制建立长期的资金储备，避免将全部财政负担转嫁至未来的劳动力上。这种模式的转换不仅提升了长期护理体系的金融稳定性和风险抵抗力，同样促进了资金的跨周期公平性。

对于我国而言，筹资模式的转型意味着将根据中国现实情况设计符合国情的积累策略。这需要在确保现阶段受益人福利不受影响的前提下，预先设立养老金储备基金，并通过投资增值，为未来潜在的支出提供资金安全网。通过资本市场策略，探索公私合作模式和社会责任投资等手段，为长期护理基金寻求稳定且长期的投资回报。

在筹资模式转型过程中，政府应发挥主导作用，通过设立法规和提供税收激励等手段，引导社会资本进入长期护理市场，并且建立严格的保险基金监管和风险评估系统来确保资金的安全与稳定。同时，财政补贴和合理调控机制的建立也至关重要。

此外，现收现付制到积累制的转变，必然伴随着从制度设计、风险评估到资本运作的多方面变化。在设计积累策略时，要细致分析不同人群的需求变化，合理预测长期护理服务的成本，并在此基础上确定合适的缴费水平和积累比例。同时，通过建立多层次的医疗健康服务体系，提升长期护理服务效率和质量，确保资金的有效使用。

转型战略实施的关键在于动态监控与评估，在积累资金的过程中，遵循与物价、医疗成本挂钩的原则，及时调整资金储备规模和投资策略，以应对通货膨胀、医疗技术进步等变化给长期护理保险筹资带来的影响。

7.6 构建长期护理保险制度可持续筹资机制的对策建议

7.6.1 逐步确定统一的筹资对象，扩大制度覆盖范围

在我国构建长期护理保险的筹资机制中，确立统一的筹资对象规范和扩大制度覆盖范围是核心任务之一。独立筹资有助于保障筹资渠道的稳定性和制度的可持续性，为长期护理保险制度提供坚实的经济基础。

在筹资对象上，应强化在职员工、退休人员以及企业雇主的缴费意识，统一筹资对象的标准，形成包容性更强、更为公正的长期护理保险制度。当前，针对不同人群的缴费比例和基数存在地区差异，导致制度覆盖面的不均衡，因此需通过法律法规形成统一的缴费标准和支付机制。此举不仅能够降低行政成本，实现效率最大化，同时增强制度的公平性和可接受性。

此外，推动全民参保是长期护理保险制度的关键所在。"十四五"时期是加快实现老龄化社会保障体系完善的关键阶段，通过普及长期护理保险，提高制度覆盖率，是应对人口老龄化和慢性疾病高发的有效手段。可以参考日本及德国等国的经验，在允许的经济条件范围内，逐步将残疾人群、慢性病患者等高风险人群纳入保险范围。

对于筹资标准及筹资渠道的确立，借鉴国际上成熟的长期护理保险筹资模式具有重要的参考价值。荷兰和德国的长期护理保险均采取了社会统筹与个人账户相结合的筹资方式，形成了个人负担与社会资助并重、风险分散与资金归集相协调的资金运行机制。我国可结合自身国情，探索形成类似模式，既强调个人责任，又切实发挥社会资助的作用，从而提高护理保险基金的筹集效率和风险抵抗力（姜向群，2013）。

在研究了多个国家的长期护理保险筹资机制后，我们注意到，高筹资

标准与广泛的制度覆盖是相辅相成的。例如，德国的长期护理保险通过合理定位参保人群，明确了职工与雇主的缴费责任，并通过税前工资为基数计算并缴纳保费。我国应从实际出发，量力而行，建立稳健科学的筹资体系，使筹资延续性与参保人群的支付能力相匹配（王竹可，2019）。

筹资机制的稳定性不仅需要筹资方式的多样性，还需要建立具有中国特色的筹资责任分担机制（海龙、尹海燕，2020）。为避免筹资义务过重导致个人和家庭负担不均，建议在紧跟现有医疗保险体系的基础上，引入新的长期护理保险筹资机制，并探索建立行政费用分配、医疗服务支出和个人缴费间合理的比例分配模式。同时，通过建立筹资责任明确的合作平台，形成政府、企业与个人三方参与、共担风险的筹资模式（吴海波等，2018）。

总之，构建我国长期护理保险筹资机制，需要从统一筹资对象规范、拓宽筹资渠道、明确责任分担等方面入手，建立并完善动态调整机制，并结合国际经验与国情实际，不断探索优化筹资模式，实现制度的全面、均衡和可持续发展。这将为应对老龄社会挑战、保障老年人的基本生活需要及促进社会公平正义贡献重要力量。

7.6.2　逐步拓宽筹资渠道，建立独立的筹资机制

在探索长期护理保险独立筹资渠道的过程中，考虑到国内外成功经验的差异性和现实的适用性，我国需从实际出发，创新性地设计筹资渠道，以确保筹资机制的独立性和长期稳健运行（文太林、孔金平，2020）。筹资渠道的创新不应仅限于传统的政府补贴和个人缴费，而应在宏观经济政策和资本市场运作等层面进行深度探索（林宝，2016）。

以国际合作为突破口，可有效吸引外部资金介入长期护理保险筹资体系。国际金融组织、外国保险公司以及海外基金会等，均可成为我国长期护理保险筹资的潜在合作伙伴。借鉴德国社会保障体系的经验，可通过建立专项合作项目，采用匹配资金的方式，吸引国际机构的资本投入，为长期护理保险提供稳定的外部资金来源。这一筹资方式有助于降低单个体制

内资金压力，且能提高制度的国际竞争力和影响力。

银保合作产品也是一种创新的筹资路径。设计具有长期护理保障功能的金融保险产品（如养老护理储蓄账户、长期护理年金保险等），鼓励个人和家庭，为长期护理保险存储资金。考虑到中国人口老龄化速度加快的现实，政府可以为金融保险产品提供税收优惠政策，鼓励个人和家庭更积极地进行自我储备，提高长期护理保险资金的积累效率和风险抵御能力。政府也可以实行财税优惠、政府购买服务等策略，激励社会资本进入长期护理服务市场。我国可借鉴日本的多层次财税支持和服务购买政策，提供有利的法规环境和政策引导，让更多私营企业等社会资本看到长期护理市场的潜力和投资价值，从而促进筹资渠道的多元化。

在进行独立筹资机制顶层设计时，要为市场运作机制创造更多的空间和政策依据。在风险可控的前提下，遵循稳健投资的原则，探索将一部分长期护理保险基金通过专业化运营，投资于股票、债券等资本市场工具获取更高的财务回报，增加长期护理保险基金的盈余。辅之以风险管理机制保障基金安全，提高长期护理保险基金的社会信任度和参与度，确保长期护理保险的长期稳定支付能力。

因此，我国在拓宽长期护理保险筹资渠道和探索建立独立筹资机制工作中，应着眼于制度筹资效率和基金收支的可持续性，积极探索与国际资本合作模式，创新金融产品设计，优化政府税费优惠等支持项目，充分利用资本市场资源构建起一个多渠道、高效率的长期护理保险筹资体系（袁笛，2024）。这不仅有助于解决长期护理保险资金压力，促进老龄社会健康稳健发展，还为整个社会保障体系的创新和完善提供了宝贵经验。

7.6.3　明确各主体责任义务，建立动态调整机制

在探讨如何构建一个可持续的长期护理保险筹资机制时，必须要明确各参与主体的责任和义务，同时建立起一个动态的调整机制以适时调整筹资标准。这不仅是确保长期护理保险制度公平性和有效性的关键，也是在

应对人口老龄化和医疗需求迅速增加的大背景下，维系制度可持续性的前提。

首要任务是确立一个清晰的责任与义务框架。在参保主体缴费方面，个人缴费应当根据其收入水平和缴费能力设置合理的费率，并定期进行收入与费率的匹配分析。同时，需加强对个人缴费义务的宣传教育，提高参保主体的责任认知，引导其理解和支持长期护理保险制度。企业则应该依法缴纳相应的保险费，企业缴费标准可参考所在地区的经济发展水平和行业特点，通过税收优惠等政策激励企业履行社会责任（周磊、王静曦，2019）。政府部分，除了给予财政补贴外，还需定期检视和评估长期护理保险的实施效果，制定相应的绩效考评机制，以确保政府投入的有效性和效率（赵娜、陈凯，2023）。

在构建长期护理保险筹资动态调整机制时应当充分考虑物价指数、平均工资水平等经济指标，即建立一个基于社会经济变动的动态调整机制（张盈华，2020）。该机制的建立应以对长期护理需求、费用支出、参保人口数据的实时监控和预测等数据分析为基础，及时调整筹资标准，确保基金的收支平衡。在筹资机制设计时还要考虑到不同地区在经济发展水平和人口结构方面的差异，赋予地方政府根据自身实际情况适当调整筹资方案的权利，以提高筹资机制的适应性和灵活性。为了保障护理服务供应的质量和效率，筹资动态调整机制还应涵盖对长期护理服务提供方补偿标准的及时更新，防止因筹资标准滞后为服务供给者带来经济损失。通过建立与服务质量挂钩的补偿机制，不断激励服务供给者提高护理服务的效率，确保服务质量的同时控制长期护理的整体支出。

总之，制度的可持续性是建立在明确和合理的责任划分、动态和灵活的筹资调整机制基础之上的。这不仅需要政策制定者、参保个体和企业的共同参与和努力，还需要一个精准高效的数据监控系统作为支撑。在未来的长期护理保险制度完善过程中，将预计随着医疗技术的发展和社会经济结构的进一步变动，这一制度将逐步向更公平、更高效、更可持续的方向发展。

7.6.4　逐步调整筹资模式

在构建我国长期护理保险的可持续筹资机制中，关键性措施包含对现有现收现付模式的逐步调整。由于现收现付模式存在潜在的未来财务不稳定风险，部分积累制度的引入显得尤为紧迫。在我国当前的社会、经济背景下，制定统一账户结合的部分积累筹资制度，不仅有利于增强筹资的长期稳定性，而且可以适应人口老龄化对长期护理需求增长的压力。

在政策制定过程中，以科学的方法保证筹资机制的稳健性是首要任务。具体而言，通过建立平衡公式 $\left(P_t = \sum_{i=0}^{n} C_i - \sum_{j=0}^{m} B_j \right)$ 来确保筹资和支出在财务上的持续平衡。这里 P_t 代表在时间 t 的支付平衡值，C_i 表示第 i 类筹资渠道的收入，而 B_j 则代表第 j 类福利支付。针对不同年龄段和群体，制度设计需综合考虑个人缴费能力、风险池大小及支付能力等因素，通过稳健的数理统计分析，建立长期有效的动态调整机制。

实行部分积累制度需要设立专门的基金账户，用以储备一部分筹资金，为未来可能出现的赤字提供财政储备。部分积累制度通过投资运作获取长期稳定收益，以此补充现收现付筹资产生的缺口。筹资模式的调整还需配合资金运作和投资策略的优化，以确保基金收益的最大化和风险的最小化。适宜的资产配置策略、严谨的投资决策流程以及有效的风险管理措施是实现基金盈余增长的关键因素。

为了提升统账结合的部分积累制度的透明度和公众信任度，建议建立健全的制度监管框架。监管机构应以数据驱动的方式，进行定期的财务压力测试，确保筹资机制能够应对各种宏观经济波动和人口变化的影响。同时，监管部门应确保基金管理的公开透明，以及投资策略的合规合法。

在实践中，为了保障政策的顺利实施和筹资构造的稳定性，建议分阶段推进，从试点开始，根据试点结果不断调整并优化筹资配额和支付模式。通过调查研究，收集相关的经济数据和人口统计数据，在实证数据基础上运用经济学和保险精算理论，开展模拟分析，预测筹资制度的长期变化趋势，及时调整策略以适应预期的财务需求变化。

综上所述，构建一个合理的长期护理保险筹资机制，不仅需要政策设计上的精确性和前瞻性，也依赖于多学科知识的融合应用，确保筹资与支付之间长期的均衡稳定。只有这样，我们才能确保长期护理保险制度的可持续发展，满足未来社会日益增长的长期护理保障需求。

7.6.5 不断完善监督与评估机制

建立严格的监督机制是确保长期护理保险制度公平、高效运行的关键。在筹资环节，应加强对各筹资主体缴费情况的监管，明确各主体的缴费责任和义务，防止出现拖欠、漏缴等情况。例如，对于企业单位，建立缴费公示制度，定期公布企业的缴费情况，接受社会监督。对于医保基金的划转，应加强与医保部门的沟通协调，确保划转资金的及时、足额到位。对于财政补助资金，严格按照预算安排和拨付程序进行管理，加强对资金使用的审计和监督，防止资金被挪用、侵占。

在待遇保障上，应加强对护理服务机构和人员的监管，规范他们的服务行为，确保失能人员能够获得符合标准的护理服务。建立服务质量考核机制，定期评估和考核护理服务机构的服务质量，并将考核结果与费用结算挂钩。在对护理服务机构的人员配备、服务流程、服务效果等考核后，针对服务质量不达标的机构，实施扣减费用、暂停服务协议等处罚措施。

在基金管理方面，应建立健全基金管理制度，加强对基金收支、投资运营等环节的监管，确保基金的安全和保值增值。例如，实行基金收支两条线管理，严格规范基金的使用范围和支付标准。加强对基金投资运营的监管，选择资质优良、信誉良好的投资机构进行合作，确保基金投资的安全性和收益性。定期对基金的收支情况进行审计和公示，接受社会监督，提高基金管理的透明度。

定期开展制度运行效果评估，是及时发现问题、调整优化政策措施的重要手段。评估指标应涵盖参保率、待遇保障水平、基金收支平衡、服务质量满意度、社会公平性等多个方面，全面反映长期护理保险制度的运行效果。例如，通过调查参保人的满意度，了解他们对护理服务质量、待遇支付水平等方面的评价和意见。分析基金的收支数据，评估基金的可持续性和财务稳定性。对比不同地区、不同人群的参保和待遇情况，评估制度的公平性和可及性。

根据评估结果，政府应及时调整优化政策措施，不断完善长期护理保险制度。例如，如果发现某个地区的参保率较低，应分析原因，采取加大宣传力度、优化筹资标准、提高待遇保障水平等措施，提高参保率。如果发现基金收支出现不平衡的情况，应及时调整筹资标准或待遇支付政策，确保基金的可持续性。如果发现护理服务质量存在问题，应加强对服务机构的监管和培训，提高服务质量。

通过建立严格的监督机制和定期开展制度运行效果评估，能够及时发现和解决长期护理保险制度运行过程中出现的问题，确保制度的公平、高效运行，为失能人群提供更加优质、可靠的长期护理保障，进一步提升民生福祉水平。

第 *8* 章

推进长期护理保险与医疗保险协同发展

8.1 推进长期护理保险与医疗保险协同发展的必要性

8.1.1 长期护理保险与医疗保险的发展相互促进

随着我国人口老龄化程度的日益加剧，长期护理保险成为民众特别是老年人生活质量的关键保障。而基本医疗保险作为我国社会保险体系的重要组成部分，承担着维护民众健康的基本职能。长期护理保险与医疗保险的一体化发展，不仅能有效解决个体因病致贫再因病返贫的社会问题，还能为探索可持续的医疗保障制度提供新路径。

长期护理保险与医疗保险的相互促进作用体现在多个维度（Goda，2011）。首先，长期护理保险能够补充医疗保险的不足。在我国，医疗保险制度虽然解决了大部分疾病医疗费用的保障问题，但对于患者日常的生活护理需求覆盖不足，尤其是对于老年群体无法自理的长期护理服务需求。长期护理保险的引入和发展能够拓展医疗保障范围，实现更全面的风险保障。其次，长期护理保险的实施能够促进基本医疗保险基金可持续运行。医疗保险基金面临巨额的支付压力，特别是随着老年人口比例的提高，这种压力愈加显著。长期护理保险的发展可减少医疗保险基金对重特大医疗费用的支付，有效控制医疗费用快速增长。此外，长期护理保险与基本医疗保险相互配合，能促进健康服务的整体提升，实现病患全周期的健康管理和全方位护理。推进长期护理保险与医疗保险协同发展对于改善民众健康水平、提升生活质量方面有着重要意义（赵郁馨等，2004），必须从制度层面认识到两者联动的紧迫性，通过系统性的改革措施强化两种保险之间的衔接，优化资源配置，提高保险效率。

长期护理保险和医疗保险在资金筹集、风险管理、制度可持续性等方面呈现出互补与互动，通过深化一体化发展，有可能形成对老年人口长期照护更为有效的保障机制，进而实现社会整体福祉的提升（李雨畅等，2024）。

当前，长期护理保险体系在缓解基本医疗保险压力方面取得了积极效应（李君，2019）。基本医疗保险的费用支出压力逐年攀升，老年人的长期护理需求正逐渐成为基本医疗保险中不可忽视的一部分。长期护理保险作为补充，能够有效分担部分经济负担，本质上有助于降低医疗保险体系内的总体支出压力。若能实现长期护理保险与医疗保险的有机衔接与协调发展，则关键的健康风险与相关费用可以在更宽广的保险网络内得到分散，进而削减了因医疗保险单一负担而可能导致的基金不足风险。

在完善长期护理保险制度的同时，积极推动长期护理保险与医疗保险的整合，通过政策引导和制度设计，加强两者之间的联系，从而实现资源共享、风险共担和效率协同。我国医疗保障体系尚需不断优化与发展，在社会政策设计上积极探索长期护理保险与医疗保险一体化的发展策略，打破现行体系中的壁垒，实现两大保险制度的有机融合。这一路径不仅对于完善我国的社会保障体系有着重要价值，也将对于整个社会的稳定和谐和经济可持续发展产生深远影响。

8.1.2　长期护理保险与医疗保险面临着共同挑战

我国长期护理保险与医疗保险一体化发展的必要性不仅源自其各自体

系内部的发展需求，更来自两者面临的共同挑战。随着社会老年化的加速，我国长期护理需求日益增长，而当前医疗保障体系尚未能充分考量长期护理服务的特殊需求，导致服务供给与需求之间存在显著的矛盾。

针对当前医疗保险制度中的慢性病与长期护理难题，一体化的制度发展路径建议引入更多商业保险元素，依靠市场机制来提高效率与创新能力。然而，非基本医疗保险机构提供的商业健康保险在现有制度下并未与医疗保险实现充分衔接，两者在信息流与资金流上存在较大障碍，冲淡了通过协同管理可能带来的全面风险保障效应。正因如此，探索长期护理保险与医疗保险的一体化发展显得尤为紧迫。

然而，长期护理保险与医疗保险间协同发展过程中，双方在信息共享、费用结算等方面均存在不少技术性与管理层面的问题。长期护理保险本身在跨地域实施上也存在尚未完全解决的问题，例如，如何实现跨区域服务的连续性，如何构建涵盖城乡所有群体的统一长期护理保险体系。

社会对医疗保险与长期护理保险认知普遍存在分离状态，认为医疗保险仅应涉及急性、短期医疗事件，而对于长期护理保险的需要则显得心知肚明但行动力不足。然而，长期护理需求的增长将导致更多慢性病患者进入医疗体系，此时若无一个综合评估与引导机制，可能会加剧基金池的风险负担。

为应对上述挑战，必须重新审视和构建我国长期护理保险与医疗保险的衔接机制。具体可考虑形成一整套信息共享与费用结算的技术平台，以便于双方构建有效的合作模式。此外，还应强调制度政策的相互配合，通过立法与监管措施确保长期护理服务与医疗服务的有效整合，以及相应资金的合理安排与使用，最终打破现有保险制度的壁垒，实现长期护理保险与医疗保险的深度整合与协同发展。

我国长期护理保险与医疗保险一体化发展的探索不仅是为了提升各自制度的效能，更是为了应对未来医疗保障面临的共同挑战。这项任务所要求的不仅仅是财政与管理层面的调整，还涉及社会文化观念与政策导向的变革，更关键的是需要一个全面综合性的战略规划和系统实施。通过推动长期护理保险与医疗保险协同发展，可以期待两大保险机构在风险分摊、资源整合、服务优化等多方面协作发力，形成一个更为稳固和高效的社会保障网络。

8.2 推进长期护理保险与医疗保险协同发展的可行性

8.2.1 长期护理保险与医疗保险协同发展的基础

随着人口老龄化趋势的加剧以及现代医疗技术的持续进步，长期护理保险与医疗保险协同发展的基础已经初步形成（Kang et al.，2012）。我国长期护理保险制度虽起步较晚，但建立与现有医疗保障体系相衔接的长期护理保险体系已成为社会共识。探索长期护理保险与医疗保险协同发展的可行性，是落实健康中国战略，提高居民健康服务保障水平的重要途径。

当前我国长期护理保险与医疗保险体制之间存在诸多相互支持与补充的有利条件。首先，现行的基本医疗保险制度在覆盖范围、筹资机制和支付方式上为长期护理保险的整合提供了坚实基础。医疗保险覆盖人群广泛，建制完善，为长期护理保险扩大覆盖面、提高效率提供了条件。其次，长期护理保险在补充基本医疗保险方面，通过提供特定群体所需的护理服务，弥补了医疗保险在长期护理领域的不足。此外，大数据技术的发展和应用，使得保险机构可基于患病率及诊疗数据开发针对性强的健康保险产品，为商业长期护理保险参与协同发展提供了技术支撑。

8.2.2 长期护理保险与医疗保险的同质性和差异性

我国长期护理保险与医疗保险协同发展不仅源自双方在理念和机制上的统一性，更因其在实践中显现出的诸多同质化特征与补充性差异。具体到长期护理保险与医疗保险本身属性上的对比，我们可以观察到两者的共性在于它们同样面向医疗健康风险的社会共济机制，通过集体风险分担以减轻个体因健康问题导致的经济压力。长期护理保险和基本医疗保险都属于这一社会共济模式，旨在通过预防、治疗和康复等服务的广泛覆盖，以支持参保人在面临健康问题时的基本生活需求和高质量生活维持。

然而，在操作层面上，长期护理保险与医疗保险的差异也同样显著。基本医疗保险多聚焦于提供疾病应对和治疗期间的费用支持，而长期护理保险则更侧重于为失能或部分失能人群提供日常生活照料与支持服务。这种差异反映出长期护理保险在覆盖范围和服务内容上对医疗保险的扩展。正是因为长期护理保险弥补了基本医疗保险的不足，对诸如社区康复、家庭照护等长期照料服务提供资金支持，它成为增进民众健康福祉与改善老年生活质量的重要补充。

从我国基本医疗保险的发展现状看，存在着对包括长期护理在内的更全面的医疗服务需求，特别是面对日益增长的老年群体，这样的需求变得更为迫切，亟须推进长期护理保险与医疗保险协同发展，提高医护资源分配精准程度，使医疗资源利用效率得到提升，推动公共医疗保障向多层次、全方位服务的方向发展，达到增强对老年群体日常生活支持的政策目标。

不容忽视的是，长期护理保险与医疗保险协同发展过程中应充分认识到两者在风险评估和资金管理等方面的差异，并处理好二者在参保资格、保障项目以及费用管理上的协同关系。依据不同地区、不同经济水平下的参保者需求差异，合理设置费用缴纳比例和分担方式，确保基金可持续性，在保障程度上做到兼顾公平性和可及性。

8.2.3 长期护理保险与医疗保险在保险责任上的互补性

长期护理保险与医疗保险在保险责任上的互补性，不仅反映了两项社会保障制度在风险分担与资源配置上的相辅相成，而且对优化服务供给、提升效率与公平性具有至关重要的作用。

当前，长期护理保险主要负责受保人因年老、疾病或残疾导致失能而产生的护理需求，侧重于生活照料与助人活动服务的提供。相较之下，传统的医疗保险则聚焦于疾病的治疗、康复和预防，为受保人提供医疗服务及相关药品费用的补偿。虽然两种保险制度的服务对象具有重叠，但由于责任范围和保险内容的差异，两者在协同发展的过程中展现出明显的互补关系。

在责任互补上，长期护理保险能有效填补医疗保险在生活照护上的缺口。例如，长期护理保险可为行动不便的老年人提供家庭护理及日常生活辅助，而这些通常不在医疗保险的赔付范围内。同样，医疗保险在应对急性病发及大病治疗费用上的优势，可以有效减轻长期护理保险在医疗救助方面的负担。

互补性的实现还需要高效率的信息共享与合理的资源配置。协同发展要求长期护理保险与医疗保险之间建立有效的信息互联互通机制，以保障两制度能够彼此了解服务需求与提供情况，避免服务重叠和资源浪费。同时，应通过法规确立合作的框架与原则，为双方的协同工作提供充足的法律保障。

在政策执行层面上，通过制度整合可以实现保险责任的最优配置，提高整体系统效率。此外，随着社会长期护理需求的日益增长，长期护理保险与医疗保险的协同发展同样可以促进社会资本的投入，形成多元化的服务提供体系，满足不同群体的需求。政府部门应积极作为，通过政策引导、财政支持等方式促进保险市场的健康发展，实现保险责任的互补与优化。

长期护理保险与医疗保险的互补并非自然形成，而是需要在政策设计上精心谋划和实际操作中不断调整优化。比如，在保险责任上的互补，应针对不同人群的具体需求，设计差异化产品，通过精准的需求评估和合理的定价机制，实现保险责任的有机补充和资源的有效配置。同时，还需建立健全产业监管体系，加大对长期护理保险的宣传力度，提高整个社会对长期护理风险及其保险重要性的认识和认可。长期护理保险与医疗保险在保险责任上的互补性有利于形成社会保障体系的内在联动机制，为系统面临的资金筹措难题和服务供给不足提供了解决途径。

8.2.4 长期护理保险与医疗保险在保险技术上的互补性

在保险技术层面，长期护理保险与医疗保险在定价机制、风险评估、服务范围等方面均有所差异，而通过技术互补，可以更加精准地识别和管理潜在的长期护理风险。

长期护理保险在保障结构上侧重于提供长期和持续的生活照护和康复护理，而医疗保险则侧重于疾病治疗和急性期医疗服务（田勇、殷俊，2019）。长期护理保险在定价时更多考虑到个体长期健康状况和生活自理能力的变化，需要长期跟踪和动态评估受保人的护理等级和服务需求。医疗保险则侧重于疾病诊断、治疗和药品消耗等短期内的费用支出。在这种背景下，长期护理保险与医疗保险的技术合作具有显著的可行性和必要性。长期护理保险的风险评估主要建立在个体生活自理能力的基础上，而医疗保险擅长于疾病诊断和治疗费用的精算，其拥有的医疗资源和专业人士在疾病早期发现和治疗方面具有明显优势。通过将医疗保险的资源和技术应用于长期护理风险的早期预防和识别，可以有效减轻长期护理保险的赔付压力，降低整体保障成本。

在实际操作中，长期护理保险与医疗保险在保险技术上的互补性可以体现为数据共享、共同研发和风险控制协同。数据共享是实现技术互补的基础，允许两大保险体系在保护受保人隐私的前提下共享有关健康状况、医疗消费和护理需求的数据信息，进而对受保人进行更全面的风险评估和服务规划。风险控制方面，可以通过医疗保险在疾病预防和健康管理方面的经验，辅助长期护理保险在风险评估和费用控制方面的政策制定和实施。

8.2.5 长期护理保险与医疗保险在支付方式上的互补性

在推进我国长期护理保险与医疗保险协同发展的过程中，支付方式的互补性是实现一体化改革的关键环节（田勇，2020）。当前，我国长期护理保险与医疗保险各自独立运行，这不仅增加了参保人的负担，也影响了保险效率及资源利用的效果。长期护理保险在对护理服务进行补偿时，将机构护理床位费纳入赔付范围，而医疗保险则侧重于医疗服务的报销，两者在保障内容与赔付标准上存在差异。

此外，融合的支付模式能有效解决长期护理保险与医疗保险之间的责任划分问题。通过区分长期护理需求与医疗需求，对长期照护与医疗治疗分别设定支付标准和报销比例，避免了在单一的保险体系中两者的混淆。当前我国长期护理保险体系在支付结构上多采取服务实物报销方式，而医疗保险则偏重现金报销，这在一定程度上支持了家庭继续履行照护义务，有助于促进家庭照护与专业照护服务相结合，更好地满足个体化、多层次的护理需求。

德国和荷兰等国家在长期护理保险制度实施过程中，有效整合了长期护理和医疗服务在财政资金、服务提供和管理运作方面的资源，为我国长期护理保险与医疗保险一体化支付模式进行顶层设计时，提供了有益借鉴。试点地区可以尝试建立一个包括政府、保险人和参保人在内的决策委员会，负责对支付标准、质量监督进行定期审查与调整，实现长期护理保险与医疗保险在支付方式上更为严密的互补与协调，提高两项社会保障制度的整体效用。

8.3 推进长期护理保险与医疗保险协同发展面临的挑战

8.3.1 政策衔接不畅

在政策制定方面，长期护理保险与医疗保险分属不同的政策体系，二者在参保缴费、待遇享受等环节缺乏统一规划。长期护理保险的参保缴费标准在不同试点地区差异较大，有的地区与医疗保险缴费捆绑，有的地区则单独设定缴费标准，这使得参保人在跨地区流动或转换保险类型时面临诸多困惑。在待遇享受上，医疗保险主要依据疾病诊断和治疗费用进行报销，而长期护理保险侧重于失能程度评估和护理服务费用补偿，二者的待遇核定标准缺乏有效衔接，导致部分失能参保人在同时符合两种保险待遇条件时，可能出现重复享受或待遇空白的情况。

在政策执行过程方面，各个管理部门之间缺乏有效的协同管理机制，部门之间的沟通协调不畅之事时有发生。在实际工作中，长期护理保险和医疗保险在服务供给认定上存在不同标准和流程，如果管理部门之间在信息共享、服务协同等方面存在障碍，会导致一些护理机构重复申请、重复接受审核，大大增加了运营成本和管理难度。在监管方面，长期护理保险和医疗保险的监管主体和监管方式不同，在涉及医疗和护理交叉领域的服务项目上，难免出现监管真空或重复监管的现象，影响二者协同发展的效率和质量。

8.3.2　资金统筹与分配难题

长期护理保险与医疗保险在资金筹集渠道上存在局限性。目前，长期护理保险资金主要依赖医保基金划拨、财政补贴和个人缴费（雷晓康、冯雅茹，2016）。部分地区财政吃紧，对长期护理保险的补贴力度受限，如一些中西部地区，财政收入相对较低，在长期护理保险补贴方面难以提供充足支持。个人缴费方面，由于宣传力度不足和居民收入差异，部分人群缴费意愿和能力较低。而医疗保险在面对人口老龄化和医疗费用上涨时，自身基金压力增大，划拨给长期护理保险的资金有限。

资金统筹层次低是制约二者协同发展的重要因素。我国长期护理保险多以市为统筹单位，医疗保险虽有省级统筹试点，但大部分地区仍为市级统筹。这种低层次统筹导致资金分散，风险共济能力弱。经济欠发达地区的长期护理保险基金在面对大规模失能人群时，容易出现资金短缺，而经济发达地区基金则相对充裕，区域间资金无法有效调剂。

在资金分配上，存在不合理之处。长期护理保险与医疗保险在护理服务项目上的资金分配缺乏科学依据，部分地区对居家护理、社区护理和机构护理的资金投入未能根据失能人群实际需求合理安排（王可心，2024）。一些城市社区护理资源薄弱，但资金投入并未向社区护理倾斜，导致社区护理发展滞后，影响了长期护理保险与医疗保险协同服务体系的构建，难以满足失能人员多元化护理需求，降低了整体保障效能。

8.3.3　服务体系整合困境

护理服务与医疗服务在资源配置方面存在整合困难。医疗服务资源往往集中于大型医疗机构，基层医疗服务机构资源相对匮乏，而护理服务在社区和居家层面的供给也存在不足（王群等，2018）。城市的大型综合医院集中了大量的医疗设备和专业医护人员，但社区护理服务站点数量有限，且设备简陋、人员专业素质参差不齐，导致失能老人在需要长期护理服务时，难以在社区层面得到及时、有效的医疗与护理整合服务。长期护理保险与医疗保险在服务供给上缺乏统一的医护资源调配机制，不能实现医疗资源与长期护理资源的优化整合，导致医护资源浪费，使服务效率大打折扣。

长期护理服务与医疗服务在服务内容、服务质量、服务流程等方面还未形成统一框架，尤其是医疗服务有明确的诊疗规范和质量标准，而长期护理服务存在较大的区域差异，导致在长期护理保险与医疗保险协同服务过程中，不能对服务质量进行统一监管与评估。在信息共享方面，二者之间尚未建立完善的信息共享平台，导致医疗服务机构与护理服务机构之间信息沟通不畅。例如，医疗机构对患者的疾病诊断、治疗方案等信息无法及时准确地传递给护理服务机构，护理服务机构在为患者提供护理服务过程中的情况也不能反馈给医疗机构，影响了医疗与护理服务的连续性与协同性，容易造成重复检查、重复护理等现象，增加了患者的负担，也浪费了有限的医疗与护理资源。

8.3.4　管理与监督机制不完善

在长期护理保险与医疗保险协同发展过程中，管理部门职能存在交叉现象。社保部门与医保部门在长期护理保险和医疗保险的管理上，业务范围有重叠部分，在护理机构资格审定、费用结算等方面，容易出现相互推诿或重复管理的情况（韩振燕等，2024）。这种职能交叉导致管理效率低下，增加了行政成本，也使政策执行的连贯性和一致性受到影响。

监督机制方面，缺乏独立性与专业性。长期护理保险与医疗保险的监督往往由不同主体进行，且各监督主体之间缺乏有效的协同合作。内部监督受部门利益和管理体制的限制，难以做到完全独立公正。外部监督力量如社会监督、舆论监督等，由于缺乏规范的参与渠道和专业的评估能力，无法充分发挥作用。在一些地区，对于长期护理保险资金的使用和医疗服务行为的监督，由于监督主体分散、信息不透明，部分违规行为未能及时被发现和纠正，如护理机构虚报护理服务项目、医疗机构过度医疗以骗取医保基金等现象时有发生，损害了参保人的利益，也破坏了长期护理保险与医疗保险协同发展的健康环境。

8.4　推进长期护理保险与医疗保险协同发展的国际经验

8.4.1　德国"双轨并行、借力经办"模式

德国是长期护理保险与法定医疗保险强制捆绑模式的典型代表。德国长期护理保险制度建立在法定医疗保险基础之上，所有法定医疗保险的参保人必须同时参加长期护理保险，且二者在资金筹集、管理机构等方面有着紧密联系（Theobald，2012）。在资金筹集上，长期护理保险与法定医

疗保险缴费绑定征收,缴费比例因参保人收入水平不同而有所差别,缴费方式为雇主和雇员共同分担(Zuchandke et al.,2010)。这种捆绑模式的优势在于,法定医疗保险的庞大参保群体和成熟的缴费体系为长期护理保险的迅速建立提供了坚实的基础。在服务供给上,长期护理保险与医疗保险相互协作,医疗机构在提供医疗服务过程中,会及时将患者的长期护理需求信息反馈给长期护理保险机构,由其安排后续的护理服务。例如,医院会就患者术后康复期需要长期护理的相关事宜与长期护理保险机构沟通,便于护理服务机构为患者制定居家护理或社区护理计划,实现医疗与护理服务的无缝衔接,不仅提高了整体服务效率,也避免了资源的浪费。

德国长期护理保险制度采用双轨制模式,包括法定长期护理保险和商业长期护理保险,二者相辅相成,共同构建起完善的长期护理保障体系,以满足不同收入层次人群的多样化需求(陈璐、徐南南,2013)。法定长期护理保险具有强制性,参保范围广泛,涵盖了几乎所有在职人员和退休人员,确保了制度的普遍性和公平性。其资金主要来源于雇主和雇员共同缴纳的保险费,双方各承担一定比例(通常各为工资总额的1.7%左右,具体比例会根据政策调整),这种缴费方式体现了风险共担和互助共济的原则,使得保险基金具有稳定的资金来源,能够为广大参保人提供可靠的长期护理保障。对于退休人员,保险费则从其养老金中扣除,保证了他们在退休后依然能够享受到长期护理保险的权益,减轻了家庭和社会的护理负担,体现了制度的可持续性和对老年人的关怀。商业长期护理保险作为补充,为高收入人群提供了更多个性化的保障选择,他们可以根据自身的经济状况、健康预期和护理需求,自愿选择购买商业保险产品,以获取更优质、更全面的长期护理服务和更高的赔付额度。商业保险公司凭借其灵活的产品设计和多样化的服务套餐,能够满足不同客户的特殊需求,在长期护理保险市场中发挥了重要的补充作用,与法定长期护理保险形成了有效的互补,进一步丰富了德国长期护理保险的市场供给,提高了整个社会应对长期护理风险的能力。

德国长期护理保险与医疗保险经办机构实现了协同合作。长期护理保险经办依托于医疗保险机构，利用医疗保险机构已有的组织架构、人员队伍、信息系统和管理经验。长期护理保险利用医疗保险机构积累的参保人员信息管理、费用审核与支付、服务网络建设等方面的经验，不仅实现了医护资源的高效整合与共享，而且在短期内建立起了经办体系，在保证服务质量和稳定性前提下，大大降低了制度运行成本，提高了经办效率。

8.4.2　日本"全民社保、服务衔接"模式

日本的长期护理保险制度独立于医疗保险，但在服务提供环节与医疗保险高度整合。日本的长期护理保险的分层筹资机制，允许参保人根据自身经济状况缴纳不同档次的保费，充分体现了制度的公平性与合理性（Tamiya et al.，2011）。长期护理保险的服务对象主要是 65 岁以上的老年人以及 40 ~ 64 岁之间患有特定疾病的人群。服务内容涵盖居家护理、社区护理和机构护理等多种形式，并且与医疗保险的康复治疗服务相融合。对于中风患者，疾病急性期的住院治疗费用由医疗保险支付，当患者病情稳定后，康复期享受居家康复护理或社区康复护理服务的费用由长期护理保险支付。日本长期护理保险费用由政府、社会和个人三方共同分担，其中政府承担约50%，其余部分由参保人缴纳的保费和社会援助资金组成。

在保险给付方面，日本长期护理保险主要以服务给付为主，涵盖居家护理服务、社区护理服务和机构护理服务等多种形式，根据被保险人的身体状况和护理需求评估确定护理等级和服务内容，并注重个性化的护理服务方案制定，以满足不同程度失能者的实际需求，同时，部分地区也提供一定的现金补贴，用于支付护理用品或补充护理费用，提高被保险人的选择灵活性和生活便利性，促进长期护理服务的有效利用和质量提升。

日本建立了完善的长期护理服务质量评估体系，邀请具有医护专业知识的人员对护理需求和服务质量进行评估，日本长期护理保险与医疗保险在服务内容上实现了有效衔接，二者相互配合，共同为老年人提供全面的

健康保障服务。医疗保险主要负责疾病的诊断、治疗以及急性医疗护理服务，而长期护理保险则侧重于为失能、半失能老年人提供日常生活照料、康复护理、长期护理等服务，二者的服务内容形成互补，避免了服务的重复与遗漏，使老年人在不同的健康状况下都能获得恰当的护理服务，提高了医疗资源的利用效率，优化了老年健康服务的供给结构，为老年人的健康生活提供了全方位的支持。

长期护理保险与医疗保险在评估标准方面也进行了统一与协调，建立了共同的评估体系，综合考虑老年人的身体机能、认知能力、日常生活活动能力等多个维度，确定其护理需求等级和相应的保险待遇，确保评估结果的科学性、公正性和一致性，避免了因评估标准不一致而导致的服务差异和资源浪费，使老年人能够根据自身实际需求获得精准的护理服务和保险支持，提高了长期护理保险与医疗保险协同服务的质量和效益，保障了老年人的合法权益，同时也为保险机构和服务提供者提供了明确的服务依据，促进了长期护理服务市场的规范化和专业化发展。

8.4.3 美国"市场主导、多元补充"模式

美国采用商业长期护理保险与公共医疗保险补充协同模式（李长远、张会萍，2018）。美国的公共医疗保险计划主要保障老年人和部分残疾人的医疗服务需求，但对长期护理服务的覆盖有限。美国的商业长期护理保险产品种类丰富，能够满足参保人可以进行个性化定制需求，因此，其作为公共医疗保险的重要补充得以发展。美国公共医疗保险服务机构在提供医疗服务过程中，面对患有慢性疾病需要长期护理的参保人，医保机构会告知其商业长期护理保险在保险责任、保费水平等方面的信息，鼓励他们购买商业保险作为长期护理保障的补充。同时，美国政府制定了旨在鼓励企业和个人购买商业长期护理保险的税收优惠政策措施，以此提高长期护理保障的覆盖面和保障水平。在监管方面，为了确保商业长期护理保险和公共医疗保险在协同发展过程中的规范性和稳定性，美国对商业长期护理

保险和公共医疗保险分别制定了严格的监管法规，由不同的监管机构进行监管，为参保人提供了较为全面的医疗与护理保障。

美国长期护理保险以商业保险为主导，在长期护理保障体系中占据核心地位。商业保险公司提供多样化的长期护理保险产品，以满足不同客户群体的个性化需求，消费者可以根据自身的经济状况、健康状况、家庭情况和预期的护理需求等因素，选择适合自己的保险产品，实现风险保障和财务规划的个性化目标。

美国长期护理保险与医疗保险在市场细分上存在一定的协同关系。医疗保险主要针对疾病的诊断、治疗以及急性医疗护理服务，而长期护理保险则侧重于为失能、半失能人群提供长期的生活照料和康复护理服务。长期护理保险作为对医疗保险的补充，能够满足部分人群对长期护理服务更高层次的需求，例如对于一些希望在家庭环境中接受专业护理服务的人群，长期护理保险可以提供相应的居家护理服务费用报销，而医疗保险可能对此覆盖有限，这种协同作用有助于填补保障空白，提升整个医疗保障体系的完整性和有效性。

美国模式的优势在于其高度的市场化运作能够满足多样化的需求，商业保险公司通过精准的市场调研和风险评估，能够开发出针对不同收入水平、健康状况、年龄层次和护理需求的保险产品，消费者可以根据自身情况自由选择最适合自己的保险方案，实现个性化的保障。将长期护理风险分散到市场中，由商业保险公司和个人共同承担，缓解了政府的财政压力，使政府能够将更多的资源投入其他公共服务领域，促进社会的整体发展，同时也有助于提高资源配置的效率，通过市场机制引导资金流向长期护理服务领域，推动相关产业的发展。

美国模式也存在明显的局限性。美国的商业保险以盈利为目的，部分保险公司可能会采取一些手段来降低成本、提高利润，如拒绝为高风险人群承保、设置复杂的理赔条款、提高自付比例等，导致一些弱势群体难以获得足够的长期护理保障，致使长期护理保险的覆盖率受到限制，无法充分发挥其应有的保障作用，影响了社会的公平性和稳定性。长期护理保险市场的复杂性和信息不对称性也给消费者带来了一定的困扰，他们在选择保险产品时往往面临着诸多困难，难以全面了解保险条款和保障范围，容易受到误导，影响了市场的健康发展。商业保险的逐利性，可能会导致长期护理服务资源的分布不均衡，一些地区或人群可能因为经济利益的驱动而获得更多的优质护理服务资源，而其他地区或人群则可能面临服务短缺的问题，影响了长期护理服务的公平性和可及性，不利于社会的和谐发展。

8.4.4 国际经验对我国的启示与借鉴

国外在长期护理保险与医疗保险协同发展方面的探索为我国提供了宝贵经验。德国的强制捆绑模式启示我国应注重制度间的关联性与系统性设计，在扩大医疗保险覆盖面的同时，探索将长期护理保险与医疗保险在参保、缴费等环节进行有机结合，提高管理效率与资源利用效率。例如，可考虑在医保参保系统中增加长期护理保险的参保提示与办理功能，实现一站式参保服务。日本的服务整合模式表明，建立完善的护理服务质量评估体系至关重要。我国可借鉴其经验，制定统一的医疗与护理服务标准及评估指标，加强对服务质量的监管，确保失能人员得到适宜的护理服务。同时，其分层缴费机制体现了公平性原则，我国也可根据居民收入水平差异，设计更为合理的长期护理保险缴费档次。美国的商业保险与公共保险补充协同模式提示我国要充分发挥市场机制的作用。在强化基本医疗保险与政策性长期护理保险保障功能的基础上，鼓励商业保险机构开发多样化的长期护理保险产品，满足不同层次人群的个性化需求。此外，美国政府通过税收优惠等政策鼓励保险购买的做法也值得借鉴，我国可出台相关激励政策，提高居民购买长期护理保险的积极性，促进长期护理保险市场的发展，进而推动我国长期护理保险与医疗保险协同发展体系的不断完善。

1. 制度设计层面的启示

在参保范围方面，我国应借鉴国际经验，逐步扩大长期护理保险的参保人群,从目前以城镇职工基本医疗保险参保人群为主,扩展到城乡居民,实现全民覆盖,参考日本的做法,将长期护理保险纳入社会保险体系,规定一定年龄以上(如40岁或60岁)的居民强制参保,提前积累护理保障资金。考虑不同收入群体的承受能力,对于低收入群体给予适当的财政补贴,确保制度的公平性和可及性,避免因经济原因导致部分人群无法参保,使更多有长期护理需求的人能够受益于保险制度。

在筹资机制方面,建立稳定、可持续的多渠道筹资模式,改变目前对医保基金过度依赖的局面,德国的长期护理保险筹资模式中,雇主和雇员按照一定比例共同缴费,同时政府给予部分补贴,我国可以借鉴这种方式,明确单位、个人和政府的缴费责任,合理确定缴费比例和基数。单位和个人缴费可以与工资收入挂钩,按照一定比例缴纳保险费,政府通过财政预算拨款等方式,对长期护理保险基金进行补贴,特别是对贫困地区和弱势群体给予更多的支持,确保基金的充足稳定,同时,探索建立长期护理保险专项储备基金,应对人口老龄化高峰期的护理需求,增强制度的财务可持续性,保证长期护理保险制度能够长期稳定运行,为参保人提供可靠的保障。

在待遇给付方面,我国应根据参保人的护理需求程度和类型,制定科学合理的待遇给付标准和方式,参考日本的做法,建立统一的护理需求评估体系,综合考虑参保人的身体机能、认知能力、日常生活活动能力等因素,确定护理等级,根据不同等级提供相应的服务给付或现金给付,服务给付可以包括居家护理、社区护理和机构护理等多种形式,满足不同人群的护理需求,现金给付则可以用于支付护理人员费用或购买护理服务,提高参保人的选择灵活性。要注重待遇给付的合理性和可持续性,避免过度给付导致基金压力过大,也要防止给付不足无法满足参保人的实际需求,确保长期护理保险制度的保障功能能够有效发挥,提高参保人的生活质量和满意度。

2. 协同机制构建的借鉴

在管理机构协同方面,我国可以借鉴德国的经验,加强长期护理保险与医疗保险经办机构之间的合作与整合，目前我国长期护理保险的经办机构较为分散，部分地区由医保经办机构负责，部分地区由商业保险公司或其他机构经办，这种分散的经办模式不利于信息共享和协同管理，我国可以探索建立统一的经办管理平台，将长期护理保险与医疗保险的经办业务进行整合，实现人员、信息、技术等资源的共享，提高经办效率，降低管理成本。可以在现有医保经办机构的基础上，增设长期护理保险经办部门，负责长期护理保险的参保登记、费用审核、待遇支付等业务。利用医保经办机构的信息系统和服务网络，实现长期护理保险与医疗保险的数据共享和业务协同，避免参保人在不同机构之间奔波，提高服务的便捷性和可及性。

信息共享是长期护理保险与医疗保险协同发展的关键环节，我国应建立健全信息共享机制，搭建统一的信息平台，实现两项保险在参保信息、医疗信息、护理信息等方面的互联互通，参考美国的经验，利用信息技术建立长期护理保险与医疗保险的信息共享数据库，实时更新参保人的健康状况、疾病诊断、治疗记录、护理需求等信息，为保险机构的精准评估、费用控制和服务提供支持。通过信息共享，医疗保险机构可以及时了解参保人的长期护理需求，提前介入预防和康复服务，降低医疗费用支出。长期护理保险机构可以获取参保人的医疗信息，为护理服务的规划和实施提供依据，提高护理服务的质量和效果。加强信息安全管理，保护参保人的个人隐私，确保信息的合法、合规使用。

在服务衔接方面，我国应加强长期护理保险与医疗保险在服务内容和流程上的协同配合，建立医养结合的服务模式，借鉴日本的经验，明确两项保险的服务边界和衔接点，医疗保险主要负责疾病的诊断、治疗和急性医疗护理服务，长期护理保险则侧重于失能、半失能人员的长期生活照料和康复护理服务，在服务流程上，实现从医疗服务到长期护理服务的无缝对接。对于出院后的患者，如果需要长期护理服务，医疗机构应及时将患者的信息和护理需求转介给长期护理保险机构，由长期护理保险机构安排相应的护理服务，避免服务的中断和重复。鼓励医疗机构与护理服务机构开展合作，建立医养联合体，提供一站式的医疗和护理服务，提高服务效率和质量，满足老年人的多元化需求。

3. 服务供给与质量提升的经验

我国应加大对长期护理服务供给的投入，建立多元化的服务供给体系。鼓励社会力量参与长期护理服务的提供，通过政府购买服务、税收优惠、补贴等政策措施，引导和支持民办护理机构、社区养老服务机构、家政服务公司等开展长期护理服务业务，增加服务供给的数量和质量，满足不同层次人群的护理需求。加强对护理服务机构的规划和布局，根据人口分布和需求情况，合理配置护理资源，提高服务的可及性和公平性，避免服务资源的过度集中或短缺，确保每个地区的老年人都能享受到优质、便捷的长期护理服务。

人员培训是提高长期护理服务质量的关键，我国应加强长期护理服务人员的专业培训和职业发展规划，制定统一的培训标准和课程体系，提高护理人员的专业素质和服务水平，借鉴德国的经验，建立长期护理服务人员的资质认证制度，要求护理人员必须经过专业培训并取得相应的资格证书才能上岗。加强对护理人员的继续教育和培训，定期更新知识和技能，鼓励护理人员参加学术交流和职业晋升考试，提高其职业认同感和工作积极性，为长期护理服务质量的提升提供人才保障。

我国还应建立健全长期护理服务质量监督机制，加强对护理服务机构和人员的监管，确保服务质量符合标准和要求，参考日本的经验，制定详细的长期护理服务质量标准和评价指标体系，涵盖服务内容、服务流程、护理效果、人员配备、设施设备等方面，定期对护理服务机构进行质量评估和考核，将评估结果向社会公布，并与机构的资质认证、政府补贴、奖惩等挂钩，对服务质量好的机构给予表彰和奖励，对服务质量差的机构进行整改或处罚。建立投诉处理机制，及时受理参保人对护理服务的投诉和建议，保护参保人的合法权益，通过加强质量监督，不断提高长期护理服务的质量和满意度，推动长期护理服务行业的健康发展。

8.5　推进长期护理保险与医疗保险协同发展的思路与对策

8.5.1　尽快建立全国统一的长期护理保险制度

在我国医疗保障体系迅速发展的背景下，推动长期护理保险与医疗保险协同发展成为一项重要课题。为充分发挥两者在资源整合和服务提升方面的协同效应，尽快建立统一的长期护理保险制度是实现协同发展的核心步骤。统一的制度不仅能够减轻长期护理负担、提高护理质量，还能助推医疗保障体系的完善与成熟。对于中国而言，制定统一的长期护理保险制度需要深刻理解和借鉴国际上先进做法与经验，从财政支持、保险责任、服务等级及支付方式等方面着手。

在财政支持方面，应考虑将长期护理保险与现行的城乡居民基本医疗保险体系相结合。这种结合可采取循序渐进的方式，例如先在部分城市开展试点，逐步构建起全民覆盖的长期护理保险网络。可考虑在当前企业社会保险缴费负担过重的情况下，鼓励职工个人承担更多的缴费职责。此外，还应依据退休人群的实际需求，探索个人账户资金的有效使用方式。

从保险责任分配上，我国长期护理保险的建立应注重明确各参与方的责任和权益。精细化划分个人、企业以及政府等不同主体在长期护理保险中的责任和分担比例。同时，为确保制度的稳定运行和适应性，需建设一个综合考量年龄、护理等级、慢性疾病状态等多种因素的定额支付系统。

护理服务等级的划分必须符合国情，既能满足老年人的实际需求，又不会给基金带来不必要的负担。参考德国与日本的经验，我国可制定一套贴近居民需求，且操作简便的评估体系，对需要长期护理的人群进行准确分级，以此作为支付标准的依据。

在支付方式上，长期护理保险的支付机制应该采取灵活多样的方式来满足不同群体的需求。可以设计一定的调节机制，使得长期护理保险支付能够根据服务提供者的绩效、服务质量以及接受者的满意度进行相应调整。支付决定机构应引入多方利益代表组成的委员会，以确保支付制度的公平、公正和透明。

建立统一的长期护理保险制度，需要在国际经验的指导下，结合中国特色的社会经济条件进行切实可行的制度设计。必须依托坚实的财政基础，合理地分配各方责任，提供差异化的服务等级，以及实施有效的支付方式。如此，才能推动长期护理保险与医疗保险的一体化发展，构建一个兼具公平性和可持续性的长期护理保障体系，充分保障老年群体的健康和尊严，增进全社会的共同福祉。

8.5.2 深化当前医疗保障制度改革

深化当前医疗保障制度改革既是实现长期护理保险与医疗保险协同发展的重要前提，也是我国增进民生福祉的关键一步。在现行的医疗保障制度中存在着多个层面的问题，如基金使用效率较低，医疗费用控制力度不够，基金风险防控机制不健全等。因此，从制度改革的角度分析，我国应当采取一系列行之有效的策略，聚焦于优化管理体系、完善风险防范机制及增强制度的适应性与弹性。

制度上的革新应从优化管理体系入手，借鉴发达国家的成功经验，确立以人为本、服务导向的管理体系，建立涵盖多部门的综合协调机制，推动医疗机构与商业保险公司之间的有效沟通与合作。此外，医疗保障信息化建设是提升管理效能、加强资源整合的关键，建立大数据平台，实现医疗保障数据的实时更新与共享，为决策提供数据支撑，为群众提供更加便捷的服务。

风险防范机制的完善涵盖了基金风险评估与控制、费用支付制度改革等多个方面。推动医疗保险基金运行模式的改革，增加基金运行的透明度和预测性。引进商业保险的风险管理工具和方法，科学设定费用支付标准和支付方式,有效控制医疗费用的过快增长。与现有行业监管机制相结合,引入商业保险机构进行第三方评估,提高监管效率和精准度。

医疗保障制度的适应性与弹性增强则要求不断创新保险产品和服务,以适应社会经济发展和人口结构变化带来的新需求。面向老年人群体开发的特殊健康保险产品与服务,应综合考虑老年人的健康状况、医疗需求以及支付能力,发展具有预防性和康复性的护理服务,以及与之相匹配的保险产品,更好地满足老年人的健康与护理需求。同时,对于慢性病患者,开发专门的慢性病护理项目和保险产品,提供更为精准与针对性的护理服务和风险保障。

深化当前医疗保障制度改革需立足于整体社会保障体系的需求,整合医疗保险与长期护理保险的职能和资源,优化管理体系,完善风险防范机制,增强制度的适应性和弹性,为实现长期护理保险与医疗保险的协同发展奠定坚实基础。这样的改革措施不仅能提升医疗保障制度的质效,也是适应人口老龄化趋势和促进社会和谐发展的重要举措。

8.5.3 加强政策顶层设计与衔接

制定统一的长期护理保险与医疗保险协同发展政策框架。明确长期护理保险在整个社会保障体系中的定位与功能,将其与医疗保险视为相辅相成的有机整体。在国家层面出台相关指导意见,规定二者协同发展的基本原则、总体目标与主要任务,使各地在推进协同工作时有章可循。

明确各部门职责与协作机制。建立由社保、医保、财政、卫生健康等多部门组成的协同工作领导小组,定期召开联席会议,沟通协调工作进展与问题。社保部门负责长期护理保险的参保登记、待遇核定等工作;医保部门承担医疗保险的相关业务管理,并与社保部门共同做好费用结算与监管;财政部门保障资金投入与合理分配;卫生健康部门则对医疗与护理服务机构的服务质量进行监督与指导。通过明确分工,避免部门间的推诿扯皮,提高协同工作效率。

完善参保、缴费、待遇等环节的衔接政策。统一长期护理保险与医疗保险的参保时间与缴费基数计算方式，规定以个人所得税申报收入或社会平均工资为统一基数，按一定比例分别计算二者的缴费金额。在待遇享受方面，建立互通互认的待遇核定机制，对于同时符合两种保险待遇条件的参保人，制定明确的待遇叠加或补充规则。失能参保人在享受医疗保险报销疾病治疗费用后，其长期护理费用由长期护理保险按规定进行补偿，避免出现重复享受或待遇空白的情况，确保参保人的权益得到充分保障。

8.5.4 优化资金筹集与保障分配机制

不断拓宽长期护理保险资金筹集渠道，在医保基金划拨、财政补贴和个人缴费等筹资渠道基础上，打通社会捐赠、慈善基金等资金来源渠道。可以设立长期护理保险专项慈善基金，接受企业、社会组织和个人的捐赠，充实长期护理保险基金池。提高资金统筹层次。逐步将长期护理保险的统筹层次由市级提升至省级，增强资金的共济能力和抗风险能力。在省级统筹框架下，建立统一的资金调配机制，根据各地区失能人口数量、经济发展水平和护理服务需求等因素，合理分配资金。经济发达地区可适当向经济欠发达地区进行资金帮扶，实现区域间的均衡发展，确保各地长期护理保险制度的可持续运行。

建立科学合理的资金分配模型。依据受益老年人的失能程度、所需的护理方式以及护理服务成本等因素，科学构建待遇保障分配模型。为重度失能且选择机构护理的失能人员分配较多的资金，保障其得到全面且专业的护理服务。为轻度失能且选择居家护理的失能人员提供适当的护理资金支持，为其购买居家护理服务或护理设备支出进行支持。

8.5.5 整合服务体系与资源共享

倡导建立护理与医疗服务联合体，加强医疗机构与护理机构之间的合作与联动。大型医疗机构可凭借其专业的医疗技术和人才优势，为护理机构提供技术支持与培训，帮助提升护理人员的医疗护理水平。护理机构则侧重于为失能人员提供长期、持续的生活照料与康复护理服务，将部分无须在医院进行的康复治疗服务转移至护理机构，实现医疗资源与护理资源的优化配置。建立医联体内部的患者转诊机制，对于病情稳定但仍需长期护理的患者，从医院转诊至护理机构，并由医院提供后续的康复治疗方案与技术指导。

统一服务标准，制定涵盖医疗服务与护理服务的统一规范与质量标准。明确医疗服务在疾病诊断、治疗、康复等环节的操作流程与质量要求，以及护理服务在生活照料、康复护理、心理慰藉等方面的服务规范。规定护理人员在为失能老人提供生活照料时的服务频次、操作细节，以及在进行康复护理时应遵循的康复技术标准等，确保服务的一致性与规范性，便于对服务质量进行监管与评估。

搭建信息共享平台，利用现代信息技术，建立长期护理保险与医疗保险信息共享系统。实现参保人员信息、医疗护理服务记录、费用结算等数据的互联互通与实时共享。医疗机构在为患者提供医疗服务后，及时将相关信息上传至共享平台，护理机构可据此制定个性化的护理计划。护理机构在服务过程中产生的费用信息也可通过平台传输至医保部门与长期护理保险管理部门，实现便捷、高效的费用结算。通过信息共享，减少重复检查、重复护理等资源浪费现象，提高服务协同性与效率，为参保人提供一站式的健康保障服务。

8.5.6　健全管理与监督体系

明确长期护理保险与医疗保险管理部门的分工。社保部门主要负责长期护理保险的政策制定、参保登记、待遇发放等事务；医保部门则侧重于医疗保险的基金管理、费用报销审核以及定点医疗机构的监管等工作。建立部门间的协调沟通机制，定期召开联合工作会议，针对协同发展过程中出现的诸如参保人员信息变更、费用结算争议等问题进行及时研讨与解决，避免出现管理真空或重叠现象，提高管理效率。

建立独立且专业的监督机构。该机构可整合现有医保、社保等监督资源，吸纳医疗、护理、财务、法律等多领域专业人才，对长期护理保险与医疗保险的协同发展进行全方位监督。制定严格的监督程序与标准，针对保险基金的筹集、使用、投资运营，以及服务机构的资质审核、服务质量评估等关键环节进行重点监督。在基金使用方面，监督机构需审核资金流向是否合规、费用报销是否符合政策规定，防止出现骗保、挪用基金等违法违规行为。在服务机构监管方面，定期检查医疗机构与护理机构的设施设备、人员配备、服务流程是否达标，确保参保人能够享受到高质量、规范的医疗与护理服务。

加强内部控制与社会监督。在内部，长期护理保险与医疗保险管理部门应建立健全内部控制制度，规范业务操作流程，加强对工作人员的职业道德教育与业务培训，防范内部风险。实行岗位定期轮换制度，避免工作人员因长期从事同一岗位而滋生腐败行为。建立内部审计部门，定期对保险业务进行审计，及时发现并纠正问题。在外部，拓宽社会监督渠道，设立举报热线、投诉邮箱等，鼓励参保人、医疗机构、护理机构以及社会公众对长期护理保险与医疗保险协同发展中的违法违规行为进行举报投诉。定期向社会公布保险基金收支情况、服务机构考核结果等信息，接受社会舆论监督，保障协同发展过程的规范透明，切实维护参保人的合法权益。

参考文献

［1］艾贺玲，黄萍．老龄化背景下上海城镇职工医疗保险基金管理政策研究——基于系统动力学的分析［J］．中国卫生事业管理，2017，34（9）：656-660．

［2］安平平，陈宁，熊波．中国长期护理保险：制度实践、经验启示与发展走向——基于青岛和南通模式的比较分析［J］．中国卫生政策研究，2017，10（8）：1-6．

［3］安秋玲．在中国式现代化进程中不断增进民生福祉［J］．党建，2022（12）：42-43．

［4］巴曙松，曾好，孙维嘉，等．长期护理保险筹资政策有效性研究——基于49个试点城市的实证分析［J］．西北人口，2024，45（1）：1-15．

［5］曹信邦．中国长期护理保险制度构建的理论逻辑和现实路径［J］．社会保障评论，2018，2（4）：75-84．

［6］陈秉正．中国养老金发展报告2017——长期护理保险试点探索与制度选择［M］．北京：经济管理出版社，2017．

［7］陈恩修．现时缴费率下青岛市长期照护保险筹资和需求的平衡研究［D］．沈阳：辽宁大学，2019．

［8］陈飞，刘冲．长期护理保险对医院床位利用的影响［J］．经济学（季刊），2024，24（6）：1867-1882．

［9］陈飞，王若同．长期护理保险制度的共同富裕效应：基于照护决策与风险分担视角［J］．世界经济，2024，47（4）：154-183．

［10］陈凯，赵娜．长期护理保险购买意愿机理研究：影响因素、作用方式与路径［J］．金融理论与实践，2018（6）：99-103．

［11］陈凯，赵娜．长期护理保险制度与区域经济发展协调度评价与优化［J］．金融理论与实践，2019（6）：87-93．

［12］陈凯，赵娜，焦阳．财政补贴政策与长期护理保险市场演化［J］．运筹与

管理, 2021, 30 (10): 169 - 174, 182.

[13] 陈凯, 赵娜, 焦阳. 职工长期护理保险筹资责任分担动态调整机制研究——以青岛市为例 [J]. 运筹与管理, 2022, 31 (3): 163 - 170.

[14] 陈璐, 徐南南. 中国长期护理保障制度的财政负担——基于德、日社会保险模式的测算 [J]. 保险研究, 2013 (1): 106 - 118.

[15] 陈璐. 中国长期护理成本的财政支持和公平保障 [J]. 财经研究, 2013, 39 (5): 73 - 85.

[16] 陈莹. 西部地区公共健康投资对民生福祉的影响研究 [D]. 南宁: 广西大学, 2020.

[17] 程蕾, 邝远芳. 广州市长期护理保险试点现状、问题及对策分析 [J]. 卫生软科学, 2024, 38 (1): 1 - 7.

[18] 戴卫东. 长期护理保险: 中国养老保障的理性选择 [J]. 人口学刊, 2016, 38 (2): 72 - 81.

[19] 戴卫东. 国外长期护理保险制度: 分析、评价及启示 [J]. 人口与发展, 2011, 17 (5): 80 - 86.

[20] 戴卫东. 欧亚七国长期护理保险制度分析 [J]. 武汉科技大学学报 (社会科学版), 2016, 18 (1): 12 - 16.

[21] 戴卫东, 汪倩格, 朱儒城, 等. 长期护理保险试点政策的特征、问题与路径优化——基于两批29个国家试点城市政策的比较分析 [J]. 中国软科学, 2022 (10): 41 - 50.

[22] 邓大松, 郭婷. 中国长期护理保险制度构建浅析——以青岛市为例 [J]. 卫生经济研究, 2015 (10): 33 - 37.

[23] 邓晶, 邓文燕. 长期护理保险第一批试点城市保险筹资方案比较分析 [J]. 中国卫生政策研究, 2017, 10 (8): 13 - 17.

[24] 丁华, 严洁. 中国老年人失能率测算及变化趋势研究 [J]. 中国人口科学, 2018 (3): 97 - 128.

[25] 丁一. 我国失能老人长期照护模式构建研究 [D]. 北京: 首都经济贸易大学, 2014.

[26] 丁元竹. 深刻把握增进民生福祉的历史逻辑 [J]. 人民论坛·学术前沿, 2021 (12): 42 - 49.

[27] 董子越, 李颖, 张永杰. 河北省承德市长期护理保险试点政策分析与路径完善 [J]. 劳动保障世界, 2019 (9): 43-44, 50.

[28] 杜天天, 王宗凡. 我国长期护理保险筹资机制评介——基于29个长期护理保险试点城市经验 [J]. 卫生经济研究, 2022, 39 (10): 10-15.

[29] 范如国, 张宏娟. 民生福祉评价模型及增进策略——基于信度、结构效度分析和结构方程模型 [J]. 经济管理, 2012, 34 (9): 161-169.

[30] 格茨, 罗特岗, 苏健. 德国长期护理保险制度变迁: 财政和社会政策交互视角 [J]. 江海学刊, 2015 (5): 42-47.

[31] 葛伟. 用增进民生福祉的政策释放更多发展动能 [J]. 人民论坛, 2019 (18): 52-53.

[32] 关博, 朱小玉. 中国长期护理保险制度: 试点评估与全面建制 [J]. 宏观经济研究, 2019 (10): 103-111, 156.

[33] 关信平, 张翼, 顾严, 等. 民生福祉: 迈向高质量发展的社会政策 [J]. 探索与争鸣, 2024 (9): 4, 177.

[34] 海龙, 尹海燕. 我国长期护理保险筹资机制研究 [J]. 湖南社会科学, 2020 (1): 103-109.

[35] 海龙, 尹海燕, 张晓茵. 中国长期护理保险政策评析与优化 [J]. 宏观经济研究, 2018 (12): 114-122.

[36] 韩瑞峰. 我国长期护理保险体系研究 [D]. 武汉: 武汉大学, 2016.

[37] 韩喜平, 刘永梅. 中国现代民生福祉增进轨迹——基于民生制度与民生能力建设的视角 [J]. 社会科学辑刊, 2018 (3): 138-143.

[38] 韩振燕, 江妤铭, 许爱明, 等. 两批试点城市长期护理保险政策比较——基于政策工具-福利要素的二维框架 [J]. 卫生软科学, 2024, 38 (1): 8-12.

[39] 韩振燕, 梁誉. 关于构建我国老年长期护理保险制度的研究——必要性、经验、效应、设想 [J]. 东南大学学报 (哲学社会科学版), 2012, 14 (3): 38-42, 126-127.

[40] 何林广, 陈滔. 德国强制性长期护理保险概述及启示 [J]. 软科学, 2006 (5): 55-58.

[41] 何文炯. 老年照护服务: 扩大资源并优化配置 [J]. 学海, 2015 (1): 88-93.

[42] 何文炯, 杨一心. 失能老人照护服务补助制度研究 [J]. 社会政策研究,

2020（2）：26-39.

[43] 和红.德国社会长期护理保险制度改革及其启示：基于福利治理视角［J］.德国研究，2016，31（3）：58-72，126.

[44] 贺汉魂.增进民生福祉：中国式现代化对"现代化之问"的根本解答［J］.广西社会科学，2024（5）：11-18.

[45] 胡宏伟，刘雨佳.长期护理保险预期效应的政策注意力分配研究——基于试点政策的文本分析［J］.中国医疗保险，2024（6）：37-45.

[46] 胡苏云.荷兰长期护理保险制度的特点和改革［J］.西南交通大学学报（社会科学版），2017，18（5）：91-96.

[47] 黄匡时，陆杰华.中国老年人平均预期照料时间研究——基于生命表的考察［J］.中国人口科学，2014（4）：92-101，128.

[48] 贾清显.中国长期护理保险制度构建研究［D］.天津：南开大学，2010.

[49] 江崇光，沈澈，刘纯.相互制长期护理保险的制度选择研究［J］.经济体制改革，2018（3）：26-32.

[50] 姜向群.建立长期护理社会保险制度的基本构想［N］.中国劳动保障报，2013-09-03（003）.

[51] 荆涛.长期护理保险研究［D］.北京：对外经济贸易大学，2005.

[52] 荆涛.建立适合中国国情的长期护理保险制度模式［J］.保险研究，2010（4）：77-82.

[53] 荆涛，杨舒，谢桃方.政策性长期护理保险定价研究——以北京市为例［J］.保险研究，2016（9）：74-88.

[54] 雷晓康，冯雅茹.社会长期护理保险筹资渠道：经验借鉴、面临困境及未来选择［J］.西北大学学报（哲学社会科学版），2016，46（5）：108-115.

[55] 李长远，钱雁星.我国长期护理保险制度筹资与待遇给付政策的优化——基于全国15个试点城市的对比分析［J］.西南金融，2023（8）：97-108.

[56] 李长远，张会萍.发达国家长期护理保险典型筹资模式比较及经验借鉴［J］.求实，2018（3）：69-78，111.

[57] 李君.我国长期护理保险发展研究［D］.唐山：华北理工大学，2019.

[58] 李湘黔，董晓辉.增进民生福祉是发展的根本目的［J］.红旗文稿，2019（15）：29-30.

［59］李晓鹤. 长期护理制度模式与选择研究［D］. 武汉：武汉大学，2015.

［60］李亚娟，郭培栋. 基于 DEA 的山东省长期护理保险筹资效率评价［J］. 老龄科学研究，2021，9（8）：31－39.

［61］李亚青. 基本医疗保险财政补贴的动态调整机制研究［J］. 公共管理学报，2017，14（1）：128－141，159－160.

［62］李雨畅，俞清源，陈星宇，等. 积极推进长期护理保险制度建设的思考：基于我国 49 个长期护理保险试点城市的政策分析［J］. 中国卫生质量管理，2024，31（7）：82－87.

［63］李月娥，明庭兴. 长期护理保险筹资机制：实践、困境与对策——基于 15 个试点城市政策的分析［J］. 金融理论与实践，2020（2）：97－103.

［64］林宝. 中国长期护理保险筹资水平的初步估计［J］. 财经问题研究，2016（10）：66－70.

［65］凌木子. 我国老年长期护理保险筹资机制研究［D］. 大连：东北财经大学，2016.

［66］刘柏惠，寇恩惠. 社会化养老趋势下社会照料与家庭照料的关系［J］. 人口与经济，2015（1）：22－33.

［67］刘昌平，毛婷. 长期护理保险制度模式比较研究［J］. 西北大学学报（哲学社会科学版），2016，46（6）：112－119.

［68］刘二鹏，张奇林. 失能老人子女照料的变动趋势与照料效果分析［J］. 经济学动态，2018（6）：92－105.

［69］刘芳. 德国社会长期护理保险制度的运行理念及启示［J］. 德国研究，2018，33（1）：61－76，135.

［70］刘石柱，詹长春，孙翠，周绿林. 江苏省城镇职工重大疾病实际补偿比适宜性研究［J］. 中国卫生事业管理，2011，28（11）：806－808.

［71］刘田静. 上海长期护理保险资金可持续性问题初探［J］. 上海农村经济，2019（12）：34－37.

［72］刘文，王若颖. 我国试点城市长期护理保险筹资效率研究——基于 14 个试点城市的实证分析［J］. 西北人口，2020，41（5）：29－45.

［73］刘易斯. 人口变动下上海市老年长期护理保险筹资和需求的匹配研究［D］. 上海：华东师范大学，2017.

［74］卢成会. 中国社会保障制度价值理念选择研究［D］. 长春：吉林大学，2017.

［75］卢婷. 我国长期护理保险发展现状与思考——基于全国 15 个城市的实践［J］. 中国卫生事业管理，2019，36（1）：23－28.

［76］陆杰华. 以增进民生福祉推动新时代养老服务高质量发展［J］. 人口与发展，2022，28（6）：12－16.

［77］吕国营，韩丽. 中国长期护理保险的制度选择［J］. 财政研究，2014（8）：69－71.

［78］吕友慧. 我国长期护理保险政策实施效果评价研究［D］. 哈尔滨：哈尔滨师范大学，2023.

［79］罗梅璇子. 长期护理保险试点的居民认知、参保意愿及影响因素研究——以湖北省荆门市为例［J］. 管理研究，2019（1）：68－96.

［80］马睿. 中国民生福祉发展水平时空差异及其数字经济驱动机制［D］. 太原：山西师范大学，2021.

［81］穆怀中. 社会保障适度水平研究［J］. 经济研究，1997（2）：56－63.

［82］潘文. 上海市长期护理保险（LTCI）发展模式研究［D］. 上海：上海工程技术大学，2012.

［83］彭荣. 医疗和养老保险与高龄失能老人长期照料支出——基于 CLHLS 数据的实证分析［J］. 中国卫生政策研究，2017，10（1）：46－51.

［84］秦永超. 福祉、福利与社会福利的概念内涵及关系辨析［J］. 河南社会科学，2015，23（9）：112－116，124.

［85］邵文娟. 试点阶段我国长期护理保险制度的经验总结——以青岛市为中心［J］. 长春大学学报，2018，28（1）：7－11.

［86］盛政，何蓓，朱蕾艳. 苏州市长期护理保险制度试点探析［J］. 中国医疗保险，2020（2）：37－40.

［87］宋相鑫. 人的发展视角下农村老年残疾人社会保障问题研究［D］. 长春：吉林大学，2014.

［88］苏忠鑫，王颖. 长期护理保险试点中的主要问题及对策研究［J］. 云南民族大学学报（哲学社会科学版），2025，42（1）：59－68.

［89］孙计领."新常态"下政府如何提高人们的幸福感——基于民生满意度视角［J］. 贵州财经大学学报，2016（4）：1－10.

[90] 孙洁, 蒋悦竹. 社会长期护理保险筹资机制理论分析框架 [J]. 江西财经大学学报, 2018 (1): 59 - 68.

[91] 孙敬华. 中国长期护理保险制度的福利要素评析及优化策略 [J]. 北京社会科学, 2019 (10): 107 - 116.

[92] 孙凌雪, 冯广刚, 米红. 我国长期护理保险基金支出可持续性研究——以青岛市为例 [J]. 东岳论丛, 2020, 41 (5): 52 - 62.

[93] 孙正成. 需求视角下的老年长期护理保险研究——基于浙江省 17 个县市的调查 [J]. 中国软科学, 2013 (11): 73 - 82.

[94] 汤素娥, 柳礼泉. 习近平关于增进民生福祉重要论述的理论意涵与实践要求 [J]. 海南大学学报 (人文社会科学版), 2022, 40 (5): 29 - 35.

[95] 田香兰. 韩国长期护理保险制度解析 [J]. 东北亚学刊, 2019 (3): 118 - 131, 151 - 152.

[96] 田勇, 殷俊. "依托医保" 长期护理保险模式可持续性研究——基于城乡居民与城镇职工的比较 [J]. 贵州财经大学学报, 2019 (2): 91 - 101.

[97] 田勇. 中国长期护理保险财政负担能力研究——兼论依托医保的长期护理保险制度的合理性 [J]. 社会保障研究, 2020 (1): 33 - 47.

[98] 汪可汗. 中国民生福祉水平的空间非均衡性及动态演进 [D]. 南昌: 江西财经大学, 2022.

[99] 王可心. 距离建立全国统一的长期护理保险制度还有多远?——兼论 49 个试点城市的实践探索 [J]. 老龄科学研究, 2024, 12 (9): 50 - 63.

[100] 王群, 汤未, 曹慧媛. 我国长期护理保险试点方案服务项目的比较研究 [J]. 卫生经济研究, 2018 (11): 38 - 42.

[101] 王若磊. 不断增进民生福祉的时代内涵和重大意义 [J]. 人民论坛, 2021 (9): 48 - 50.

[102] 王圣云, 张新芝. 民生福祉导向的中部地区社会发展进程评估 [J]. 南昌大学学报 (人文社会科学版), 2016, 47 (2): 70 - 78.

[103] 王伟同, 辛格, 周佳音. 债务违约、属地信用与风险外溢 [J]. 世界经济, 2022, 45 (12): 201 - 224.

[104] 王小龙, 何振. 新农合、农户风险承担与收入增长 [J]. 中国农村经济, 2018 (7): 79 - 95.

[105] 王晓燕. 社会医疗保险费用控制方案的系统动力学模拟 [J]. 财贸研究，2007 (4)：64-70.

[106] 王宇熹，汪泓，陈群民，肖峻. 上海养老保险改革的系统动力学仿真分析 [J]. 上海交通大学学报，2012，46 (8)：1340-1348.

[107] 王泽嘉毓，罗伟允，余意，等. 广州市与深圳市长期护理保险制度的试点经验与思考 [J]. 卫生软科学，2023，37 (3)：1-5.

[108] 王兆峰，张先甜. 中国省域旅游发展与民生福祉的动态响应及协调效应研究 [J]. 旅游科学，2023，37 (3)：1-19.

[109] 王竹可. 我国长期护理保险筹资机制研究 [D]. 上海：华东师范大学，2019.

[110] 魏芬. 在推进中国式现代化进程中增进民生福祉——学习习近平关于保障和改善民生的重要论述 [J]. 现代哲学，2024 (4)：1-7.

[111] 文太林，孔金平. 中国长期照护筹资与公共财政转型 [J]. 行政论坛，2020，27 (1)：114-119.

[112] 文太林. 中国长期照护筹资相关研究述评 [J]. 四川理工学院学报（社会科学版），2018，33 (1)：18-32.

[113] 吴海波，邵英杰，周桐. 长期护理保险筹资机制研究——基于全国15个试点方案的比较 [J]. 金融理论与实践，2018 (10)：98-101.

[114] 郄迎翔. 中国多尺度区域资源环境与民生福祉关系探究 [D]. 呼和浩特：内蒙古大学，2018.

[115] 谢冰清. 论中国长期护理保险制度中国家责任之定位 [J]. 云南社会科学，2019 (3)：118-126.

[116] 熊友华，沈钰晶. 马克思主义视域中民生内涵的辩证意蕴 [J]. 人民论坛·学术前沿，2021 (22)：141-143.

[117] 徐文文. 增进民生福祉的发展诉求：内涵、根源及意义 [J]. 经济问题，2023 (12)：10-15.

[118] 杨灿明，万欣. 增进民生福祉推进全体人民共同富裕 [J]. 财政研究，2024 (8)：21-33.

[119] 杨翠迎，程煜. 不同福利国家模式下长期护理保险制度及其费率结构比较 [J]. 经济体制改革，2019 (4)：151-159.

[120] 杨杰. 安庆市长期护理保险试点现状及对策研究 [J]. 劳动保障世界，

2019（32）：44-45.

［121］杨明旭. 中国人口多属性预测研究暨失能老人长期照护政策仿真［D］. 杭州：浙江大学，2016.

［122］杨团. 中国长期照护的政策选择［J］. 中国社会科学，2016（11）：87-110，207.

［123］杨文杰. 青岛市医养结合养老机构现状调查分析及发展策略研究［D］. 青岛：青岛大学，2018.

［124］杨贞贞. 医养结合的社会养老服务筹资模式构建与实证研究［D］. 杭州：浙江大学，2014.

［125］姚虹. 老龄危机背景下我国长期护理保险制度试点方案的比较与思考［J］. 社会保障研究，2020（1）：48-56.

［126］尹海燕. 可持续的公共长期护理保险筹资机制：国外经验与中国方案［J］. 宏观经济研究，2020（5）：166-175.

［127］余洋. 荷兰、奥地利长期护理制度比较研究［D］. 芜湖：安徽师范大学，2012.

［128］余紫君，赵晨悦，褚淑贞. 中德长期护理保险制度对比及对我国的启示［J］. 医学与社会，2019，32（5）：67-71.

［129］袁笛. 我国长期护理保险的整体性治理研究——基于成都市试点经验［J］. 卫生经济研究，2024，41（2）：31-35.

［130］原源. 城市公共用地供需匹配度对民生福祉的影响机制研究［D］. 太原：山西财经大学，2024.

［131］原彰，周四娟. 我国长期护理保险制度试点政策研究——基于第一批和第二批试点城市的比较［J］. 上海保险，2024（11）：20-24.

［132］岳福岚. 我国长期护理保险试点运行的实践、问题及建议——以德国长期护理保险法改革为镜鉴［J］. 保险研究，2024（8）：113-127.

［133］翟绍果，马丽，万琳静. 长期护理保险核心问题之辨析：日本介护保险的启示［J］. 西北大学学报（哲学社会科学版），2016，46（5）：116-123.

［134］张文娟，梅真. 长期护理保险与社会养老服务体系的协同发展策略——基于对长期护理保险试点经验的分析［J］. 北京行政学院学报，2024（6）：118-125.

［135］张盈华，孙光辉，禚悦. 我国长期护理保险制度试点运行的地区差异分

析——基于 49 地的调研数据 [J]. 社会保障研究, 2023 (5): 37-44.

[136] 张盈华. 中国长期护理保险制度的可持续评价与趋势分析 [J]. 人口学刊, 2020, 42 (2): 80-89.

[137] 张昀. 日本长期护理保险制度及其借鉴研究 [D]. 长春: 吉林大学, 2016.

[138] 张再生. 中国人口老龄化的特征及其社会和经济后果 [J]. 南开学报, 2000 (1): 83-89.

[139] 赵斌, 陈曼莉. 社会长期护理保险制度: 国际经验和中国模式 [J]. 四川理工学院学报 (社会科学版), 2017, 32 (5): 1-22.

[140] 赵娜, 陈凯. 财政补贴政策对商业长期护理保险市场扩散的传导机制与影响效果研究 [J]. 保险研究, 2023 (10): 40-52.

[141] 赵娜, 陈凯. 长期护理保险财政补贴经济效应及动态调整研究 [M]. 北京: 经济科学出版社, 2023.

[142] 赵娜, 陈凯. 长期护理保险政策的财政效应研究 [J]. 老龄科学研究, 2023, 11 (3): 37-50.

[143] 赵娜, 陈凯. 风险认知对长期护理保险购买意愿影响分析 [J]. 保险研究, 2015 (10): 84-95.

[144] 赵娜, 陈凯. 基于多主体建模的社会化养老形成分析 [J]. 东北大学学报 (自然科学版), 2016, 37 (5): 751-755.

[145] 赵秀斋. 德国长期护理保险制度运行及其启示 [J]. 北京劳动保障职业学院学报, 2018, 12 (1): 18-23.

[146] 赵郁馨, 陶四海, 万泉, 张毓辉, 黄结平, 王丽. 农村家庭灾难性卫生支出案例研究 [J]. 中国卫生经济, 2004 (4): 5-8.

[147] 浙江省老年人长期照护保障制度研究课题组. 浙江省老年人长期照护费用保障机制研究 [J]. 老龄科学研究, 2013, 1 (2): 36-45.

[148] 郑秉文. 中国养老金发展报告 2017——长期护理保险试点探索与制度选择 [M]. 北京: 经济管理出版社, 2017.

[149] 钟仁耀, 宋雪程. 中国长期基本照护保险制度框架设计研究 [J]. 新疆师范大学学报 (哲学社会科学版), 2017, 38 (1): 99-107.

[150] 周海珍, 杨馥忆. 长期护理保险定价模型比较与分析 [J]. 财经论丛, 2014 (8): 44-50.

［151］周加艳，沈勤．日本长期护理保险 2005—2017 年改革述评与启示［J］．社会保障研究，2017（4）：101－112.

［152］周磊，王静曦．长期护理保险资金筹集和待遇支付政策探讨——基于全国 15 个试点城市实施方案的比较［J］．财经问题研究，2019（11）：89－97.

［153］周硕．宁波市失能老人长期护理保险制度构建研究［D］．宁波：宁波大学，2018.

［154］周云，封婷．老年人晚年照料需求强度的实证研究［J］．人口与经济，2015（1）：1－10.

［155］Alders P，Schut F T. The 2015 long-term care reform in the Netherlands：Getting the financial incentives right?［J］．Health Policy，2019，123（3）：312－316.

［156］Arntz M，Thomsen S L. Crowding out informal care? Evidence from a field experiment in Germany［J］．Oxford Bulletin of Economics and Statistics，2011，73（3）：398－427.

［157］Asiskovitch S. The Long-Term Care Insurance Program in Israel：solidarity with the elderly in a changing society［J］．Israel Journal of Health Policy Research，2013，2（1）：1－19.

［158］Becker G S. A theory of the allocation of time［J］．The Economic Journal，1965，75（299）：493－517.

［159］Brown J R，Finkelstein A. Insuring long-term care in the United States［J］．Journal of Economic Perspectives，2011，25（4）：119－142.

［160］Chen Y. The perfection of financial subsidies for urban and rural basic endowment insurance：based on research in Guangdong Province［J］．Modern Economy，2020，11（1）：140－154.

［161］Chevreul K，Brigham K B. Financing long-term care for frail elderly in France：the ghost reform［J］．Health Policy，2013，111（3）：213－220.

［162］Coe N B，Skira M M，Houtven C H. Van. Long-term care insurance：Does experience matter?［J］．Journal of Health Economics，2015（40）：122－131.

［163］Costa-Font J，Courbage C. Crowding out of long-term care insurance：evidence from European expectations data［J］．Health Economics，2015（24）：74－88.

［164］Cremer H，Pestieau P. Social long-term care insurance and redistribution［J］．International Tax and Public Finance，2014，21（6）：955－974.

[165] Donni O, Chiappori P A. Nonunitary Models of Household Behavior: A Survey of the Literature [M]. Household Economic Behaviors. Springer, New York, NY, 2011: 1–40.

[166] Feder J, Komisar H L, Niefeld M. Long-term care in the United States: an overview [J]. Health Affairs, 2000, 19 (3): 40–56.

[167] Gallagher E A, Gopalan R, Grinstein-Weiss M. The effect of health insurance on home payment delinquency: evidence from ACA Marketplace subsidies [J]. Journal of Public Economics, 2019 (172): 67–83.

[168] Geyer J, Haan P, Korfhage T. Indirect fiscal effects of long-term care insurance [J]. Fiscal Studies, 2017, 38 (3): 393–415.

[169] Geyer J, Korfhage T. Long-term care insurance and carers' labor supply—A structural model [J]. Health Economics, 2015, 24 (9): 1178–1191.

[170] Goda G S. The impact of state tax subsidies for private long-term care insurance on coverage and Medicaid expenditures [J]. Journal of Public Economics, 2011, 95 (7–8): 744–757.

[171] Hohmann J, Ludwig K. Long-term care in Luxembourg-A 2012 Snapshot [J]. Bulletin Luxembourgeois Des Questions Sociales, 2012 (29): 21.

[172] Jin G, Liu Y. Government financial responsibility of urban workers' basic pension insurance [J]. Journal of Beijing University of Aeronautics and Astronautics Social Sciences Edition, 2020, 33 (2): 61.

[173] Kang I O, Park C Y, Lee Y. Role of healthcare in Korean long-term care insurance [J]. Journal of Korean Medical Science, 2012, 27 (Suppl): S41–S46.

[174] Kim H, Kwon S, Yoon N H, et al. Utilization of long-term care services under the public long-term care insurance program in Korea: Implications of a subsidy policy [J]. Health Policy, 2013, 111 (2): 166–174.

[175] Kim J W, Choi Y J. Farewell to old legacies? The introduction of long-term care insurance in South Korea [J]. Ageing and Society, 2013, 33 (5): 871.

[176] Kim S H, Kim D H, Kim W S. Long-term care needs of the elderly in Korea and elderly long-term care insurance [J]. Social Work in Public Health, 2010, 25 (2): 176–184.

[177] Korn E, Wrede M. The effect of long-term-care subsidies on female labor supply and fertility [J]. MAGKS Papers on Economics, 2012, 7363 (1): 344–357.

［178］Kwon H, Ko J. The effect of long-term care insurance on labor supply ［J］. Korean Journal of Social Welfare, 2015, 67 (4): 279 – 299.

［179］Li L. New cooperative medical scheme and medical expenditure in rural China ［J］. Pacific Economic Review, 2019, 24 (1): 46 – 68.

［180］Lin B, Zhang Y Y. The impact of fiscal subsidies on the sustainability of China's Rural Pension Program ［J］. Sustainability, 2020, 12 (1): 186.

［181］Lu B, Mi H, Zhu Y, et al. A sustainable long-term health care system for aging China: a case study of regional practice ［J］. Health Systems & Reform, 2017, 3 (3): 182 – 190.

［182］Maarse J A M H, Jeurissen P P P. The policy and politics of the 2015 long-term care reform in the Netherlands ［J］. Health Policy, 2016, 120 (3): 241 – 245.

［183］McSweeney F, Williams D. Social care students' learning in the practice placement in Ireland ［J］. Social Work Education, 2018, 37 (5): 581 – 596.

［184］Page T F. Labor supply responses to government subsidized health insurance: evidence from kidney transplant patients ［J］. International Journal of Health Care Finance and Economics, 2011, 11 (2): 133.

［185］Qian W, Cheng X, Lu G, et al. Fiscal decentralization, local competitions and sustainability of medical insurance funds: Evidence from China ［J］. Sustainability, 2019, 11 (8): 2437.

［186］Qi-wen Z, Hui-fang L, Li-na G. Study on improving development strategies of new rural social pension insurance system in Heilongjiang Province ［J］. Journal of Northeast Agricultural University (English Edition), 2012, 19 (4): 83 – 88.

［187］Rhee J C, Done N, Anderson G F. Considering long-term care insurance for middle-income countries: comparing South Korea with Japan and Germany ［J］. Health Policy, 2015, 119 (10): 1319 – 1329.

［188］Schut F T, Van Den Berg B. Sustainability of comprehensive universal long-term care insurance in the Netherlands ［J］. Social Policy & Administration, 2010, 44 (4): 411 – 435.

［189］Stevens M, Glendinning C, Jacobs S, et al. Assessing the role of increasing choice in English social care services ［J］. Journal of Social Policy, 2011, 40 (2): 257 – 274.

[190] Sun J Y. Welfare consequences of access to health insurance for rural households: Evidence from the New Cooperative Medical Scheme in China [J]. Health Economics, 2020, 29 (3): 337 –352.

[191] Tamiya N, Noguchi H, Nishi A, Reich M R, Ikegami N, Hashimoto K, Kawachi I. , Campbell J C. Population ageing and wellbeing: Lessons from Japan's long-term care insurance policy [J]. The Lancet, 2011, 378 (9797): 1183 –1192.

[192] Theobald H. Combining welfare mix and New Public Management: The case of long-term care insurance in Germany [J]. International Journal of Social Welfare, 2012 (21): S61 –S74.

[193] Wu S, Bateman H, Stevens R, et al. Income-indemnity long-term care insurance: Selection, informal care, and precautionary saving [R]. Working paper, ARC Centre of Excellence in Population Ageing Research (CEPAR), 2017.

[194] Yang J, Wang S, DU S. Regional comparison and implications of China's long-term care insurance system [J]. Chinese Journal of Health Policy, 2018, 11 (4): 1 –7.

[195] Yang W, Jingwei He A, Fang L, et al. Financing institutional long-term care for the elderly in China: a policy evaluation of new models [J]. Health Policy and Planning, 2016, 31 (10): 1391 –1401.

[196] Yoon H S. Korea: Balancing economic growth and social protection for older adults [J]. The Gerontologist, 2013, 53 (3): 361 –368.

[197] Yoon T H. Inclusion of home-based rehabilitation services in the long-term care insurance-review on the home-based Physical Therapy in the OECD [J]. The Korean Journal of Health Service Management, 2011, 5 (4): 161 –175.

[198] You J, Niño-Zarazúa M. The intergenerational impact of China's New Rural Pension Scheme [J]. Population and Development Review, 2019 (45): 47 –95.

[199] Zeng Y, Li J, Yuan Z, et al. The effect of China's new cooperative medical scheme on health expenditures among the rural elderly [J]. International Journal for Equity in Health, 2019, 18 (1): 27.

[200] Zhang Z, Luo Y, Robinson D. Who are the beneficiaries of China's New Rural Pension Scheme? Sons, Daughters, or Parents? [J]. International Journal of Environmental Research and Public Health, 2019, 16 (17): 3159.

［201］Zhao N, Chen K. Equity and efficiency of medical and health service system in China ［J］. BMC Health Services Research, 2023, 23 (1): 33.

［202］Zhao Q, Brosig S, Luo R, et al. The new rural social pension program in rural China: participation and its correlates ［J］. China Agricultural Economic Review, 2016, 8 (4): 647 – 661.

［203］Zhu Y, Österle A. China's policy experimentation on long-term care insurance: Implications for access ［J］. The International Journal of Health Planning and Management, 2019, 34 (4): e1661 – e1674.

［204］Zuchandke A, Reddemann S, Krummaker S, et al. Impact of the introduction of the social long-term care insurance in Germany on financial security assessment in case of long-term care need ［J］. The Geneva Papers on Risk and Insurance-Issues and Practice, 2010, 35 (4): 626 – 643.